JN298953

流通総論

RYUTSUSORON

小宮路 雅博
[編著]

同文舘出版

〈執筆者一覧〉

小宮路雅博（成城大学経済学部教授）　　　　　　　第1章〜第4章, 第6章
八ッ橋治郎（神奈川大学経済学部准教授）　　　　　第5章, 第7章
徳江順一郎（東洋大学国際地域学部准教授）　　　　第8章
佐藤　志乃（関東学院大学経済学部専任講師）　　　第9章
大瀬良　伸（東洋大学経営学部准教授）　　　　　　第10章
多田　應幹（桜美林大学ビジネスマネジメント学群教授）第11章
藤井　大拙（公益財団法人モラロジー研究所出版部部長）第12章
清水　聡子（松本大学総合経営学部教授）　　　　　第13章
髙畑　　泰（神奈川大学経済学部講師）　　　　　　第14章

はしがき

　本書は，流通論を構成する各領域から主要部分を抜き出し，学習・研究を進める上で必要な解説や論述を行なうことを目的として企画されたものである。本書の構成については，流通論の基幹的部分を押えると同時に，現代的な新しい視点の章や論述を盛り込むことを工夫したつもりである。

　本書は，全14章から構成されている。個々の章は長大なものではなく，講義やゼミナールのテキストとして使用される場合は，リーディングスとしても読み進めながら，概ね1章当たり1週，半期2単位で教授ないし学習できることを想定している。

　以下，各章の内容を簡単に紹介する。

　第1章は，「流通の概念と役割」と題する章である。流通の発生と流通の果たす機能と活動等，流通論の学習・研究を進める上で基本となる考え方や概念を整理してある。流通論としての本書の基礎として位置づけられる章である。

　第2章は，「流通活動の担い手と流通業者」と題する章である。流通が実際に機能する仕組みについて説明する。流通機関，流通段階，流通経路といった概念と共に，流通過程における流通業の役割について扱う。第1章と共に流通論としての本書の基礎として位置づけられる章である。

　第3章と第4章は，商流の主役，小売業に関する章である。第3章では「小売業の主要形態1―小売業の業種・業態―」と題して，有店舗小売業・無店舗小売業，小売業の業種・業態等の形態について論述する。第4章では「小売業の主要形態2―チェーンと商業集積―」と題して，小売業のチェーンと商業集積が扱われる。これら2つの章のテーマは言わば形態論・分類論であるが，実際の小売流通のダイナミズムが反映されているものとなっている。

　第5章は，商流のもう一方の主役，「卸売業」の章である。卸売業は普段なかなか活動の実態が見えにくい。卸売業は流通の中でどのような役割を果たし，

どのような活動をしているか等が論述される。

　第6章は,「商品と流通」と題する章である。小売業で販売される商品に焦点を当てて説明する。商品の概念や分類から始まり,ブランド,パッケージ等,商品の構成要素についての論述がなされる。

　第7章は,「物流とロジスティクス」の章である。物流・ロジスティクスの活動によって,商品は小売店頭や消費者の手元に円滑に届けられる。輸送・保管といった流通の物的側面,物流について説明すると共にロジスティクスの概念と意義について解説する。

　第8章は,「小売業の店頭活動—インストア・マーチャンダイジング—」と題する章である。小売業の店頭活動の概観から始まり,インストア・マーチャンダイジング,売場構成と商品配置,インストア・プロモーション,陳列方式等について説明が行なわれる。

　第9章は,「消費者購買行動—店舗内での購買行動を中心に—」と題する章である。小売店舗内の購買行動に焦点を当て,消費者購買行動の概念,非計画購買,関与と購買行動の分類等が説明される。

　第10章は,「小売業のPB戦略」と題する章である。小売業のオリジナル・ブランドであるPBの意義と戦略について論述している。

　第11章は,「小売業の販売・仕入・在庫管理」と題する章である。わが国の百貨店を念頭に実際の小売経営に引き付けたテーマが設定されている。仕入形態,品揃え計画,在庫管理,棚卸等について論述が行なわれる。

　第12章は,「販売員の現状と管理」の章である。小売業における販売員について,特に非正社員に焦点を当て,その現状と育成・管理を論じている。

　第13章は,「消費者取引」と題する章である。視点を消費者の立場に移し,契約,約款等の説明と共に消費者の権利と消費者保護についての論述がなされる。また,消費者契約法と特定商取引法の規制についての整理も行なっている。

　第14章は,「インターネットと小売流通」と題する章である。ネット・ショップの現状の整理から始まり,ネット・ショップの成功要件とプランニングについて説明する。併せて今後の展望がなされる。

　各章は,基本的にそれぞれの執筆担当者が責任を持って論述を展開している。

全体の企画・構成と用語や表記の統一，論述の水準の調整は編著者が担当している。編著者は本書について，各章の論述上の個性と共に全体のまとまりを良い水準で確保できたものと考えている。本書をこの分野の学習・研究に取り組む多くの方々にお読みいただければ幸いである。

 また，本書は同じ編著者による『現代の流通と取引』(同文舘出版，2000年)及び『現代の小売流通』(同文舘出版，2005年)の内容を一部引き継ぐものとなっていることをお断りしておきたい。例えば，流通論の基礎として位置づけられる幾つかの章は，恒常的な内容であるため加筆修正の上，再録の形式となっている場合がある。

 最後に本書の出版に当たり，同文舘出版取締役・市川良之氏に厚くお礼を申し上げたい。市川氏には，出版の企画から刊行までさまざまご尽力いただいた。この場を借りて，深甚の感謝の言葉を申し上げる次第である。

　平成22年4月

執筆者を代表して
編著者　小宮路　雅博

目　次

はしがき ──────────────────────────── (1)

第1章　流通の概念と役割 ──────────────── 3

第1節　経済的懸隔と流通の発生 …………………………………… 3
1　自給自足から交換へ　3
2　経済的懸隔と流通の発生　4

第2節　流通の役割と流通機能・流通活動 ……………………… 8
1　流通の社会的・経済的役割と流通機能・流通活動　8
2　流通フロー　11

第2章　流通活動の担い手と流通業者 ─────────── 13

第1節　流通活動はいかに担われるか ………………………… 13
第2節　流通業者，卸売業者，小売業者とは ………………… 15
1　流通業者と物流業者　15
2　卸売業者と小売業者　16
3　卸売業者と小売業者の区分　17

第3節　流通段階と流通経路 …………………………………… 18
1　消費財の流通段階・流通経路　18
2　生産財の流通経路　20

第4節　小売業者の役割 ………………………………………… 22
1　流通経路における小売業者の役割　22
2　買い物（ショッピング）という楽しみと小売業者の役割　23

第3章　小売業の主要形態1 ——————————— 25
　　　　　—小売業の業種・業態—

第1節　小売店舗の有無と販売形態 ……………………………………… 25
　　1　店舗と小売業　25
　　2　有店舗小売業と無店舗小売業　26
第2節　小売業種と小売業態 ……………………………………………… 27
　　1　小　売　業　種　27
　　2　小　売　業　態　28
第3節　無店舗小売業 ……………………………………………………… 42
　　1　訪問販売業　42
　　2　通信販売業　43
　　3　対面性・匿名性からみた小売販売形態　45

第4章　小売業の主要形態2 ——————————— 47
　　　　　—チェーンと商業集積—

第1節　小売業の経営形態 ………………………………………………… 47
　　　　　—店舗の複数化とチェーン展開—
　　1　小売業の企業成長と店舗の複数化　47
　　2　本・支店経営とチェーンストア経営　49
　　3　チェーン方式による多店舗展開　51
　　4　フランチャイズ・チェーン　53
　　5　ボランタリー・チェーン　55
第2節　商業集積 …………………………………………………………… 56
　　1　商業集積とは　56
　　2　商　店　街　57
　　3　ショッピング・センター　58

第5章 卸　売　業 ────────────── 63

第1節　卸売業の位置づけ …………………………………… 63
　　1　卸売と卸売業者　63
　　2　卸売業と問屋　65
第2節　卸売の社会的役割と機能 …………………………… 66
　　1　卸売の社会的役割　66
　　2　卸売業者の果たす機能　69
第3節　卸売機構の構造 ……………………………………… 71
　　1　卸売業の段階　71
　　2　卸売段階の長短　72
第4節　日本の卸売機構 ……………………………………… 73
　　1　日本の卸売機構―構造の特徴―　73
　　2　多　段　階　性　75
第5節　卸売業の課題と方向 ………………………………… 75
　　1　問屋無用論　76
　　2　リテール・サポート　76

第6章 商品と流通 ────────────── 79

第1節　商　品　と　は …………………………………… 79
　　1　財の体系と商品の概念　79
　　2　製品と商品，商品性とは　81
第2節　商　品　分　類 …………………………………… 82
　　1　商品分類の意義　82
　　2　消費財と生産財　84
　　3　耐久性による分類　88
　　4　消費財の分類　89
第3節　ブランドの概念と役割 ……………………………… 94

1　ブランドの概念　95
　　2　ブランドの分類　96
　　3　ブランドの役割　98
　第4節　パッケージ ………………………………………………… 100
　　1　パッケージの分類と役割　100
　　2　容器としてのパッケージ　102

第7章　物流とロジスティクス ─── 105

　第1節　物流の諸活動 ……………………………………………… 105
　第2節　ロジスティクスの考え方 ………………………………… 108
　　1　ロジスティクスとは　108
　　2　ビジネス・ロジスティクス　108
　　3　ロジスティクスと物流　110
　第3節　ロジスティクスの展開 …………………………………… 110
　　1　ロジスティクスの領域　110
　　2　マーケティングの中のロジスティクス　112
　　3　ロジスティクスとサプライ・チェーン・マネジメント　113
　　4　アウトソーシングとサードパーティー・ロジスティクス　114

第8章　小売業の店頭活動 ─── 117
　　　─インストア・マーチャンダイジング─

　第1節　小売業の店頭活動 ………………………………………… 117
　第2節　インストア・マーチャンダイジングの諸要素 ………… 119
　　1　前提となる考え方　119
　　2　売場構成と商品配置　121
　　3　インストア・プロモーション　126

第9章　消費者購買行動 ―― 129
　　　　―店舗内での購買行動を中心に―

第1節　消費者購買行動とは………………………………………130
第2節　非計画購買……………………………………………………133
　1　購買の計画性―計画購買と非計画購買―　133
　2　非計画購買とインストア・プロモーション　135
第3節　関与と購買意思決定………………………………………136
　1　関　与　と　は　136
　2　購買行動の類型化　137

第10章　小売業のPB戦略 ―― 141

第1節　プライベート・ブランドとは……………………………141
　1　プライベート・ブランドの定義　141
　2　PBの分類　142
第2節　PBの役割……………………………………………………144
第3節　PBの成功要因………………………………………………148
第4節　既存のPB戦略の問題点…………………………………151
第5節　小売業者の商品開発力……………………………………153
　1　小売業者の情報の増大　153
　2　小売業者の販売情報の重要性　154
　3　販売情報に基づく開発　156
第6節　小売業者のPB戦略の課題………………………………157

第11章　小売業の販売・仕入・在庫管理 ―― 163

第1節　販売の意味……………………………………………………164
　1　仕入の前に販売　164

    2　販売方法　164
    3　販売動向の把握　166
    4　ウオントスリップの活用と品切れ対策　167
  第2節　小売業の仕入形態 …………………………………………… 168
    1　買取仕入　169
    2　委託仕入　170
    3　消化仕入　171
  第3節　品揃え計画 ………………………………………………… 172
    1　品揃え計画　172
    2　商品分類とフェイス・プランニング　174
    3　仕入計画　175
    4　商品の補充と発注　177
  第4節　在庫管理 …………………………………………………… 179
    1　適正在庫　179
    2　在庫管理の方法　180
    3　検品　181
    4　商品回転率と適正在庫高　182
  第5節　棚卸 ………………………………………………………… 184
    1　棚卸とは　184
    2　棚卸の意義　185
    3　品耗の原因　186
  第6節　収支の仕組み ……………………………………………… 187
    1　売上と利益の構造　187
    2　売上高のアップの方途　189
    3　計画上の利益と実際の利益　189
  第7節　まとめ ……………………………………………………… 190

第12章　販売員の現状と管理 ─────────── **193**

第1節　小売業における販売員とは ……………………………………… 193
1　正　社　員　　195
2　パート社員　　197
3　契 約 社 員　　198
4　派 遣 店 員　　199
5　マ ネ キ ン　　200

第2節　非正社員の雇用環境 ……………………………………………… 203
1　厳しい雇用環境と増加する非正社員　　203
2　非正社員増加の背景と就業意識の多様化　　204
3　小売業で拡がる非正社員　　207
4　小売業における非正社員の浸透　　210

第3節　非正社員の処遇と育成・管理 …………………………………… 211
1　非正社員の基幹労働力化　　211
2　管理監督職への登用機会や正社員への転換制度の導入　　220

第13章　消費者取引 ──────────────── **225**

第1節　消費者取引とは ………………………………………………… 225
第2節　契約と約款 ……………………………………………………… 227
第3節　消費者取引と法 ………………………………………………… 229
1　消費者基本法　　229
2　消費者契約法　　232
3　特定商取引法　　234

第4節　消費者取引の諸課題 …………………………………………… 241

第14章　インターネットと小売流通 ――――――― **245**

第1節　ネット・ショップの現状………………………………………245
1　ネット小売とネット・ショップの現状　245
2　ネット小売の分類　246

第2節　ネット・ショップの成功要件……………………………………249
1　ネット購買のプロセスから見る　249
2　相乗効果を得る　257

第3節　ネット・ショップのプランニング………………………………259
1　出店前のチェック・ポイント　259
2　出店計画と運営　261

第4節　ネット・ショップの今後の展望…………………………………263
1　技術的な変化　264
2　ユーザーの変化　265

索　引 ――――――――――――――――――――― **267**

流通総論

第1章
流通の概念と役割[1]

　生産と消費の分離に伴って，両者の間にさまざまな経済的懸隔が生じてくる。流通の発生は，これらの経済的懸隔の架橋の必要性に求めることができる。本章では，経済的懸隔とその架橋としての流通機能・流通活動について整理する。

第1節　経済的懸隔と流通の発生

1　自給自足から交換へ

　自給自足を基本とする経済では，生産と消費とは同一の主体によって担われている。生産は基本的に自らの消費のために行なわれる。生産物は，生産者自身によって（また生産者の所属するごく狭い共同体内で）自家消費されてしまう。やがて，経済の進展に伴い社会的分業と生産手段の私的・分散的所有が進む。[2] 社会的分業によって生産と消費とが分離し，生産は自らの消費のためだけでなく，他者の生産した生産物を得るための手段としても行なわれるようになる。生産物は他者の持つ生産物と交換されるようになり（物々交換），貨幣の登場によって，生産物と貨幣とがもっぱら交換されるようになる。[3] 社会的分業により生産と消費とが分離して，生産物が主に交換を目的に生産されるようになった

---

[1] 本章は，小宮路〔2005〕第1節を加筆修正したものである。
[2] 社会的分業が進み，かつ生産手段が社会的所有から私的・分散的所有となることで，他者の生産物を何らかの所有権移転手段によって入手する必要が生じる。ここでは，この手段を交換として説明している。
[3] 物々交換を直接交換，貨幣を媒介とした交換を間接交換と呼ぶ。物々交換（直接交換）が行なわれているところに貨幣が媒介物として登場し，一旦，貨幣と交換して，次に目的とする財と交換するようになる。間接交換は，基本的には貨幣の登場をプリミティブなイメージで捉えたものである。

経済を「自給自足経済」と対比して「交換経済」[4]と呼ぶ。また、生産物と貨幣との交換が価格を指標として用いる「売買」であって、今日、商取引といえば通例(物々交換ではなく)この売買を指している[5]。

2 経済的懸隔と流通の発生

生産と消費との分離に伴って、生産と消費との間にはさまざまな「経済的懸隔」ないし「経済的隔離」が生まれてくる。流通の発生は、分離した生産と消費の両者を結び付ける(すなわち経済的懸隔を「架橋」する)必要性に求めることができる。生産と消費との間の経済的懸隔には以下の4つが挙げられる(図表1-1参照)。

(1) 人的懸隔

この懸隔は、生産者[6](生産の主体)と消費者(消費の主体)とが異なることをいう。人格的懸隔、主体的懸隔ともいう。自給自足を基本とする経済では、両者は同一主体であったが(生産者＝消費者)、社会的分業が進むと両者は分離することになる(生産者≠消費者)。ここで、生産者の生産した生産物(財)を消費者のモノとする人的懸隔の架橋のための何らかの手続きが必要となるわけである。これは所有権の移転の手続きに他ならない。

人類が生み出してきた所有権の移転の方法には、略奪(暴力で奪い取る)、贈与(贈り物として差し上げる／受け取る)、租税(税として差し出す／徴収する)、等々があるが、双方が満足できる穏便な方法として、等価と目される財を交換する方法がある[7]。既述のように交換は最初、物々交換であったが、物々交換で

---

[4] 交換経済では、生産性が向上し、余剰生産物が恒常的に産み出されるようになっている。なお、生産物が交換にもっぱら供されるようになった経済を「商品経済」と呼ぶことがある。「商品経済」は物々交換でも機能するが、交換に貨幣の媒介を用いることでより進展する。貨幣により売買を行なう経済は「貨幣経済」と呼ばれる。
[5] 売買が行なわれる抽象的な場を市場と呼ぶ(物々交換も排除されない)。
[6] 日本語の日常語としての「生産者」は通常は1次産品(農林水産物)の生産を行なう主体を指しているが、本章で用いられている「生産者」の語は、①1次産品の生産者と、②工業製品の生産者であるメーカー(製造業者)の両方を含んでいる。

図表 1-1　生産と消費間の経済的懸隔

```
        ┌── 4つの経済的懸隔の発生 ──┐
        │  ① 人的懸隔              │
生  ←→ │                          │ ←→ 消
        │  ② 物理的懸隔            │
産  ←→ │                          │ ←→ 費
        │  ③ 量と組み合わせの懸隔  │
        │                          │
        │  ④ 情報的懸隔            │
        └──────────────────────────┘
```

出所：筆者作成。

は互いの求める財の種類・品質・数量(分量)がなかなか一致せず，何よりも物々交換の相手を探索し，いちいち交渉するコストがかかる。そこで交換を円滑に促進するために誰もがほしがる財としての物品貨幣が生まれてくることになる。[8] これには穀類，布帛(ふはく)，貝殻，更に金属片・金属塊が使われたが，これがやがて一定地域の政治権力を背景とした鋳造貨幣となり，今日行なわれるような商取引，すなわち財と貨幣の交換(売買)，が広く行なわれるようになっている。[9]

交換とりわけ売買は，人類の歴史の中で財の所有権を移転させるのに，極めて幅広く用いられてきた方法であり，簡便かつ当事者の双方がそれぞれ満足で

---

[7] 所有権移転の各手続きは，今日的にはそれぞれまるで別々のもののように思えるが，(典型例はもちろんごく自然に区分し得るけれども)実際には線引きはかなり難しい。例えば，略奪→贈与→税の進展ルートは容易に想起し得るのであるが，逆に「過酷な重税は略奪に他ならない」とも言えるし，贈与と言いつつ実体は略奪であったり，略奪と言いつつ何らかの反対給付(例えば，他のより危険な略奪者を排除してくれる等)を得ていたりする。また，贈与と交換も同様であり，贈与が片務的ではなく，社会的に返礼を伴うものとされる場合，機能的にはそれは交換となんら変わるものではない。例えば，権力者に貢物が献上される一方でそれに対する返礼(下賜)がなされている場合も，実質的には，物々交換による交易が行なわれていることになる。

[8] 大きい単位にもまとめることができるし，小さい単位にも分割できて，しかも分割により財の性質が変化しない特性の強い財(例えば，小麦粉等)と，財としての基本単位が決まっていて，単位を変化させようとすると財の性質が変わってしまう特性の強い財(例えば，家畜等)とがある。前者を「任意可分財」，後者を「任意不可分財」と呼ぶが，物々交換は，任意不可分財同士の場合に特に調整が困難となる。

[9] 今日においても物々交換が行なわれていることに留意されたい。例えば，途上国との商取引(貿易)においては，途上国側に支払いのための外貨(米ドル等の国際通貨)の準備がないため，支払いが途上国の産品で行なわれることがある(一定期間の2国間の輸出入価額を均衡させる方式等が用いられる)。これは，バーター貿易と呼ばれる。バーター(barter)は，「物々交換」の意味である。また，(産品が乏しい場合等は)支払いが労役(労働)で行なわれていることもある。

きる優れた方法となっている。

(2) 物理的懸隔

　この懸隔は，場所的懸隔，時間的懸隔の2つに分けることができる。場所的懸隔は，空間的懸隔ともいう。それぞれ，生産に適した場所・地域・地理的範囲と消費に適した場所・地域・地理的範囲とが同一ではないこと(場所的懸隔)，生産に適した時間・時期・季節と消費に適した時間・時期・季節とが同一ではないこと(時間的懸隔)をいう。

　例えば，特定の場所・気候風土，季節において生育し，収穫される作物は多いが，当該作物に対する消費の必要性が他の場所，他の季節において生じ得ることも多い。この場合，場所と時間という物理的な意味での生産・消費間の懸隔が生じているわけで，ここにこれらの懸隔の架橋が求められることになる。これは財の物理的移転の手続きに他ならず，具体的には，輸送・配送(場所的懸隔の架橋)，保管・貯蔵(時間的懸隔の架橋)によって行なわれることになる。

(3) 量と組み合わせの懸隔

　この懸隔は，財の量・組み合わせについて，生産に適した量・組み合わせと消費に適した量・組み合わせとが同一ではないことをいう。

　一般に生産はできるだけ生産品目を絞り込んで大量性を確保した方が効率的であり，生産に要するコストを低くできることが多い(規模の経済性)。例えば，多様な作物が植えられている小規模な畑ではそれぞれの作物で生育のタイミングが異なり，病害虫の種類も異なるので，こと細かく別々にさまざま対応せねばならず，これは高コストにつながる。これに対し，一種類の作物だけが植えられている大規模な畑では，一斉に種まきをし，除草をし，農薬をまき，収穫し，ということができるので効率的である(機械化も容易である)。工業製品の場合も同じで，多種多様な製品を多種多様に生産する工場は非効率であり，何より非現実的である。用いられる原材料が多種多様・少量ずつになるし，生産技術・生産工程もそれぞれの生産品目でやはり異なるからである。それ故，単一ないし少品種の製品に集中して生産した方が効率的で合理的である。このよ

うに，生産の場面では多くの場合，大量・少品種(ないし単一品種)で生産が行なわれ，規模の経済性が追求されているのが通常である。一方，消費(最終消費者)の側は多くの場合，大量・少品種の逆であり，生活を営んでいくために少量・多品種の財を必要とする。さまざまな種類の財が少量ずつ多頻度に購入され，消費されていることも多い。例えば，日々の食事を家庭で作る場合，多種多様な食材が少量ずつ購入されて，料理されることになるだろう。食材の毎回の購入量と多種多様さは通常，それらが生産された際の量と品種数とは大きく異なっている。

上記から分かるように生産に適した量・組み合わせ(多くは大量・少品種)と消費に適した量・組み合わせ(多くは少量・多品種)とは調整されねばならない。この調整は，具体的には，消費に適した量・組み合わせの実現に向けて財が「分荷(ぶんか)」(分散)」され，「取り揃え」されていくことでなされる。これが量と組み合わせの懸隔の架橋ということになる。

また，生産が比較的少量で行なわれる場合もあり(小規模零細農業による農作物の栽培等)，この時，懸隔の架橋には「集荷(しゅうか)(収集)」「中継(なかつぎ)」という部分が必要となる(「集荷・分荷」ないし「収集・中継・分散」)。生産が多品種で行なわれることが不可避な場合(底引き網等魚網による漁業等)は，「選別」が必要になる。また，得られる生産物(財)の品質水準が一定ではないことも多い(例えば，農水産物等)。この場合，選別と共に，「格付(かくづけ)・標準化」が必要となる。[10]

(4) 情報的懸隔

この懸隔は，生産と消費の分離に伴って，生産側と消費側とが互いの状況や事情を十分に把握できなくなることをいう。互いの情報を十分には知らないという意味で情報的懸隔と呼ばれる。

例えば，人的懸隔が拡がると，生産者と消費者の間の対面的関係は失われて，

---

[10] それぞれ順に，①分荷(allocation)は財をより小さな単位に分けること，②取り揃え(assorting)はより適した組み合わせで異質の財を集めること，③集荷(accumulation)は財を集めより大きな単位にまとめること，④中継(intermediating)は財を受け渡すこと，また分荷と集荷の中間にあって両者を円滑に連結すること，⑤選別(sorting)は財を何らかの基準でより分けること，⑥格付(grading)は，同種の財を品質水準によって等級づけすること，⑦標準化(standardization)は，同種の財を同種の品質水準でより分けてまとめること，をいう。選別の中に，格付けと標準化を含めることもある。

離散的・匿名的な関係となる。生産も注文生産から不特定多数の消費者に向けての見込み生産に変わる。生産側は誰がいつどのように買ってくれるのか分からないまま生産を行なわねばならなくなるし，消費側はあらかじめ生産に自分の要望を反映させることが困難となる。また，物理的懸隔が拡がると，生産と消費とは空間的にも時間的にも大きく隔たることになるので，生産側は消費の実際がいかなるものかを実感できなくなり，消費側も生産の現場を直接に目にすることはなくなり，どんな財がどのように生産され，提供されているのかを知り得なくなる。

情報的懸隔の架橋は，生産側と消費側の互いの状況や事情に関する情報の欠如を補うことで行なわれる。具体的には，生産側が消費者の状況・事情(どんな財をいつどこでどれだけどんな組み合わせで必要とするか，価格はどの程度なら購入するか，等々)についての情報を得る(自ら収集する／他者から提供される)ことであり，消費側が生産の状況・事情(どんな財がいつどこでどれだけ生産され，どんな組み合わせで入手可能なのか，価格はどの程度であるのか，等々)についての情報を得る(自ら収集する／他者から提供される)ことである。

第2節　流通の役割と流通機能・流通活動

1　流通の社会的・経済的役割と流通機能・流通活動

流通の社会的・経済的役割は，生産・消費間の経済的懸隔の架橋にある。生産・消費間の経済的懸隔を架橋する活動は「流通活動」と呼ばれる。流通活動は，経済的懸隔を架橋する「流通機能」の実際の現れである。[11] 流通は，4つの経済的懸隔のそれぞれに対応する架橋諸活動，諸機能として捉えることができ

---

[11] 機能(function)とは，(抽象化のレベルはさまざまではあるが)要するに「目的」である。活動(activity)は，機能遂行の実際の現れである。本文中では，機能と活動を一意対応させて単純に説明しているが，1つの機能遂行に対して，ひとまとまりの活動遂行がなされるとは限らない。活動遂行は，活動主体，活動の構成要素等の点でさまざまな形態を取り得る。とはいえ，現実には，(社会・経済・科学)技術における制約から，機能－活動主体・構成要素の組み合わせ・設計にそれほど自由気ままなバリエーションがあるわけではない。

る。

(1) 人的懸隔の架橋と流通活動・機能

人的懸隔の架橋は，商取引（売買）という財の所有権の移転手続きを介して行なわれるのが通常である。従って，流通はまず財の「所有権移転活動」として捉えることができる。これは，機能として見れば，「所有権移転機能」となる。所有権の移転は前節で述べたように，主に商取引（売買）によって行なわれている。この商取引を業^{ぎょう}としてもっぱら行なうのが「流通業者」ないし「商業者」であって，具体的には「卸売業者」「小売業者」を指すと一般に解されている（流通業者，商業者については第2章で更に説明する）。

また，流通を財の売買の連鎖としての「所有権移転の流れ」として捉え，この側面を「商的流通（商流）」或いは「取引流通」と呼ぶことがある。そのため，架橋活動としては「商的流通活動（商流活動）」，架橋機能としては「商的流通機能（商流機能）」と言い得る。

(2) 物理的懸隔の架橋と流通活動・機能

物理的懸隔（場所的懸隔・時間的懸隔）の架橋は，財の物理的移転の手続きに他ならず，具体的には，輸送・配送活動（場所的懸隔の架橋），保管・貯蔵活動（時間的懸隔の架橋）によって行なわれることになる。従って，流通はこの側面では，財の「物理的移転活動」として捉えることができる。これは，機能としてみれば，「物理的移転機能」となる。これらは，場所的懸隔の架橋に対応させて，「輸送活動」「輸送機能」，時間的懸隔の架橋に対応させて，「保管活動」「保管機能」に大別することもできる。

また，流通を財の物理的移転の流れとして捉え，この側面を「物的流通（物流）」と呼ぶことがある。そのため，架橋活動としては「物的流通活動（物流活動）」，架橋機能としては「物的流通機能（物流機能）」と言い得る。

(3) 量と組み合わせの懸隔の架橋と流通活動・機能

財の量と組み合わせについて，殆どの場合，生産に適した量・組み合わせと

消費に適した量・組み合わせとは同一ではない。両者は調整されねばならない。流通は，財の「量と組み合わせの調整活動」として捉えることができる。これは，機能として見れば，「量と組み合わせの調整機能」となる。

また，調整の結果，小売店頭では財の特定の量・組み合わせが実現される。小売店頭で販売される財の特定の量・組み合わせは一般に（当該小売業者の）「品揃え」と呼ばれる。消費者は，小売業者の「品揃え」から更に量・組み合わせの調整を行ない，財を購入することになる。[12] 小売店頭での財の特定の量・組み合わせの実現は，（当該小売業者の）「品揃え」の形成であり，従って，財の「量と組み合わせの調整」は（品揃えを上記のように捉え，かつ小売店頭までに着目すれば），「品揃え形成活動」であり，機能として見れば「品揃え形成機能」となる。

(4) 情報的懸隔の架橋と流通活動・機能

情報的懸隔の架橋の活動は，生産側と消費側の互いの状況や事情に関する情報の欠如を補うことで行なわれる。流通は，生産及び消費に関する状況や事情に関する「情報収集・提供活動」として捉えることができる。これは，機能として見れば，「情報収集・提供機能」となる。

また，情報提供活動は，時に受け手の意思決定の基盤となる情報を与えるわけであるから，意思決定内容に影響を与える側面を含んでいる。従って，提供側が受け手の意思決定に影響を与えることを意識して行なわれている場合，情報提供活動は「説得」ないし「説得的コミュニケーション」の特性を持つことになる。[13] 例えば，生産側が情報的懸隔の架橋を積極的に担うケースとして，メーカーによる製品広告が挙げられる。広告の役割は，もちろん情報提供でもあるが，通常は製品の購入に向けての説得的コミュニケーションの特性を色濃

---

[12] 1つの小売業者の「品揃え」では，消費者の求める財の特定の量・組み合わせが実現できないこともある。この場合，消費者は複数の小売店舗を買い回り，必要な財を取り揃えることになる（買い回る労力や時間等の買い物費用がかかる）。また，1つの小売業者の「品揃え」で十分に事足りることもある。この場合，消費者は1つの小売業者の「品揃え」で必要な財を取り揃えることができる。消費者の求める財が多種多様なものであっても，1つの小売店舗（ないし商業集積）で取り揃え可能である時，「ワン・ストップ・ショッピング」が実現されていることになる（買い回る労力や時間等の買い物費用が削減される）。

図表 1-2 経済的懸隔の架橋と流通活動・流通機能

生産と消費間の経済的懸隔 ＊社会的分業の進展により拡大	流通機能 ＊経済的懸隔を架橋する機能	流通活動 ＊流通機能遂行の実際の現れとしての活動
人的懸隔	所有権移転機能 （商的流通機能）	所有権移転活動 （商的流通活動）
物理的懸隔 ①場所的懸隔 ②時間的懸隔	物理的移転機能 （物的流通機能） ①輸送機能 ②保管機能	物理的移転活動 （物的流通活動） ①輸送活動 ②保管活動
量と組み合わせの懸隔	量と組み合わせの調整機能 （品揃え形成機能）	量と組み合わせの調整活動 （品揃え形成活動）
情報的懸隔	情報収集・提供機能	情報収集・提供活動

出所：筆者作成。

く持っている。

　上記は，図表 1-2 にまとめられる。流通機能について，依然として論者間で統一的見解があるわけではない。他に金融機能，危険負担機能，等が挙げられることもある。また，流通機能を，①商流機能，②物流機能，③助成機能ないし補助的機能（情報収集・提供機能，金融機能，危険負担機能，等）の3つに大別することもある。[14]

2　流通フロー

　流通はその直接の字義からすれば，それは「流れ(フロー)」を指している。[15] この観点

---

[13] 説得的コミュニケーション（persuasive communication）は，受け手の態度や行動を特定の方向に変化させることを目的とするコミュニケーションをいう。態度（attitude）とは，ここでは「人が対象に対して抱く認知・感情（評価）・行動の一定期間持続する好悪・正負・肯定否定の斉合的傾向」を指す。説得的コミュニケーションと態度変容の研究は，社会心理学における態度研究の主領域の1つであり，説得効果の規定因の研究や説得過程の解明が進められてきている。本文中にもあるように，広告は多くの場合，説得的コミュニケーションとして機能する。

[14] 本章の説明は，生産・消費間の経済的懸隔→経済的懸隔の架橋としての流通，という構成となっている。従って，ここでは(4つの)経済的懸隔に対応させる形で(4つの)流通機能が必ず語られねばならない。

図表1-3 流通フロー（財の流通フロー）

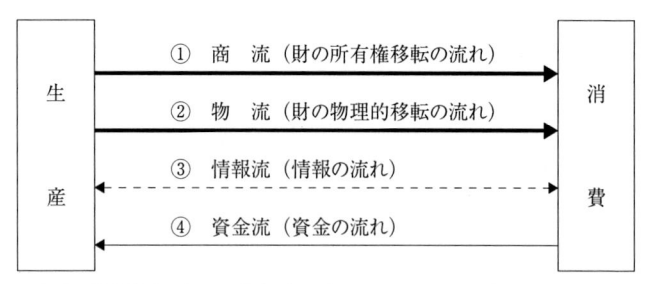

```
                ① 商  流（財の所有権移転の流れ）
  ┌─────┐ ─────────────────────→ ┌─────┐
  │     │   ② 物  流（財の物理的移転の流れ）  │     │
  │ 生産 │ ─────────────────────→ │ 消費 │
  │     │   ③ 情報流（情報の流れ）           │     │
  │     │ ←─────────────────────  │     │
  │     │   ④ 資金流（資金の流れ）           │     │
  └─────┘ ←───────────────────── └─────┘
```

出所：筆者作成。但し，鈴木〔2002〕pp.5-7の記述に依拠している。

で，流通は各「流れ」によって構成されているものと捉えることができる。前述したように，流通には，①人的懸隔の架橋に対応する財の所有権移転の流れ（商流）があり，②物理的懸隔の架橋に対応する財の物理的移転の流れ（物流）がある。他に，③情報的懸隔の架橋に対応する情報の流れ（情報流），④商流と表裏一体であるが，商流（所有権の流れ）の逆方向に流れる資金の流れ（資金流）を挙げることができる。上記の①〜④を総称して「流通フロー（ないしマーケティング・フロー）」と呼んでいる（図表1-3）。

【参考文献】
小宮路雅博〔2005〕「流通と小売業」（小宮路雅博編著『現代の小売流通』同文舘出版，第1章所収，pp.1-21）。
鈴木安昭〔2002〕『新・流通と商業〔改訂版第2補訂〕』有斐閣。

（小宮路 雅博）

---
[15] 流通フローについてのここでの説明は，鈴木〔2002〕pp.5-7に依拠している。

第2章
流通活動の担い手と流通業者[1]

　本章では，まず，流通活動がいかに担われるか，流通活動の担い手について述べる。続いて，流通業者の概念，卸売業者と小売業者の区分について説明し，流通段階，流通経路の概念等，流通論を理解する上で基本となる考え方を整理する。

第1節　流通活動はいかに担われるか

　流通に関わる経済主体は，（流通の客体が消費財の場合）図式的には順に生産者→卸売業者→小売業者→消費者となる。流通活動（流通機能遂行）をもっぱらの活動として行なっているのは，卸売業者・小売業者である。従って，流通を担当する主体としてはまず卸売業者・小売業者が挙げられねばならない。卸売業者・小売業者の両者を合わせて，流通業者または商業者と呼んでいる。しかしながら，ここで生産者と消費者も同じく流通活動を担っていることに注意をされたい（図表2-1参照）。
　例えば，生産者は卸売業者に商品（製品）[2]を販売する（商流を担う）。生産者が卸売業者・小売業者に対し，また時には消費者に対し商品を輸送・配送していることも多い（物流を担う）。卸売業者・小売業者・消費者から情報を聴取し収集したり，或いはマス・メディアを通じて消費者に直接に情報提供を行なう

---

[1] 本章は，小宮路〔2005〕第2節を大幅に加筆修正したものである。
[2] 製品（product）という言葉は日常的には物財を指し，役務（service：サービス）と対置されて理解されているのが通常である。製品は物財の典型であり，より特定的には農作物等の生産物（produce）と区別して，製造物としての工業製品を指している。一方，流通の場面では「商品」の語の方が良く用いられる。製品と商品の異同については，第6章第1節を参照されたい。

図表 2-1　流通活動の担い手

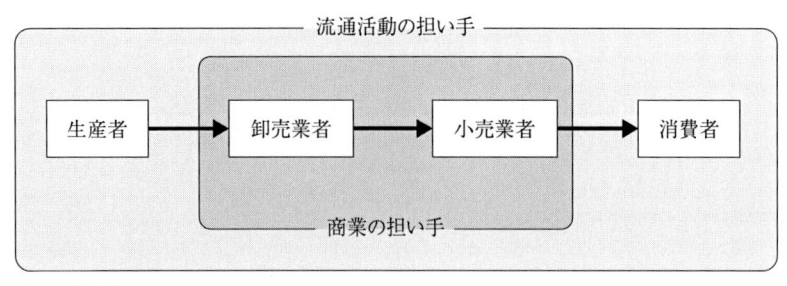

```
┌─────────────────────── 流通活動の担い手 ───────────────────────┐
│              ┌─────────────────────────────────┐              │
│  生産者  →   │  卸売業者  →  小売業者  │   →  消費者  │
│              └─────────────────────────────────┘              │
│                       商業の担い手                              │
└───────────────────────────────────────────────────────────────┘
```

出所：筆者作成。

(つまり，広告を行なう)といった活動も行なっている(情報収集・提供活動を担う)。また，生産者が消費者に直接販売をしていることも少なくない。例えば，通信販売や訪問販売の方式或いは直営店舗を展開して，生産者(メーカー)が消費者に対し直接に商品を販売することがある(ダイレクト・マーケティングと呼ばれる)。この場合は，商品の流通について，独立の流通業者(卸売業者，小売業者)を利用しないから，生産者(メーカー)自身が流通活動の各側面を大きく担っていることになる。或いは独立の流通業者に任せていても，「流通系列化[3]」等によって生産者(メーカー)の意思を十分に反映させていることもある。[4]

　消費者もまた同じく流通活動を担っている。例えば，消費者は買い物に行き商品を買って，自宅に持ち帰ることが多い。この時，消費者は商流(商品を買う＝所有権移転を行なう)と物流(商品を消費の場所まで物理的に移転させる)の活動を行なっていることになる。また，消費者は複数の小売店を買い回り，さまざまな商品を選び組み合わせて購入することがある(例えば，日々の食事を家庭で作る場合，多種多様な食材が複数の小売店で少量ずつ購入される)。[5]この時，消費者自身が消費に向けて財の「量と組み合わせの調整活動」を行なっていることになる(消費者による最終「品揃え物」の形成)。消費者は情報収集・

---

[3] 生産者(メーカー)が自社商品(自社製品)の流通を独立の流通業者に任せている場合，「インダイレクト・マーケティング(indirect marketing)」と呼ばれる。これは，ダイレクト・マーケティング(direct marketing)に対する言葉であるが，直訳的には「間接的マーケティング」ということになる。

[4] メーカーは自社商品の流通について自身の意思を反映させるためにさまざまな流通取引制度を採用している。これらはメーカーによる垂直的制限としての機能を持っており，しばしば日本的な捉え方において総体的に「流通系列化」と呼ばれている。

提供活動の一端も日常的に担っている。例えば，各小売業者の品揃えや販売商品の価格を見て回る，小売業者の新聞折込チラシを眺める，メーカーに製品カタログを請求する，インターネット等で商品情報や販売情報を探す，といった行為・活動(情報収集活動)，また，「特定の商品を買う／買わない」ことで意向を表明する，小売業者に自己の好みやどんな商品をほしいかを伝える，といった行為・活動(情報提供活動)である。

　流通活動(流通機能遂行の実際の現れ)のどの部分・どの側面をどの経済主体がどのように行なうかについてはさまざまな形態があり，各主体にとって大きな創意工夫の余地がある。生産者だから生産だけ，消費者だから消費だけ，ということは全くないし，卸売業者だから流通活動のこの部分，小売業者だから流通活動のこの部分と分担が固定的に決まっているわけでもない。流通活動は，どの主体がどのように行なっても構わない。

第2節　流通業者，卸売業者，小売業者とは

　「流通業者」の語は，具体的には商流を担う商業者(卸売業者と小売業者)を指して語られることが多い。これらはいずれも再販売のために商品を購入(仕入)しているので「再販売業者」とも呼ばれる。

1　流通業者と物流業者

　流通には，商流と物流の2つの大きな流れ(フロー)がある。言葉の定義としては「流通活動を業として担う者」が流通業者であるので，商流を担う卸売業者，小売業者の他に物流を担う物流業者も理屈上，流通業者(「広義の流通業者」)に含まれる。物流業者には，輸送業者・配送業者，荷役業者，倉庫業者等が含まれる。しかし，特にことわりなく流通業者といえば，卸売業者，小売業者を指し，物

---

[5] もちろん，1つの小売店で全て事足りることもある。この場合，「ワン・ストップ・ショッピング」が実現されていることになる。

流業者とは区別しているのが通常である(「狭義の流通業者」)。

2 卸売業者と小売業者

小売業者は、業としての流通活動の中で最終段階に位置し、一般の消費者(最終消費者)と直接に接している。小売業者の買い手は一般の消費者であり、販売する商品は一般消費者向け商品(消費財)である。一方、卸売業者は、①産業用使用者と、②再販売業者(卸売業者・小売業者)に対して販売を行なう存在である[7]。産業用使用者とは、メーカー、建設業者、運輸業者、飲食業・宿泊業等の各種サービス業者、病院・学校・官公庁等の各種組織を指している。これら卸売業者の買い手(①、②)は、卸売業者から仕入れた商品を用いて更に財やサービスを生産したり、商品を再販売することを目的としている。仕入され再販売される商品が消費財の場合は、いずれは小売店頭に並び一般消費者によって購入されていくことになる。従って、卸売業者は、①生産財(業務用商品)の流通と②消費財(一般消費者向け商品)の中間流通とを担当していることになる。[8]なお、生産財(産業財、ビジネス財とも呼ばれる)をもっぱら扱う卸売業者は、「生産財卸(産業財卸、ビジネス財卸)」と呼ばれ、消費財をもっぱら扱う卸売業者は「消費財卸」と呼ばれる。

卸売業者と小売業者は、再販売する目的で商品を仕入れるので、この点で「再販売業者」とも呼ばれることは前述した。ここで、再販売業者たる卸売業者と小売業者が業務用商品の買い手でもあることに注意されたい。例えば、卸売業者・小売業者の業務遂行に必要な店内設備品、什器(じゅうき)[9]、事務用品類、業務用車

---

[6] 流通業者については、資金流、情報流についても同じことがいえる。流通に関わる資金流の担い手(例えば、金融機関)、情報流の担い手(例えば、広告会社や市場調査会社)もまた理屈上は流通業者である。これらは「最広義の流通業者」とも呼ばれるべきものである。しかしながら、もちろん、「最広義の流通業者」は一般の常識からはかけ離れている。例えば、日常生活の中で「銀行や広告会社は(卸売業者・小売業者と同じく)流通業者である」と述べることは極めて難しいだろう。

[7] 「小売」の本来の字義は、「小分けにして売ること」すなわち小口販売である。この点でのみ対比すれば「卸売」は小口の逆の販売、すなわち大口販売となる。しかし、卸売業と小売業の区分は、扱い数量の多寡ではなく、買い手が誰なのかによって行なうのが適切と判断される。それ故、本文では、小売業は一般の消費者が買い手、卸売業は産業用使用者と再販売業者が買い手としているわけである。

[8] 消費財、生産財については、第6章第2節で詳しく扱っている。

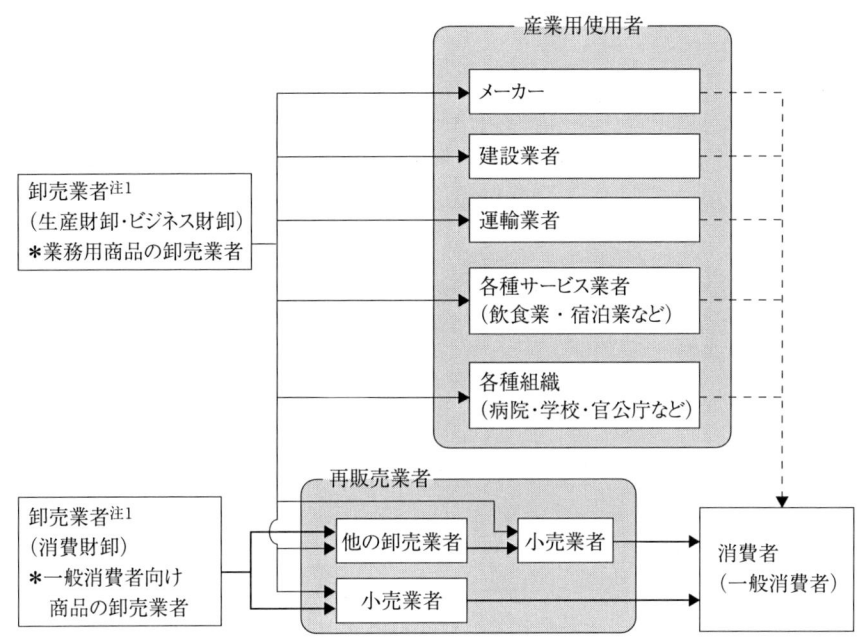

図表2-2　卸売業者と小売業者

```
                            ┌─── 産業用使用者 ───┐
                            │   ┌─────────┐   │
                      ┌────→│   │ メーカー   │   │
                      │     │   └─────────┘   │
                      │     │   ┌─────────┐   │
                      │────→│   │ 建設業者   │   │
┌──────────────┐      │     │   └─────────┘   │
│ 卸売業者注1    │      │     │   ┌─────────┐   │
│(生産財卸・ビジネス財卸)│──────│────→│   │ 運輸業者   │   │
│＊業務用商品の卸売業者│      │     │   └─────────┘   │
└──────────────┘      │     │   ┌─────────────┐│
                      │     │   │各種サービス業者   ││
                      │────→│   │(飲食業・宿泊業など)││
                      │     │   └─────────────┘│
                      │     │   ┌─────────────┐│
                      │────→│   │各種組織         ││
                      │     │   │(病院・学校・官公庁など)│
                      │     │   └─────────────┘│
                      │     └─────────────────┘
                      │     ┌─── 再販売業者 ───┐
                      │     │ ┌─────────┐    │
                      │────→│ │他の卸売業者│→┐ │
┌──────────────┐      │     │ └─────────┘ │ │    ┌──────┐
│ 卸売業者注1    │──────┤     │           ↓ │    │ 消費者  │
│(消費財卸)      │      │     │ ┌─────────┐│    │(一般消費者)│
│＊一般消費者向け  │      │────→│ │ 小売業者 ││───→│        │
│ 商品の卸売業者  │            │ └─────────┘│    └──────┘
└──────────────┘            │ ┌─────────┐│
                            │ │ 小売業者 │├───→│
                            │ └─────────┘│
                            └────────────┘
```

注1：これらの卸売業者も当然のことながら再販売業者である。ここでは卸売業者と小売業者を買い手で区分するためあえて(再販売業者である旨の)表示をしていない。
出所：筆者作成。

両等が購入されるが，これらは再販売のためのものではない。以上は図表2-2にまとめられている。

3　卸売業者と小売業者の区分

現実の流通業者の中には，例えば，酒販店が近隣の料飲店(飲食業者)に酒を販売し，かつ一般の消費者(最終消費者)にも酒を販売しているといった場合がある。この場合，料飲店はその酒を来店客に提供し，対価を得るので，料飲店への酒販店の販売部分は「卸売」ということになり，最終消費者への販売部分

---
[9] 店舗什器。例えば，各種の陳列用具類，レジ台，カウンター，カタログスタンド，POP立て，ハンガー，等が含まれる。

は「小売」ということになる。これはそれぞれ業ないし商いとして見れば、卸売業、小売業となり、この場合、この酒販店は卸売業者でもあり同時に小売業者でもあることになる。この例のように特定の流通業者が卸売業者か小売業者かは、いつでも明確に区分されるとは限らないことに留意されたい。この点については、売上高の過半(50％以上)を卸売部分が占めれば卸売業者、小売部分が占めれば小売業者であると解することもある。この解釈方法は主要業務(売上高の過半を超える業務)がいずれであるかによるもので「メインの原則」と呼ばれている。業者数(事業所数)の確定が求められる統計調査の実施等では必要となる事柄である。[10]

第3節　流通段階と流通経路

1　消費財の流通段階・流通経路

　消費財を念頭に置けば、商品は生産者から消費者(最終消費者)まで複数の経済主体を経て流れていく。幾つの経済主体を経るかを「流通段階」と呼んでいる。また、生産者から消費者に至る全体を捉えて「流通経路」という。流通段階の数で流通経路を区分すると図表2-3のようになる。

　小売業者は一般の消費者(最終消費者)のみに販売する。それ故、小売段階は定義上常に1段階である。一方、卸売業者は図表2-3に見るように何段階にもなる。生産者の次の卸売業者を1次卸、その次を2次卸、3次卸、……と呼ぶことがある[11](例えば、生産者→1次卸→2次卸→3次卸→小売業者→消費者となる)。2段階流通経路以上で、流通段階が多段階になるのは、卸売段階が複数段

---

[10] わが国では統計法に基づく指定統計調査として「商業統計調査」(指定統計第23号)が行なわれている。この調査は、わが国の商業の実態を明らかにするためのもので、平成9年以降の調査からは5年毎に実施され、その中間年(調査の2年後)に簡易調査を行なうこととなっている。商業統計調査においても、卸売業者・小売業者の判定基準の一つに「メインの原則」を採用している。但し、商業統計調査では、(本章の本文での説明のように)商品の買い手によって卸売・小売を直接に判定するのではなく、販売される商品を卸売品目(商品分類番号5桁の上2桁が50～54)と小売品目(同56～60)に分け、いずれの販売額が多いかといった方法を用いている。

図表 2-3　消費財の流通段階と流通経路

|直接流通経路|
0 段階流通経路　　生産者→消費者

|間接流通経路|
1 段階流通経路　　生産者→小売業者→消費者

2 段階流通経路　　生産者→卸売業者→小売業者→消費者

3 段階流通経路　　生産者→卸売業者→卸売業者→小売業者→消費者

4 段階流通経路　　生産者→卸売業者→卸売業者→卸売業者→小売業者→消費者
　………　　　　　　…………

出所：筆者作成。

階になるからである。また，段階数が多くなると「長い流通経路」(多段階流通経路)，段階数が少なくなると「短い流通経路」という[12]。最短の流通経路は，独立した流通業者を経ない0段階流通経路である。0段階流通経路は，「直接流通経路」と呼ばれる。直接流通経路は，具体的には，1次産品の生産者による直売方式，メーカー直売方式或いはメーカーによるダイレクト・マーケティングによる流通である。また，1段階以上の流通経路は，「間接流通経路」と呼ばれている[13]。

なお，流通段階(卸売段階)の長短をマクロ(国や産業分野単位或いは大きな商品区分単位)で示すのに用いられる指標にW/R比がある。これは卸売(wholesale)と小売(retail)の販売額をそれぞれ集計し比率をとったものである。W/R比は流通段階(卸売段階)の長短を示すとされる指標であるが，「流通迂回率」という表現がなされることもある(かつてはW/R比の高低をもって「流通迂回性」

---

[11] 商業統計調査においては，第1次卸，第2次卸，……と呼んでいる。経済産業省HP資料「平成19年度商業統計表　流通経路別統計編(卸売業)　別表1　流通段階と流通経路の関係」による。
[12] 「長い流通経路」とことさらにいう場合は，通常は「卸売段階数が多い」ことを意味している(しばしば「卸売段階数が多すぎる」ことが含意されている)。「短い流通経路」という場合は，卸売段階が排除されていたり，ダイレクト・マーケティングが行われていたりすることを指している。また，流通段階数を削減して，「短い流通経路」にすることを「流通の中抜き(disintermediation)」等という。
[13] 生産者と消費者もまた流通活動の担い手であるので，この2者を流通段階に含める見解がある。この場合，流通段階数は，常に2段階以上となる。鈴木〔2002〕pp.71-72を参照。

の高低がしばしば語られた)。迂回の言葉には,「本来あるべき道筋から外れわざわざ遠回りをしている」ような印象を受けるが,特定の国や産業分野単位或いは大きな商品区分単位において,W/R比の数値が高くともそれだけで直ちに「わざわざ遠回りをしている」と判断されるわけではないことに留意されたい。先にも述べたように流通活動は,どの主体がどのように遂行しても構わない。それ故,遂行の多様な形態・設計デザインが発生して(或いは考案されて)発達してくるのが当然である。この意味で,短い流通経路は少数の主体に流通活動の遂行を集中する形態・設計デザインであり,長い流通経路はより多くの主体が参加して流通活動を分業する形態・設計と見ることができる。

2　生産財の流通経路

　生産財の場合は,産業用使用者が最終的な買い手となる。(消費財の流通と同様に)生産者から産業用使用者まで幾つの経済主体を経るかを「流通段階」と呼び,生産者から産業用使用者に至る全体を捉えて「流通経路」と呼ぶ。流通経路が生産者→産業用使用者であれば,直接流通経路,生産者→卸売業者→産業用使用者(この場合,卸売段階は何段階にもなり得る)であれば,間接流通経路となる(図表2-4参照)。

　一般論としては,消費財の流通と比較すれば,生産財の流通においては「短い流通経路」が志向される。生産財流通について,消費財流通とごく大まかな対比をすれば,次の2点が顕著な特徴となる。

　①直接流通経路がとられ,メーカーによるダイレクト・マーケティングが行なわれる傾向がある。

　②メーカーによって当該メーカーの自社商品流通のための専属の卸売業者が設立され,この卸売業者からしばしば産業用使用者に販売が行なわれる。この種の専属の卸売業者は,(メーカー設立の)「販売会社」と呼ばれ,一般に「販社(メーカー販社)」と略称される。

　もちろん,上記の短い流通経路は消費財流通においても同様に採用されているが,生産財流通でダイレクト・マーケティング方式やメーカー販社による流

図表2-4 生産財の流通段階・流通経路

直接流通経路
生産者→産業用使用者

間接流通経路
生産者→卸売業者→産業用使用者

生産者→卸売業者→卸売業者→産業用使用者

生産者→卸売業者→卸売業者→卸売業者→産業用使用者

………

出所：筆者作成。

通がより志向されるのは，1つには生産財の買い手である産業用使用者が，消費財の買い手とは異なる以下の特性を持っていることによるものである。[14]

①産業用使用者は業務用に商品を大規模購買(大量・多額に購入)することが多い。大規模事業者である場合は特にそうである。

②産業用使用者は業務用消耗品や原材料等を購買するが，購買は少品種において行なわれることが多い。

③産業用使用者は汎用商品の購買も行なうが，注文生産品や特注品を大規模購買することも多い。

④生産財の種類によっては，産業用使用者の数が少数である場合や地理的に集中している場合がある。

上記に対し，消費財の買い手は，一般の消費者であって，数が非常に多く地理的にも分散しており，自己或いは家計の維持のために多品種の商品を少量ずつ少額で購入している。

「量と組み合わせの懸隔」の架橋の観点から見れば，一般論としては，①消費財流通においては，多数かつ地理的に分散した一般の消費者に円滑に商品を供給するため，流通段階が多数介在する「長い流通経路」がより求められ，②生

---

[14] 生産財の分類や特性については，第6章第2節で説明されている。

産財流通においては，大規模購買を行なう(しばしば地理的にも集中した少数の)産業用使用者に円滑に商品を供給するため，生産と消費をなるべく直接に結び付ける「短い流通経路」がより選択されることになる。

第4節　小売業者の役割

1　流通経路における小売業者の役割

　図表2-3に示されるように消費財の流通においては，小売業者は生産と消費の間に位置する流通の最終段階にあって，一般の消費者(最終消費者)と直接に接している。流通経路における小売業者の役割は，次の2つの観点で捉えることができる。

(1)　生産者や卸売業者に対する役割
　まず，流通の川上，つまり生産者や卸売業者に対する役割である[15]。小売業者は，生産者・卸売業者の消費者に対する「販売代理人」としての役割を果たしている。消費者と直接に接し，商品を販売することのできる小売業者が存在することで，生産者・卸売業者は自己の商品を円滑に消費者の下に届けることができる。また，小売店頭は当然に小売業者にとっての商いの場であるが，同時に生産者(主にメーカー)・卸売業者の意思が反映され，更に生産者・卸売業者自身の諸活動(店頭活動)が展開される場となっている。

(2)　消費者に対する役割
　第2は流通の川下，つまり消費者(最終消費者)に対する役割である。小売業者は，消費者の「購買代理人」としての役割を果たしている。小売業者は消費

---
[15] 流通を生産者から消費者に至る「河の流れ」にたとえた表現。小売業者から見ると，生産者・卸売業者は流通の川上に位置し，消費者は流通の川下に位置する。また，流通全体を俯瞰して見ると，生産者が川上，卸売業者が川中，小売業者が川下に位置する。単に流通の川上・川中・川下という時は，全体の俯瞰で述べられていることが多い。

図表 2-5　流通活動における小売業者の 2 つの役割

```
生産者  生産者  生産者         生産者  生産者  生産者
                  ↓                              ↑
               卸売業者                        卸売業者
                  ↓                              ↑
  ┌─────────────────────┐    ┌─────────────────────┐
  │  卸売業者             │    │        卸売業者       │
  │    ↓                 │    │           ↑          │
  │              卸売業者 │    │                卸売業者│
  │                ↓     │    │                  ↑   │
  │ 生産者・卸売業者の「販売代理人」としての小売業者 │ │ 消費者の「購買代理人」としての小売業者 │
  └─────────────────────┘    └─────────────────────┘
     ↓    ↓    ↓    ↓           ↑    ↑    ↑    ↑
   消費者 消費者 消費者 消費者    消費者 消費者 消費者 消費者
```

出所：筆者作成。

者に成り代わり，彼らの欲する商品を品揃えし，或いは提案する。小売業者が存在し，近隣に小売店舗が存在することで，消費者はわざわざ生産者の工場や生産地に出向かなくとも，生活に必要な財を簡便・円滑に手に入れることができる。小売店で購入する（買い物をする）ことで，消費者は財の所有権を正当に得て，消費することができる。人々の日常的な生活は，多くの側面でこのようにして小売業者から購入した商品の消費によって支えられている。上記は，図表 2-5 にまとめられている。

2　買い物（ショッピング）という楽しみと小売業者の役割

　小売業者は，消費者の「購買代理人」としての役割を果たし，消費者に対し買い物の便宜提供を行なっているが，これに留まらず人々に「買い物（ショッピング）という楽しみ」を提供する存在となっている。小売店舗（及び小売商業施設・小売商業集積）におけるショッピングは時に人の楽しみとして機能する。例えば，百貨店やショッピング・センターへ休日の気晴らしや一種の「レジ

ャー」としてショッピングに出かけることがあるだろう。お気に入りの「お店」や「売場」を巡ったり,「セール」に出かけたりすることに楽しみを見い出す人も多いだろう。また,ショッピングが海外旅行等の目的の1つにもなっていることもある。「ショッピングは苦しく面倒で退屈である,或いは浪費を誘う悪しきものであるので,できるだけ人から遠ざけた方が良い。」「ショッピングは人の楽しみであり,この側面はより積極的・肯定的に評価されるべきものである。」——いずれの観点に立つべきであろうか。小売業者を楽しみとしてのショッピングを提供する存在として捉えるならば,楽しみのための演出や工夫には一層の評価と追求がなされてしかるべきだろう。

また,小売業者の店頭とは,財の所有権移転の手続き(売買)が行なわれる場所であると同時に消費者が新しい商品(事物)に出会い,新しいライフ・スタイルを感じ取る場でもある。消費者はしばしば並んでいる商品そのものやディスプレイ,店内の雰囲気を楽しむ。時には商品を通して,作り手(造り手)の存在,異国や異文化の情緒,人の築いた文明や科学技術の進歩・恩恵を感じ取ることもあるだろう。ショッピングには「欲しいものを買って所有する」ことの楽しみと共にこうした知性に訴え,或いは好奇心や感性を満たすことの楽しみがある。

質・量共に豊かな商品に囲まれ,ただ1つの条件——代金を支払うことができる——を満たせばいつでもさまざまな商品を自分の所有物とし消費することができる。これは(物質的豊穣に満たされた)人の世の幸福を享受できる生活でもある。現代の小売流通はこの生活の実現に貢献している。

【参考文献】
小宮路雅博〔2005〕「流通と小売業」(小宮路雅博編著『現代の小売流通』同文舘出版,第1章所収,pp. 1-21)。
鈴木安昭〔2002〕『新・流通と商業〔改訂版第2補訂〕』有斐閣。

経済産業省 HP 資料「平成19年商業統計表　流通経路別統計編(卸売業)　別表1　流通段階と流通経路の関係」(http://www.meti.go.jp/statistics/tyo/syougyo/result-2/h19/pdf/ryutsu/riyou2.pdf)

(小宮路　雅博)

第3章
小売業の主要形態 1
―小売業の業種・業態―[1]

　小売業にはどのような形態があるのだろうか。本章では，まず有店舗小売業・無店舗小売業の区分を行なう。続いて，有店舗小売業を念頭に置きつつ小売業種と小売業態について説明する（小売業の業種・業態）。無店舗小売業については，訪問販売業，通信販売業を取り上げ，説明を加える。

第1節　小売店舗の有無と販売形態

1　店舗と小売業

　歴史的には，小売販売は店舗（小売店舗）を持たない無店舗販売として始まったと考えられる。常設の店舗の概念が生まれ，これを構えるようになるのは，常設の市（いち）が登場して以降のことと解されている。大まかな図式的理解としては，自然発生的な不定期市の開催→定期市の開催→常設の市と常設の店舗の発生という順になる。定期的に開催される市＝定期市が生まれるのは，以下の状況である。例えば，定住せずに家畜と共に季節移動を行なう場合，毎年，特定の時期に大河の渡河点等特定の場所に多くの人々が会することが生じる。ここで一定期間，市が開かれ，さまざまな商取引が行なわれることになる。また，神殿や寺院における祭祀等の定期行事の開催に合わせて人々が集まり，文字通り門前市をなす。こうした定期市は人の定住と共にやがて常設化され（常設の市），

---
[1] 本章は，小宮路〔2005〕を加筆修正したものである。

ここに常設の店舗(小売店舗)が生まれることになる。

2　有店舗小売業と無店舗小売業

　小売業は，店舗の有無で見ると有店舗小売業と無店舗小売業とに分けられる[2]。これは販売形態として見れば，それぞれ有店舗販売・無店舗販売となる[3]。有店舗小売業とは，常設の店舗によって運営されている小売業である。臨時やごく短期間の間，可動式・仮設式の店舗が設けられるものは，通常，有店舗小売業とは呼ばない。例えば，行商が路傍に商品を並べて「店開き」をしているとか，軽トラックの荷台等を改造して商品の陳列をできるようにしたものや屋台等で現れて臨時に営業するものは可動式・仮設式「店舗」を構えるが，有店舗小売業とは見なさない。

　常設の店舗を持たない無店舗小売業は，①訪問販売業，②通信販売業，③自動販売機による小売業，④その他(行商や移動販売業，等)に分けられる。訪問販売業は，販売員が消費者の自宅や職場を訪問し，商品やサービスを販売するものをいい，通信販売業は，何らかのメディアを用いて商品を告知し，注文を受けるものをいう。いずれも(ショールームとしての「店舗」を設ける場合はあっても)常設の小売店舗を持たない小売業である。

　その他の無店舗小売業としては，行商や移動販売業が挙げられる。行商は消費者の自宅や職場を訪問する場合もあり，そうせずに路傍に「店開き」をする場合もある。前者の場合は，一種の訪問販売業者であり，後者の場合は一種の移動販売業者と見なされる。また，軽トラックに商品を積み込み，駅前や住宅

---

[2] 卸売業も同様に卸売店舗の有無で有店舗卸売業と無店舗卸売業に分けることができる。しかしながら，卸売業においてはこれらの呼称は一般的ではない。

[3] とはいっても，販売形態は常設の店舗の有無(有店舗販売・無店舗販売という区分)では割り切れない部分もある。例えば，商業統計調査では，小売業における商品販売形態を以下のように区分している(経済産業省「平成19年商業統計表　利用上の注意」p. 8による)。①店頭販売：店頭で商品を販売した場合をいう。ご用聞きおよび移動販売も含む。なお，ご用聞きおよび移動販売も含む。②訪問販売：訪問販売員等が家庭等を訪問して商品を販売した場合をいう。③通信・カタログ販売：カタログ，テレビ，ラジオ，インターネット等の媒体を用いてPRを行ない，消費者から郵便，電話，FAX，インターネット，銀行振込等の通信手段による購入の申込を受けて商品を販売した場合をいう。④自動販売機による販売：商業事業所が管理している自動販売機で商品を販売した場合をいう。⑤その他：料理品の宅配，仕出し屋，生活協同組合の「共同購入方式」，新聞や牛乳の月極(つきぎめ)販売および上記以外の販売形態で商品を販売した場合をいう。

地等に臨時に駐車して，販売を行なうトラック商も移動販売業者である。

　また，インターネット上のウェブサイトに「小売店舗(ネット・ショップ)」を開いているものも，現実世界の常設店舗(リアルの小売店舗)とは異なるので，有店舗小売業ではない。インターネット上の小売業は，インターネット・ショッピングという名の通信販売を行なう無店舗小売業(通信販売業)である。

　無店舗小売業に関連して，「機会商業」という言い方がある。これは，特別な販売機会を捉えて臨時に営まれる小売業をいう。一般に常設の店舗を持たず，定期市や祭り，各種イベントの開催等に合わせその期間だけ屋台や出店・露店等のかたちで商売を行なうものである。機会商業には他に特定の季節にだけ商売を行なうものもある。これは「季節商業」とも呼ばれる[4]。機会商業は専業の場合もあるが，副業として営まれていることも多い。常設の店舗が現れる以前は，機会商業の形態が小売業としてむしろ一般的であったと考えられている。

第2節　小売業種と小売業態

　小売業の大きな分類に「小売業種」と「小売業態」の区分がある。通信販売業，訪問販売業等の無店舗小売業も小売業態の1つと解されることもあるが，小売業種，小売業態という場合は，もっぱら有店舗小売業が念頭に置かれている。

1　小　売　業　種

　小売業種とは扱い商品によって小売業を区分するものである。これは当該小売業の扱い商品が何であるのかによって区分したものである。「小売店にはどんなものかあるか」と問うた時，ごく自然に想起される小売業分類である。小売業種は，(小売業態との対比において言及されていることを了解した上で)単

---

[4] 季節商業は，機会商業のうち，需要の発生・集中する特定の季節にだけ商売を行なうものをいう(例えば，夏期に短期間だけ営業する海水浴場のみやげ物店，収穫期にのみ営業する農作物即売店等)。機会商業は臨時の店舗で営まれることが多いが，季節商業においては常設の店舗を構えていることもある。この場合もその季節のみ営業し他の期間は休業となる。

に「業種」ともいう。小売業の分類法として見れば「(小売)業種分類」である。小売業種は，具体的には図表3-1に示されるようなものである。図表3-1は商業統計調査で用いられている産業分類(小売業)であって，これらには，通常は小売業態と呼び得るものも一部含まれるが(分類番号551, 5791)，殆どが扱い商品は何であるのかによって直接に区分された分類—小売業種—である。これらはより日常的な呼び方をすれば，例えば，572 酒小売業は，酒販店・酒店・酒屋，573 食肉小売業は，精肉店・肉屋，574 鮮魚小売業は，鮮魚店・魚屋，575 野菜・果実小売業は，青果店・八百屋・果物屋，等々となるだろう。

2 小売業態

小売業態とは端的には，小売業を(店舗の)営業形態によって区分したものである。小売業態は(小売業種との対比において言及されていることを了解した上で)単に「業態」ともいう。小売業の分類法として見れば「(小売)業態分類」である。小売業態を小売業種を含む上位概念と捉えていることもあるが，ここでは，小売業態を小売業種と対置する区分として位置づけ，有店舗小売業を念頭に置いて，(店舗の)営業形態として捉えている。

さて，わが国で小売業態として一般に理解されているものには，①百貨店，②スーパー(スーパーマーケット)，③総合スーパーないし GMS (general merchandise store)，④ CVS（コンビニエンスストア），⑤ミニスーパー，⑥専門店，⑦総合ディスカウント・ストア，⑧専門ディスカウント・ストア，⑨ドラッグストア，⑩ホームセンター，⑪ホールセールクラブ，⑫均一価格店，等がある。これらは，理屈上は店舗の営業形態を総合的に判断して区分されているわけであるが，むしろ日常生活の中で多くの人が具体的な企業名・チェーン名・店名(屋号)等と共にごく自然に区分しているものである。しかしながら，営業形態

---

[5] 卸売業についても，「卸売業種」「卸売業態」という区分がなされる。卸売業について言及されている文脈でならば，それぞれ「業種」「業態」と略しても意味は通る。しかし，単に「業種」「業態」といえば，小売業種，小売業態が想起されることが多いと思われる。
[6] 平成14年商業統計調査において，「551 百貨店，総合スーパー」は「百貨店」から名称変更されており，「5791 コンビニエンスストア」は新設されたものである。
[7] 例えば，石川〔2007〕pp. 136-137 を参照されたい。

図表 3-1　商業統計調査（平成 19 年）における小売業分類[注1]

- 55　各種商品小売業
  - 551　百貨店，総合スーパー
  - 559　その他の各種商品小売業（従業者が常時 50 人未満のもの）
- 56　織物・衣服・身の回り品小売業
  - 561　呉服・服地・寝具小売業
    - 5611　呉服・服地小売業／5612　寝具小売業
  - 562　男子服小売業
  - 563　婦人・子供服小売業
    - 5631　婦人服小売業／5632　子供服小売業
  - 564　靴・履物小売業
    - 5641　靴小売業／5642　履物小売業（靴を除く）
  - 569　その他の織物・衣服・身の回り品小売業
    - 5691　かばん・袋物小売業／5692　洋品雑貨・小間物小売業／5699　他に分類されない織物・衣服・身の回り品小売業
- 57　飲食料品小売業
  - 571　各種食料品小売業
  - 572　酒小売業
  - 573　食肉小売業
    - 5731　食肉小売業（卵，鳥肉を除く）／5732　卵・鳥肉小売業
  - 574　鮮魚小売業
  - 575　野菜・果実小売業
    - 5751　野菜小売業／5752　果実小売業
  - 576　菓子・パン小売業
    - 5761　菓子小売業（製造小売）／5762　菓子小売業（製造小売でないもの）／5763　パン小売業（製造小売）／5764　パン小売業（製造小売でないもの）
  - 577　米穀類小売業
  - 579　その他の飲食料品小売業
    - 5791　コンビニエンスストア（飲食料品を中心とするものに限る）／5792　牛乳小売業／5793　飲料小売業（別掲を除く）[注2]／5794　茶類小売業／5795　料理品小売業／5796　豆腐・かまぼこ等加工食品小売業／5797　乾物小売業／5799　他に分類されない飲食料品小売業
- 58　自動車・自転車小売業
  - 581　自動車小売業
    - 5811　自動車（新車）小売業／5812　中古自動車小売業／5813　自動車部分品・附属品小売業／5814　二輪自動車小売業（原動機付自転車を含む）
  - 582　自転車小売業
- 59　家具・じゅう器・機械器具小売業
  - 591　家具・建具・畳小売業
    - 5911　家具小売業／5912　建具小売業／5913　畳小売業／5914　宗教用具小売業
  - 592　機械器具小売業
    - 5921　電気機械器具小売業／5922　電気事務機械器具小売業／5929　その他の機械器具小売業

599　その他のじゅう器小売業
　　5991　金物小売業／5992　荒物小売業／5993　陶磁器・ガラス器小売業／
　　5999　他に分類されないじゅう器小売業
60　その他の小売業
601　医薬品・化粧品小売業
　　6011　医薬品小売業（調剤薬局を除く）／6012　調剤薬局／6013　化粧品小売業
602　農耕用品小売業
　　6021　農業用機械器具小売業／6022　苗・種子小売業／6023　肥料・飼料小売業
603　燃料小売業
　　6031　ガソリンスタンド／6032　燃料小売業（ガソリンスタンドを除く）
604　書籍・文房具小売業
　　6041　書籍・雑誌小売業／6042　新聞小売業／6043　紙・文房具小売業
605　スポーツ用品・がん具・娯楽用品・楽器小売業
　　6051　スポーツ用品小売業／6052　がん具・娯楽用品小売業／6053　楽器小売業
606　写真機・写真材料小売業
607　時計・眼鏡・光学機械小売業
609　他に分類されない小売業
　　6091　たばこ・喫煙具専門小売業／6092　花・植木小売業／6093　建築材料小売業／6094　ジュエリー製品小売業／6095　ペット・ペット用品小売業／6096　骨とう品小売業／6097　中古品小売業（骨とう品を除く）／6099　他に分類されないその他の小売業

注1：商業統計調査における産業分類（卸売業・小売業の分類）は，原則として日本標準産業分類に準拠しており，平成14年商業統計調査以降は，「第11回改訂の日本標準産業分類」（平成14年）に拠っている。
注2：酒類及び牛乳を除く飲料。
出所：経済産業省HP資料「平成19年商業統計調査　産業分類表及び商品分類表」より筆者作成。

を総合的にどう捉え，いかなる原理によってこれらを別々の小売業態として区分しているのかを統一的に説明するのは難しい問題である。分類の原理は，（扱い商品が何であるのかに基づく）小売業種ほどは単純ではない。

　営業形態の在り様を要素—小売業態を考える上で有用な諸要素—毎に見ていくとどのようなものがあるだろうか。有店舗小売業を念頭に置いた場合，既存の小売業態を区分し，或いは新業態開発をデザインし，小売業及びその店舗を考える際には，18の要素があるだろう。[8]以下，営業形態を構成する各要素につ

---
[8] もちろん，「既存の小売業態を区分し，或いは新業態開発をデザイン」する上で，常に全ての要素が考慮されるわけではない。

いて，順に説明する。

(1) 立地場所

いかなる場所に立地するか(店舗を構えるか)である。基本的には，中心市街地立地と郊外立地の別がある。或いは，繁華街立地，住宅地立地，幹線道路沿い(ロードサイド)立地，ビジネス街立地という区分もできる[9]。この区分を用い，店舗の立地特性を判断することもできる。その他の立地場所としては，例えば，駅構内，大学等の校内，企業の社屋や大規模工場内の立地等の特殊立地が挙げられる[10]。立地する場所によって，後背地の種類，商圏(小売商圏)の構成と広がり，来店客の交通アクセス・来店手段が大きく規定されることになる。

(2) 立地方式

いかなる方式で立地するか(店舗を構えるか)である。基本的には，単独立地と商業施設等の何らかの施設内に立地の区分がある。単独立地の店舗は一般に「路面店」と呼んで差し支えないだろう。路面店は街中やロードサイドにごく普通に立地している店舗である。大型店やショッピング・センター等の商業施設内にインショップやテナントとして出店しているのでなければ通常は路面店である。逆にいうと，何らかの商業施設内に出店している場合は，路面店(単独立地)ではなく当該商業施設の一部を構成していることになる[11]。

(3) 店舗規模・売場面積

店舗の規模である。店舗規模は売場面積(或いはバックヤードと売場の配分・配置)を規定し，売場面積(及びバックヤード)は扱い商品のカテゴリーと

---

[9] 商業統計調査では，主に都市計画法第8条に定める「用途地域」区分に基づき，立地環境特性を①商業集積地区(更に駅周辺型，市街地型，住宅地背景型，ロードサイド型，その他，に細分される)，②オフィス街地区，③住宅地区，④工業地区，⑤その他地区に分けている。「平成19年度商業統計調査 立地環境別特性統計編(小売業)，立地環境特性の区分及び定義」による。
[10] 特殊立地のうち，大学等の学生や教職員，工場等の従業員というように限定された人だけが来店する立地を閉鎖立地と呼んでいる。閉鎖立地では，他の立地場所のように一般の不特定多数の人が来店することは通常ない。
[11] 立地方式は，ネット・ショップにおいても同様である。単独で出店でする(単独で URL を得る)場合と仮想商店街(virtual mall)に出店する場合とがある。

品揃えを規定する。

(4) 店舗の基本構造・タイプ

いかなる構造・タイプの店舗を構えるかである。これには多種多様なものがあり得る。例えば，同じ大型店舗でも，店内をできるだけ簡素なものとした平屋建て倉庫タイプの低投資型店舗と各種スペースや付帯設備・施設を充実させた多層階重装備タイプの高投資型店舗といった対比ができる。この場合，前者は例えば地価・地代の安い郊外に，後者は地価・地代の高い中心市街地に設けられることになる。

(5) 店舗の付帯設備・施設

店舗にいかなる設備・施設を備えるかである。駐車場・駐輪場，トイレ，休憩所，案内所に加え，エレベーター・エスカレーター，更に公共スペースや市民の憩いの場の提供，等が挙げられる。付帯設備・施設をさまざまに充実させると重装備タイプの高投資型店舗となる。このうち駐車場・駐輪場は，来店手段に対応した店舗の付帯施設であってとりわけ重要なものである。駐車場・駐輪場は，立地場所，店舗規模・売場面積，扱い商品のカテゴリー，等から規定される。逆にいうと，必要な規模・設備の駐車場・駐輪場を確保できることが，特定の立地場所，店舗規模・売場面積，扱い商品のカテゴリー実現の必須条件となる。

(6) 店舗複合化度・店舗多重利用度

店舗とはもちろん物財の販売(物販)の場であるが，店舗が物販だけでなく各種の飲食施設を備え，或いは各種サービスを利用できる場合もある。店舗複合化度は，物販以外の充実の程度をいう。物販のみに集中する場合と物販以外のさまざまな施設をも充実させる場合とが対比される。ここで各種サービスは，付帯サービス(販売に付帯して提供されるサービス)ではなく，独立して提供され対価を得ることのできるサービスを指している。典型的にはカウンター・サービスの形で，各種チケット販売，旅行商品販売，保険商品販売等が行なわ

れる。店舗複合化は，基本的には店舗に来店する人々に対して，多重に営業を行なおうとすることであり，この意味で店舗の多重利用（及び多重利用の度合い）と捉えることができる。

(7) 店舗の営業日数・営業時間

立地場所がいわば来店客の交通アクセス・来店の場所的便宜(コンビニエンス)を規定するのに対し，営業日数・営業時間は時間的便宜を左右することになる。休まずに毎日長時間営業を行なうことで，時間面での便宜が提供される。究極には，毎日24時間・年中無休で営業ということになる。その一方で，長時間営業等の時間面での便宜がさほど求められないような業態設計(デザイン)もある。また，土日限定営業等あえて営業日数・営業時間を短く絞り込む場合もある。

(8) 店舗と買い物客との関係性

店舗と買い物客の関係性(リレーションシップ)をどうするかである。これは，まず開放(オープン)／閉鎖(クローズド)軸で捉えることができる。買い物客に対し何らかのメンバーシップを求めるか否かである（メンバーシップの有無）。不特定多数が自由に来店し購入することができる場合（オープンな関係性）と会員制等を採用して買い物客を限定・固定化する場合（クローズドな関係性）とが対比される[12]。有店舗小売業では殆どの場合オープンな関係性が採用されるが，ホールセールクラブのようにクローズドな関係性を業態設計(デザイン)の大きな構成要素とする選択肢もある。

また，疎遠(ルース)／緊密(クロウス)軸も重要な軸である。すなわち，買い物客と店舗とがどのような関係性を持つかである（関係性の緊密度）。関係性は，買い物客毎のカスタマイゼーションの程度，買い物客と店舗間のインタラクションの程度といった側面で捉えることができる。買い物客と店舗間のインタラクションとは，主に店舗従業員との人的インタラクションであり，その基本的な在り様は，買い物客の匿名／非匿名性の程度，買い物客と従業員との間の対面／非対面性の程度，買い物に際してのコンサルテーションの必要度に依存する。総体として匿

---

[12] 会員制においては，非会員は会員同伴の場合のみ入店できるようになっていることもある。

名の買い物客による離散的取引が単に繰り返されている場合(ルースな関係性)と非匿名の買い物客による密接な人的インタラクションを伴った長期継続的取引が行なわれている場合(クロウスな関係性)とが対比される。

(9) 店舗の買い物環境

買い物がいかなる環境の下，行なわれるかである。まず，売場の空間密度や従業員数・他顧客数が問題になる。売場の空間密度は，売場空間に占める商品や陳列用具，販促用具等の割合を指している。一般に売場の空間密度と扱い商品の価格帯とは反比例する。例えば，ディスカウント・ストアでは，売場には所狭しと商品が大量に並べられ，POP[13]等の販促物も多く使用される。これに対し，高級ファッション・ブランドの専門店では陳列商品数を抑え，空き空間の多いゆったりとした売場づくりが志向される。上記に加え，店舗の設備・施設，什器や内装等のインテリア，店舗の外観やエクステリア，その他の事物の見た目や質感，空調等の体感温度や快適さ，明るさ・暗さや照明効果，音楽(BGM)や他のさまざまな音，漂う香りや匂い(臭い)，働いている従業員及び他の顧客の姿かたちや立ち振る舞い等が買い物環境を構成し，買い物客の受ける総体的印象を左右することになる。[14]この総体的印象は，店舗イメージの源泉となり，時に当該の小売業態に相応しい「店格」として語られることになる。

(10) 扱い商品

扱い商品の大括りのカテゴリーである。例えば，自動車，自転車，日用雑貨品，家具，家電製品，各種情報機器，加工食品，生鮮食品，衣料品，書籍・雑誌といったカテゴリーを指す。扱い商品の種類は，小売業種を区分するものであるが，業態の在り様を構成する重要な要素でもある。この観点では，衣・食・住(衣料品，食料品，住関連商品)の区分も用いられる。また，生鮮3品(精肉，鮮魚，青果)の取り扱いの有無，量・程度は幾つかの業態の区分において重

---

[13] POP（point of purchase）は，小売店舗におけるさまざまな広告掲示物を総称したもの。POP広告（購買時点広告）ともいう。
[14] これは，サービス・マーケティングにおけるサービススケープ（servicescape）と同じ考え方である。

要な要素となっている。

(11) 品 揃 え

　どんな商品をどのように取り揃えるかである。品揃えは，幅(商品ラインの数)，深さ(商品ライン毎のアイテム数)，価格帯の3つで捉えられる[15]。[16]商品ラインは，商品を用途・機能，物質的性質，対象顧客層，流通経路等の基準で同一・類似の商品群をグループ分けしたものをいう。商品ラインはどのようにも設定できるが，大きくグループ分けすれば，「扱い商品の大括りのカテゴリー」と何ら変わらなくなる。しかしながら，通常はより小さいグループ分けで把握されており，例えば，家電製品を扱う店舗(或いは売場)であれば，テレビ，ラジオ，洗濯機，冷蔵庫，掃除機，等々がそれぞれ商品ラインとなる(より細かく分けても一向に構わない)。商品ラインは品揃えの幅の面を示しており，「広い」とか「狭い」等と評される。一般に「広い」品揃えを追求した店舗は，買い物客にとってはワン・ストップ・ショッピング性が高いことを意味する。商品アイテムは，メーカー別，ブランド別，型や等級別，サイズ別，色別，その他の差異別に最小単位に細分した時の個々の品目アイテムをいう。商品アイテムは品揃えの深さの面を示しており，「深い」とか「浅い」等と評される[17]。一般に「深い」品揃えを追求した店舗は，買い物客にとっては商品ライン内の比較購買の便宜性が高いことを意味する。また，商品ラインと商品アイテムから構成される扱い商品の全体を商品ミックスと呼んでいる。

---

[15] 価格帯に換え，品質水準とする見解もあろう。しかしながら，品質はもっぱら買い手の感じ方の問題であって，水準の高低には固定的基準はない。従って，ここではより実際的に幅(商品ラインの数)，深さ(商品ライン毎のアイテム数)，価格帯としているわけである。
[16] 品揃えの質的要素として「テイスト(taste)」を挙げることができる。テイストとは，好み，趣味，嗜好，センスといった意味である。扱い商品が一定のテイストの下に取り揃えられることによって，品揃えに他店とは区別されるアイデンティティが生まれる。テイストはなかなか真似できずいくら同じような商品ミックスを同じ価格帯で取り揃えても似て非なるものにしかならない。
[17] 商品ラインと商品アイテムの双方の次元から，「広く浅い品揃え」「狭く深い品揃え」「広く深い品揃え」「狭く浅い品揃え」といった表現がなされることになる。順に例えば，CVS，専門店，百貨店，一般小売店(品種限定店)が該当する。

⑿ **陳列商品数**[18]

　アイテム毎の陳列商品数(ないし手持ち商品数)である。品揃えは上述の定義上，扱い商品の(質的)構成を問題としているが，これはアイテム毎の陳列数量ボリュームの多寡の問題である。業態設計(デザイン)上，例えば，同じような広く深い品揃えであっても，アイテム毎の商品数を少量に絞る場合と大量陳列する場合とが対比されるだろう。

⒀ **販売方法**

　販売方法には，大別して対面販売とセルフ販売(セルフ・サービス方式による販売)がある。両者を売場毎に使い分ける場合もある(対面・セルフの混合形態)。対面販売は，店員が来店客に常時応対しながら販売する方式である。セルフ販売は，買い物客が店員による常時応対を欠いたまま自由に商品に触り比較検討して商品を選択できる販売方式である。セルフ販売では，通常は，店舗に買い物カゴや買い物カートが備え付けてあり，買い物客はこれらを利用しつつ，商品を取り集めていきレジ(勘定場)で最終的な一括清算をすることになる。

⒁ **付帯サービス水準**

　販売に付帯して提供されるサービスの方法・量・程度についてどうするかである。提供される付帯サービスには，買い上げ商品の包装・袋詰め，配達・配送，商品説明・コンサルティング・情報提供，等がある。商品によっては，配達・配送の他に据え付け・設置，機器設定，旧商品の取り外し・引き取り，使用方法・扱い方法のインストラクション，等のサービスが提供される。付帯サービス水準は，業態設計(デザイン)の重要な要素であって，基本的には以下の2つの軸で捉えられる。①サービス水準の高低軸。どんなサービスをどの程度提供するかである。[19]さまざまな付帯サービスが手厚く提供される場合(高サービス水準)と販売のみに集中し付帯サービスは殆ど提供されない場合(低サービス水

---

[18] 小売経営上の在庫管理からすれば，陳列商品数ではなく，手持ち商品額並びに商品回転率とすべきところであろう。しかし，ここでは買い手である消費者の視点から，扱い商品の陳列数量の多寡が問題とされている。

準)とが対比される。この軸は,本質的には扱い商品がどんなものかによって大きく左右されるが,水準を意識的に選択することも可能である。②サービスの有料／無料軸。どの付帯サービスにどの程度の対価を設定するかである。例えば,さまざまなサービスが有料で提供される場合と全て無料で提供される場合とが対比される。有料／無料を購入額・数量に連動させることもできる。傾向としては,小売業態間・業態内における競争上,付帯サービスに対価を設定することは一層困難になってきており,全般的に送料無料等,無料化への傾斜が顕著となっている(従って,有料／無料軸はサービス水準の高低軸より弱い軸となっている)。

---

[19] サービス水準の高低軸(どんなサービスをどの程度提供するか)は,「店側が遂行／買い物客側が自ら遂行」の軸として捉えることもできる。付帯サービスは定義上,「販売に付帯して提供されるサービス」であって,店側が本来的に提供するものであるが,これを買い物客自身が行なうようにもできる。ここには,「その社会で店側が遂行すると見なされてきた付帯サービスのうち,どの部分を買い物客側に移転可能であるか(或いは,移転してはならないか)」という業態設計上の発想がある。例えば,わが国において多くのスーパーマーケットでは買い上げ商品の袋詰めは買い物客が自ら行なうようになっており,同じセルフ販売方式を採用していても,高級スーパーやCVSでは店側が行なうようになっている。考えてみればセルフ販売方式そのものも対面販売(とクローズド・ディスプレイ)において店側が遂行してきた「商品の取り出し・取り集め」を買い物客側に移転することで成立している。上記からすれば,付帯サービスについてのサービス水準の高低軸は,「店側が遂行／買い物客側が自ら遂行」の軸であって,「流通機能遂行についての分担のあり方の設計」という大きな問題に含めることができる。また,この観点に立てば,「その社会で買い物客側が遂行すると見なされてきた流通機能のうち,どの部分を店側が遂行可能であるか」という業態設計上の発想も当然に成り立つことになる。

[20] 付帯サービスには,買い物客の購入に連動するものとそうでないものがある。例えば,買い上げ商品の包装・袋詰め,配達・配送,返品受付は購入に連動し,商品説明・コンサルティング・情報提供は必ずしも連動しない(つまり,買い物客は商品説明だけ聞いて購入しないこともできる)。前者は「購入付帯サービス」,後者は「販売時付帯サービス」とも呼ばれるべきものであり,このように区分することには一定の意義がある。つまり,商品説明等の販売時付帯サービスは,対面販売の場合にとりわけ重要であって,そのためには販売員の専門的知識・対応スキルを十分に確保する必要がある。これはそれなりにコストがかかるので,逆にこのような販売時付帯サービスを省くことで低コスト,ひいては低価格を実現できる可能性がある。ここで,もしも買い物客の側に販売時付帯サービスの充実した店舗で商品情報をさまざま仕入れ,実際の購入は販売時付帯サービスを省略することで低コスト・低価格を実現した店舗で行なうという購買行動があれば,たとえ販売に際し商品の技術的説明が不可欠な商品を扱う店舗であっても,販売時付帯サービス省略店で十分にやっていけることになる。このように,販売時付帯サービスの水準決定においては,そのようなサービスを充実(或いは省略)させることで競争を行なっている他店舗群の存在が考慮されねばならない。この場合,販売時付帯サービス省略店は販売時付帯サービス充実店の提供する販売時付帯サービスにフリー・ライド(free-ride:ただ乗り)を行なっていることになる。一方,購入付帯サービスではこのようなフリー・ライドは基本的に不可能である。上記の「販売時付帯サービスのフリー・ライド問題」は,付帯サービスの提供水準を意識的に選択する際には考慮されるべき事柄である。

(15) 価格設定

商品の販売価格は、買い物客にとっておそらく最大の取引条件である。商品の販売価格設定を基本的にどうするかが問題となる。これには以下の区分が挙げられる。まず、①商品毎に別々の販売価格を設定するか否かである。もちろん、殆どの場合において商品毎別々の販売価格となるが、扱い商品全てを同一の価格で販売する選択肢も存在する。これは均一価格店(或いは売場単位での均一価格販売)として知られているものである。[21] ②もう1つは、商品価格を時間軸で見た時に変動させるか否かである。「同一商品ならば、いつでも同じ価格で販売されるべきである」という判断がある一方で、「同一商品であっても、期間・曜日・時間帯によって販売価格を機動的に変更して良い」という判断もある。同じ価格訴求を行なうにしても、前者の場合はEDLP(everyday low price)として「毎日いつも変わらず安い」ことが訴求され、後者の場合、特売やセールによる商品毎の機動的な価格訴求が行なわれることになる。

(16) 価格訴求

価格訴求は通常は低価格訴求の意味であって、[22] 販売価格が低価格であることを買い物客に訴えかけ、来店と購入を勧めるものである。この場合、販売価格はしばしば基準となる価格よりも値引き(ディスカウント)されていることが表示される。基準となる価格は「メーカー希望小売価格・自店通常販売価格、等々」であり、この場合、販売価格はこれらと対比されて表示されることになる(二重価格表示[23]となる)。価格訴求を打ち出すか否かは業態設計(デザイン)の大きな構成要素となっている。

(17) 支払方法・決済手段

買い物客がどのような手段で支払い・決済ができるのかである。[24] 現金による

---

[21] わが国では、「100円ショップ」「99円ストア」や戦前の「10銭ストア」が挙げられる。アメリカでも「ワンダラー・ストア(1ドル店)」や「99セント・ショップ」と呼ばれる均一価格店がある。
[22] もちろん、価格訴求を高価格訴求の意味で用いる話者の可能性を完全には排除することはできない。
[23] 二重価格表示はメーカー希望小売価格や自店通常販売価格等を比較対照価格として示し、これよりも安い販売価格を併記する価格表示方法である。比較対照価格そのものは示さないで、値引き率と販売価格を併記する場合も含まれる。

即時払い(小売店舗における現実売買)[25]は最も一般的なものであるが，販売信用の普及や技術進歩に伴って，支払方法は多様化してきている。最も良く用いられている販売信用は，クレジットカードによる支払い(クレジットカード・ショッピング)であり，これは更に割賦方式と非割賦方式に分けられる。また，近年はデビットカードによる支払いも選択肢となっている。これはキャッシュカードを利用した「即時決済・銀行口座引き落としカード」である。支払方法・決済手段としては，他に前払い式の無記名カードである「プリペイドカード」による支払いや電子マネーによる支払いが挙げられる。支払方法・決済手段は，各小売業態に普及し，一種の社会インフラとして，どこでも同じような便宜(コンビニエンス)が得られるようになっていくとも考えられる[26]。この場合，もはや特定業態を特徴づける要素とはならなくなるが，それでも技術進歩等により，支払方法・決済手段が業態区分の重要な要素を構成する可能性は排除できないだろう。

(18) プロモーション水準

広告や販売促進等のプロモーションの方法・量・程度を基本的にどうするかである。例えば，マスコミ広告による包括的なプロモーションに重点を置く場合と個々の店舗レベルでの地域密着型のプロモーションに重点を置く場合とが対比されるだろう。地域に密着して展開できるプロモーションとしては，屋外広告[27]や各種チラシ[28]による広告活動が挙げられる。価格訴求，特に特売やセールによる商品毎の機動的な低価格訴求を行なう場合は，チラシによる広告活動が

---

[24] 支払方法ないし決済手段の便宜(コンビニエンス)は，付帯サービスの領域に含めることもできるが，ここでは分離してある。
[25] 現実売買は，契約の成立と同時に商品の引き渡しと代金支払いが直ちに行なわれる取引方法(売買契約)を指す。
[26] わが国においては，以前は販売信用(クレジット)による支払いを業態設計の中心に置く「割賦百貨店(月賦百貨店)」が小売業態の1つとして認知されていた。現在はさまざまな発行主体のクレジットカードが普及し，多くの小売業態でクレジットカード・ショッピングが可能となっている。そのため，販売信用による支払いだけでは，他業態との差別化要素にはならなくなっている。
[27] 屋外広告は最も古い歴史を持つ広告形態で，有店舗小売業にとって不可欠のプロモーション要素である。具体的には看板等，何らかの「屋外広告物」として屋外に掲出・表示されるものである。
[28] チラシには，新聞折込チラシ(宅配される新聞に折り込まれるもの)，街頭配布チラシ，投げ込みチラシ(各戸に配布するチラシ)等がある。いずれも地域性に富み，有店舗小売業にとっては一般的に非常に有用なプロモーション手段である。

図表3-2　小売業態の構成要素[注1]

Ⅰ．立　　地	(1)立地場所
	(2)立地方式
Ⅱ．店舗のハード要素	(3)店舗規模・売場面積
	(4)店舗の基本構造・タイプ
	(5)店舗の付帯設備・施設
	(6)店舗複合化度・店舗多重利用度
Ⅲ．店舗のソフト要素	(7)店舗の営業日数・営業時間
	(8)店舗と買い物客との関係性
	(9)店舗の買い物環境
Ⅳ．商　　品	(10)扱い商品
	(11)品揃え
	(12)陳列商品数
Ⅴ．販売・付帯サービス	(13)販売方法
	(14)付帯サービス水準
Ⅵ．価格・支払方法	(15)価格設定
	(16)価格訴求
	(17)支払方法・決済手段
Ⅶ．プロモーション	(18)プロモーション水準

注1：有店舗小売業を想定したものである。
出所：筆者作成。

頻繁に行なわれることになる。また，POP等の販促物を多用したり店内イベントや商品説明・実演を行なう等のインストア・プロモーション[29]に力点が置かれる場合もある。広告は非人的プロモーションであるが，商品説明，推奨，コンサルティング等，販売員による人的プロモーションをもっぱら用いる場合もある。従って，プロモーション水準は，①マスコミ広告等による包括的な非人的プロモーション，②店舗レベルでの地域密着型の非人的プロモーション，③店舗内における非人的プロモーション，④店舗内における人的プロモーション，の観点で捉えることができる。

　上記の18要素は，Ⅰ．立地(1)(2)，Ⅱ．店舗のハード要素(3)～(6)，Ⅲ．店舗のソフト要素(7)～(9)，Ⅳ．商品(10)～(12)，Ⅴ．販売・付帯サービス(13)(14)，Ⅵ．価格・

---

[29] インストア・プロモーション (in-store promotion) は，店頭プロモーションともいう。小売店舗内における各種のプロモーション活動を指す。インストア・プロモーションについては，第8章第2節を参照。

支払方法(15)〜(17), Ⅶ. プロモーション(18)の7領域にまとめることができるだろう（図表3-2）[30]。

　小売業態は固定的なものではなく，時と共に営業形態の要素が付加或いは廃棄され，組み合わせも変化していくものである。革新的な小売業者（小売業者群）が，新しい要素の組み合わせを特定の営業形態にまとめ上げて，小売競争の中で成功を収めて，模倣者も多く現われてくると，「新小売業態」がその社会において認知されるようになる。また，ある時代や社会において特定の営業形態の差別化要素とされていたものが，時と共に陳腐化してしまうこともある。この場合，当該の営業形態は固有の小売業態としてのアイデンティティを失い，より大きなカテゴリーに統合される等して消えていくことになる。

　なお，何らかの小売業態と呼び得る以外の小売店は，「一般小売店」と呼ばれることになる。一般小売店は通常，家族経営の小規模ないし零細な伝統的形態の小売店を指す言葉として理解されている。このような一般小売店は，俗に「パパママ・ストア（mom-and-pop store）」とも呼ばれるように夫婦や家族で従業する生業(せいぎょう)店であるのが普通であり，典型的には酒屋，八百屋，雑貨店，玩具店，洋品店，等と呼ばれるような業種店（小売業種店）である[31]。

---

[30] 営業形態を構成する諸要素の組み合わせとして，特定の小売業態が識別されるわけであるが，この組み合わせを「小売ミックス」と呼ぶことがある。「小売業におけるマーケティング・ミックス」の意味合いである。しかし，「小売ミックス」を「流通企業ないし流通企業グループの持つ各種小売業態の組み合わせ」の意味で用いることもある。例えば，IYグループの有する小売ミックスとイオングループの有する小売ミックスは異なるし，比較可能である。（主にメーカーを念頭に置いて）企業ないし企業グループの持つ事業の組み合わせは「事業ミックス」と呼び得るので，戦略論の観点から「流通企業ないし流通企業グループの持つ各種小売業態の組み合わせ」として小売ミックスと呼ぶことはごく自然である。こちらの用法を支持したい。

[31] また，小規模な各種商品小売業に「よろず屋（万屋）」がある。人口の少ない地域や住民の購買力が品目別の小売店を存立させるのに十分ではない場合に成立するもので，わが国では農村地域や山間部等に見られる。いわゆる「なんでも屋」として食料品や生活用品を中心に多様な品目を浅く幅広く品揃えしているが，家族経営の生業店として営まれており，伝統的な形態の小売店として理解されているのが通例である。よろず屋も1つの小売業態として捉えられることはなく，業種店として理解されるのが通常である。

第3節　無店舗小売業

　無店舗小売業は，常設の店舗を持たない小売業であって，①訪問販売業，②通信販売業，③自動販売機による小売業，④その他（行商や移動販売業等）に分けられるのが通常である。これらは販売形態として見れば，それぞれ，①訪問販売，②通信販売，③自動販売機による販売，④その他の無店舗販売，となる。[32] 前述したように小売販売は元々常設の店舗を持たない無店舗販売として始まったものである。以下では，無店舗小売業のうち訪問販売業・通信販売業について若干の説明を加える。

1　訪問販売業

　訪問販売業は，訪問販売（訪販）を業として行なう小売業をいう。訪問販売は，販売員が買い手の自宅や職場を訪問して販売する形態である。その場で販売することもあるし，定期的に巡回して，注文を受け，次回訪問時に注文商品を届けることもある。また，見本は持参するが注文を取るだけで商品は別途届けられる場合もある。訪問販売では，買い手との長期継続的な関係性を形成することもあり，一定の契約に基づいて継続的な売買が行なわれることもある。この場合，月極（つきぎめ）等で一括の支払い（先払い或いは後払い）がなされる。

　訪問販売は，（殆どの有店舗販売と同じように）販売員と買い手との間に何らかの対面性があるのが特徴である。また多くの場合，買い手は匿名性を失うことになる。

---

[32] 従って，本章は，常設の店舗の有無で有店舗小売業／無店舗小売業の区分をまず行ない，有店舗小売業については小売業種／小売業態で捉え，無店舗小売業については販売形態によって更に区分を行なうという構成となっている。

2 通信販売業

　通信販売業は，通信販売(通販)を業として行なう小売業をいう。通信販売は，DM郵送，カタログ郵送・配布，チラシ配布，その他の広告(新聞，雑誌，テレビ等)，電話やFAX，インターネット上のウェブサイト，電子メールといった手段によって商品を告知し，消費者の注文を受ける販売形態である。注文の方法もさまざまであって，返信用ハガキ，電話やFAXによるもの，ウェブサイト上の注文フォームで注文するもの，電子メールで注文するもの等がある。通販では当然に店舗はなく，(訪問販売のように)小売業側と買い手側に直接の対面関係もないため，①商品の引渡し方法(購入商品をいつどこでどのように引き渡すかの方法)と②代金決済方法(商品代金をいつどこでどのように支払うかの方法)が問題となる。商品の引渡しは，商品の物理的特性にもよるが，配送，郵送，宅配便の利用，CVSやJR駅に留置，ノンパッケージ流通[33]といった方法で行なわれる。代金決済方法には，現金払い(代金引換)，クレジットカード，デビットカード，電子マネー，銀行・郵便局での振込，コンビニ決済，等がある。支払いは後払いとは限らず，先払い方式や積み立て方式もある。

　通信販売業では，電話での注文や問合せの受け付けのためのコールセンター(call center)の存在が非常に重要となっている。コールセンターは，規模にもよるが，通常は多数の電話回線と電話機，オペレータからなり，典型的にはカタログ販売における電話注文受付センターがこれに当たる。近年はコールセンターにCTI (Computer Telephony Integration)が導入されており，CTIコールセンターとしてより迅速できめこまかな対応や効率的な受発信業務が行なわれるようになっている。CTIは，電話とコンピュータを統合したシステムで，主にコールセンターの機能を向上させる目的で導入されているものである(コール

---

[33] ノンパッケージ流通は，ネットワーク上で行なわれるパッケージを介さないコンテンツ流通の仕方をいう。現実世界(real world)では文字，画像，音楽，プログラム等のコンテンツは紙やディスクという物理的メディアにパッケージされて販売されてきた(例えば，新聞，雑誌，書籍，音楽CD，DVD，ゲームソフト，等)。これに対してノンパッケージ流通においては，印刷やCDプレスといった作業が不要であり，コンテンツがデジタル・データのままネットワークを通して直接，利用者に送られる(コンテンツは当然にデジタル・コンテンツである)。電子マガジン，書籍コンテンツ販売，音楽配信サービス，ゲーム配信サービス等がノンパッケージ流通の例である。

図表 3-3　対面性，匿名性から見た各販売形態[注1]

		買い手の匿名性	
		匿　名	非　匿　名
買い手と売り手と の対面関係	対　面	有店舗販売[注2] （対面販売方式）	訪問販売
	非 対 面	自動販売機 による販売	通信販売

注1：一般論としての小売販売の特性である。
注2：有店舗販売であっても，セルフ販売方式では対面性は薄れ，匿名・非対面に限りなく近くなる。
出所：筆者作成。

センター型CTI）。CTIでは電話と顧客データベース，商品データベースとが連結されており，例えばオペレータは顧客からの注文や問合せに対し，即座にデータベースからその顧客の購買履歴等の顧客データ，在庫の有無等の商品データを端末画面上に呼び出すことができる（例えば，登録済みの顧客なら電話を取ると同時に顧客台帳画面が開くようになっている）。CTIにはこの他にもさまざまな機能を盛り込むことができ，顧客へのすばやくきめこまかな対応と受発信業務の効率化を可能にするものとして導入が盛んに行なわれている。

　また，インターネット上の小売店舗であるネット・ショップもわが国で1995年以降急速に普及した通信販売の形態である。ネット社会の創成期には現実の小売店舗（リアル店舗）を駆逐し取って代わる等の過大な期待も寄せられたが，実際にはリアルとの連動において発展を見ている。[34]

　通信販売では，小売業側と買い手側に直接の対面関係は存在しない。しかし，買い手は住所や氏名を通信販売業者に捕捉されるので，通信販売においても（訪問販売同様）買い手は匿名性を失うことになる。

---

[34] ネット・ショップについては第14章を参照。

3 対面性・匿名性からみた小売販売形態

最後に，買い手と売り手の間の対面性，買い手の匿名性を軸に各小売販売形態を整理してみると図表3-3のようになるだろう。図表3-3は，一般論としての小売販売形態の特性である。ここで，有店舗販売は対面販売方式を念頭に置けば「対面－匿名」象限に位置するが，有店舗販売であっても，セルフ販売方式では対面性は薄れ，匿名・非対面に限りなく近くなることに留意されたい。[35] スーパーマーケットは，この意味でも制度的な「自動販売機」・「大量販売装置」である。[36] この傾向は，セルフ・レジにおいては，更に強化されることになるだろう。

【参考文献】

石川和男〔2007〕『基礎からの商業と流通(第2版)』中央経済社。
小宮路雅博〔2000〕「メーカーと流通」(小宮路雅博編著『現代の流通と取引』同文舘出版，第4章所収，pp. 51-74)。
小宮路雅博〔2005〕「小売業の主要形態―小売業の業種・業態―」(小宮路雅博編著『現代の小売流通』同文舘出版，第2章所収，pp. 23-48)。

経済産業省HP資料「平成19年商業統計調査 産業分類表及び商品分類表」
　(http://www.meti.go.jp/statistics/tyo/syougyo/result-1/pdf/h19link5.pdf)
経済産業省HP資料「平成19年商業統計調査 立地環境別特性統計編(小売業)，立地環境特性の区分及び定義」
　(http://www.meti.go.jp/statistics/tyo/syougyo/result-2/h19/pdf/ritchi/riyou3.pdf)
経済産業省HP資料「平成19年商業統計表 利用上の注意」
　(http://www.meti.go.jp/statistics/tyo/syougyo/result-1/pdf/h19link3.pdf)

(小宮路　雅博)

---

[35] セルフ販売方式は多くの小売業態で採用されており，買い手もこの方式を広く受け入れている。現代人の心性にも「取引相手との直接的な接触の忌避」を好ましいと感じる部分があるのかもしれない。現代の「沈黙交易(silent trade)」であろう。
[36] 但し，同じセルフ販売方式でも，CVSのようにレジが対面式カウンターとなっている場合もある。この場合は，そうで無い場合に比べて対面性は幾分確保される。

第4章
小売業の主要形態2
―チェーンと商業集積―[1]

　小売業は，単独店舗経営と複数店舗経営とに分けることができる。本章では，まず複数店舗経営としての本・支店方式，チェーン方式について整理する。3つのチェーン展開についても説明する。特にフランチャイズ・チェーンとボランタリー・チェーンを取り上げ，その特質を見ていく。続いて，立地における集積の面から小売業を捉える。集積(商業集積)には，商店街とショッピング・センターがある。それぞれに説明を加える。

第1節　小売業の経営形態
―店舗の複数化とチェーン展開―

1　小売業の企業成長と店舗の複数化

　小売業(有店舗小売業)は，有する小売店舗数によって単独店舗経営と複数店舗経営とに分けることができる。これは小売業の形態を経営形態によって区分したものである。例えば，小売業種店は家族経営の生業店であって単独店舗であるのが一般的であり(単独店舗経営)，現代的な小売業(小売業態)の多くは複数(多数)の店舗を有しているのが通常である(複数店舗経営)。
　元々，小売業者が売上高を増やし，企業としての成長を図るためには，「売上

---
[1] 本章は，小宮路〔2005〕を加筆修正したものである。

高＝来店客数×来店客の購入額」であるから，①来店客数を増やし，また，②来店客の1回当たりの購入額を増やす（客単価を上げる）ことを考えねばならない。①は例えば販売促進等の日常の集客努力によって，②は例えば扱い商品の種類を増やしたり格上げ（高品質・高価格化）したりして達成される。ここで，小売業者が企業としての更なる成長を図るには，以下の2つの方向性があるだろう。

(1) 店舗の大型化

店舗を大型化することにより，幅広い品揃えと大量の商品陳列を確保し，比較購買とワン・ストップ・ショッピングを可能にして広い範囲（商圏）から多数の来店客を集める。このようにすれば，来店客数が増え，（ワン・ストップ・ショッピングにより購入点数が増えることで）客単価も上がるので，全体として売上高を拡大することができる。しかし，店舗の大型化にも限界があるし，いつでも広範囲からの来店客を集めることができるわけではない。例えば，そのような広範囲からの来店客を集められるようなアクセスに優れ，しかも大型店舗を構えたり，店舗を大型化したりできるような立地場所はどこにでもあるわけではない。

(2) 店舗の複数化

現実の小売店舗（リアル店舗）であれば，個々の店舗には物理的な意味での商圏があり，大型化にも限界があるため集客数に基本的に限りがある。しかし，店舗を複数持つことで，（たとえ小型店舗であっても）小売企業はトータルとしての成長を図ることができるようになる（もちろん，店舗の複数化を推進していけば，いずれは出店の適地に限界がきて，立地確保問題や店舗の飽和・過剰問題に直面することになる）。現代的な小売業（小売業態）の多くが，店舗の複数化（複数店舗経営）を進めることで企業成長を図ってきたことは良く知られている。

図表 4-1　小売業の経営形態―店舗数による分類―

単独店舗経営……………………………………………………小売業種店の多く

複数店舗経営……………………………………現代的な小売業(小売業態)の多く
　┌──(本・支店方式による複数店舗化)
　├────本・支店経営………………………例：店舗を複数持つ百貨店企業
　│
　├──(チェーン方式による複数店舗化)
　└────チェーンストア経営……例：GMS，スーパーを運営する小売企業の多く

　出所：筆者作成。

2　本・支店経営とチェーンストア経営

　店舗の複数化を進めることで，小売企業は個々の店舗の限界を超えて成長を図ることができる。店舗の複数化は，本・支店方式とチェーン方式の2つの方式で進めることができる。それぞれの方式による複数店舗経営を本・支店経営，チェーンストア経営と呼ぶ(図表 4-1 参照)。両者について以下，簡単に述べる。

(1)　本・支店方式と本・支店経営

　本・支店方式は，本店と呼ばれる店舗があり，基本的には本店の厳格ではない複製を造る形で店舗(支店)を設けて店舗を複数化する方式である。本店は，しばしば創業時からの店舗であって，基幹店舗(旗艦店)[2]として位置づけられる。当該小売企業の持つ店舗群の中で最も大型の店舗であることも多い。本・支店方式の特徴は，本店・支店間に店舗としての機能分化・機能分担はなく，この点で本店・支店が並列的関係にあることである(図表 4-2 参照)。本・支店方式による複数店舗経営を本・支店経営と呼ぶ。店舗を複数持つ百貨店企業は，本・支店経営となっている。

---

[2] 旗艦店(flagship store)は，当該小売企業の持つ店舗群の中で中心となり，指導的ポジションに位置づけられる小売店舗を指す。

図表 4-2　店舗の複数化の方式

本・支店方式

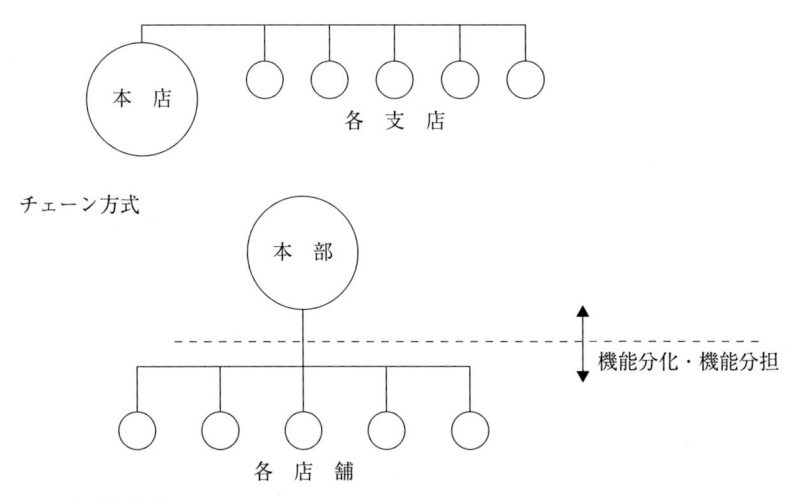

```
         本店 ─┬───┬───┬───┬───┐
              ○   ○   ○   ○   ○
                  各支店
```

チェーン方式

```
         本部
          │
    ─ ─ ─ ─ ─ ─ ─ ─ ─ ─ ─ ─ ─ ─   ↕ 機能分化・機能分担
    ┌───┬───┬───┬───┬───┐
    ○   ○   ○   ○   ○   ○
            各店舗
```

出所：筆者作成。

(2) チェーン方式とチェーンストア経営

　チェーン方式は，チェーン本部が中心となって店舗の複数化を進めるものである。チェーンの各店舗は(幾つかのパターンはあるものの基本的には)厳格な複製であって，そのような複製としての店舗をいわば「増殖」させていくことも多い。チェーン方式の特徴は，チェーン本部とチェーンの各店舗との間に明確な機能分化・機能分担が存在する点にある。戦略的・管理的業務(チェーン本部)と常軌的業務(各店舗)の徹底した分離が行なわれる。[3] チェーン本部には例えば，店舗開発・店舗設計，立地選定・出店戦略，システム構築，品揃えや価格，サービス水準，プロモーション水準の決定等といった戦略的・管理的意思決定が集中される。チェーン本部は店舗(チェーンの「本店」)ではないので，常軌的業務(販売)は行なわない。仕入等もチェーン本部で一括して行なうことで規模の経済性が追求される。一方，チェーンの各店舗では，なるべく業務を

---

[3] 徹底した職能分離(計画と執行の分離)は，テイラー(Taylor, F. W.)の科学的管理法を小売経営に応用したものとされる。

残さず常軌的業務のみを行なうようにする(販売業務に特化する)。各店舗が詳細かつ厳格なマニュアルに基づいて運営されることも少なくない。チェーンにおいては，本部と各店舗は縦列的ないし垂直的関係にある(図表4-2参照)。チェーン方式では，店舗の複数化のみならず，本部機能・店舗の業務の在り様のデザインも特徴的なものとなっており，この点も含めて「チェーン・オペレーション」とも表現される。チェーン方式(ないしチェーン・オペレーション)による複数店舗経営がチェーンストア経営であり，GMS，スーパーを運営する小売企業の多くがこの経営を採用していることは良く知られている。[4]

3　チェーン方式による多店舗展開

　チェーン方式による店舗の複数化では，複数といっても2, 3の店舗ではなく多数の店舗を展開していくことを意図しているのが通常である。これをチェーン方式による「多店舗展開」或いは単に「チェーン展開」と呼ぶ。[5]

　さて，実際のチェーン展開には，①当該の小売企業単独でチェーン展開を進めるものと②当該企業がチェーン本部となり，他の独立事業者(小売店舗)を組織化することでチェーン展開を進めるものがある。①は，要するに先に説明したチェーンストア経営であって，同一資本によるチェーンが形成される。このチェーンを「レギュラー・チェーン(regular chain)」と呼ぶ(RCと略称される)。チェーンの各店舗は直営店舗であって，これらの店舗を「チェーンストア」と

---

[4] 外食産業においても，チェーン方式が(全てではないが)，多店舗化と近代化の前提となっている。今日，「外食産業」の表現は一般的であるが，その典型例ともいえるファミリー・レストランや各種ファースト・フード企業では通常はチェーン方式をとっている(実際の多店舗展開は，後述するレギュラー・チェーン或いはフランチャイズ・チェーン方式となっている)。店舗開発，立地選定・出店戦略，メニュー構成，食材調達，価格決定，サービス水準の決定等，戦略的・管理的業務は全てチェーン本部で行ない，各店舗は常軌的業務(この場合は，決められたメニューを決められた価格とサービス水準で機械的・単純反復的に提供すること)に特化している。飲食店であるなら必須であるはずの調理過程も店舗から引き上げられていることも多い。例えば，各食材は事前にセントラル・キッチンと呼ばれる施設で準備され，各店舗では食材の下ごしらえや仕込みはおろか時には調理そのものを行なわずとも良い仕組みとなっている。この場合，各店舗では，調理というより完全にマニュアル化された「組み立て工程」によって食事が提供されている。

[5] チェーン方式によらない多店舗展開の可能性も排除できない。しかし，何の断りもなく単に多店舗展開といえば，聴き手はチェーン方式によって店舗数を増やしていくことを想起するだろう。

図表4-3　3つのチェーン

1. レギュラー・チェーン(チェーンストア経営)：RC 　⇒直営店舗によるチェーン	「独立小売業」
2. フランチャイズ・チェーン：FC 　⇒フランチャイズ方式によるチェーン 3. ボランタリー・チェーン：VC 　⇒事業者による自発的協力関係のチェーン	「組織化小売業」

出所：筆者作成。

呼ぶことがある。スーパーやGMS店舗を展開する小売企業は通常，レギュラー・チェーンの方式をとっている。②は，具体的にはフランチャイズ方式(フランチャイズ・システム)により他の事業者(小売店舗)を組織化するものである。このチェーンは「フランチャイズ・チェーン」と呼ばれる。また，チェーンには他に③「ボランタリー・チェーン」と呼ばれるものもある。これは，基本的には，各店舗を運営する独立の事業者(小売業者)が結集して自発的協力関係のチェーンを形成したものである。①，②，③共にチェーン本部とチェーンの各店舗との間に明確な機能分化・機能分担が存在する点は共通している。

また，上記の3つのチェーン展開については，①のレギュラー・チェーンが当該企業単独でのチェーン展開であるため，「独立小売業」と表現され，また，②のフランチャイズ・チェーンと③のボランタリー・チェーンは，多数の事業者がチェーンを形成するため「組織化小売業」と称されることがある[6](以上，図表4-3参照)。

フランチャイズ・チェーン，ボランタリー・チェーンについては，項を改め更に説明する。

---

[6] 単独店舗経営の全ての小売業，複数店舗経営で本・支店方式をとる小売業。これらも独立小売業と呼ばれるべきものである。しかしながら，独立小売業の呼称は組織化小売業(具体的にはフランチャイズ・チェーン，ボランタリー・チェーン)と対比する場合においてもっぱら用いられると理解される(つまり，本文中にあるようにレギュラー・チェーンを指している)。

4 フランチャイズ・チェーン

　フランチャイズ・チェーン(franchise chain)は，フランチャイズ方式(フランチャイズ・システム)によるチェーンである(FCと略称される)。フランチャイズ・チェーンを主宰する企業が，チェーン加盟店を募集し，独立の事業者がこれに応じてフランチャイズ契約を結んで加盟店となってチェーンを構成する。これをフランチャイズ方式と呼んでいる。チェーン主宰企業(チェーン本部企業)はフランチャイザー(franchiser)と呼ばれ，チェーンの各店舗を運営する独立の事業者はフランチャイジー(franchisee)と呼ばれる。フランチャイズ・チェーンは，同一資本による本・支店経営やレギュラー・チェーンとは異なり，独立の事業者に依存する多店舗展開であるので，「他人資本(outside capital)によるチェーン」と表現されることもある。CVSのチェーンの多くはこの方式をとっていることが良く知られている。以下，①フランチャイズ契約，②フランチャイズ・チェーンの利点，③問題点について，簡単に述べる。

(1) フランチャイズ契約

　フランチャイズ方式によるチェーン展開の中核をなすのが上述のフランチャイズ契約である。「フランチャイズ(franchise)」とは営業権ないし一手販売権を指す言葉であって，ここでは「当該フランチャイズ・チェーンの小売店を営む権利」を意味している。フランチャイズ・チェーンにおけるフランチャイズ契約の最も根幹的な部分は，チェーン本部がフランチャイズを加盟店に与え，加盟店は対価としての「ロイヤルティ(royalty)」の支払いを行なうというものである(ロイヤルティとは権利使用料の意味である)。この点で，フランチャイズ契約の根幹部分は，「フランチャイズ付与－ロイヤルティ支払い」の双務契約となるが，加えて，チェーン本部は加盟店に対し，フランチャイズを与えている証としての当該チェーンの商標(サービス・マーク)・商号等の使用許諾，更に店舗形態・営業方法の指定，経営指導・援助の実施，チェーン全体の広告・宣伝の実施，商品供給に関わる条件提示(例えば，仕入先の推奨制度)，店舗の設備・什器類の貸与等を行ない，これらを受ける加盟店は，ロイヤルティや経

営指導・援助に対する対価支払い等に加え、チェーンへの加盟金や時にはチェーン全体の広告・宣伝費の分担金の支払いを行なう[8]。フランチャイズ・チェーンは、こうした契約パッケージにおいて形成・運営されているのが通常である[9]。

(2) フランチャイズ・チェーンの利点

　フランチャイズ・チェーンは「他人資本によるチェーン」とも表現される。同一資本によるレギュラー・チェーンとは異なり、独立の事業者(加盟店)を多数集めることでチェーン展開を迅速に行なうことが可能となる。チェーン本部企業にとっては、迅速なチェーン展開と企業成長が期待され、加盟店から得られるロイヤルティも一層魅力あるものとなる。併せて、商品供給等も行なうようにすれば、(卸売企業としても)安定的な売上を得ることができる。一方、加盟店にとっては、有力なフランチャイズ・チェーンに加盟することで、フランチャイズを得られ、知名度のある商標・商号を利用でき、確立した店舗形態・営業方法で小売店舗を運営することが可能になる。併せて、チェーン本部から優れた指導や援助を受けることができる。競争力のある商品供給を安定的に得られる場合もある。このようにフランチャイズ・チェーンは、チェーン本部・加盟店双方にとって多くの利点のある多店舗展開の仕組みとなっている。

(3) フランチャイズ・チェーンの問題点

　さて、フランチャイズ・チェーンがチェーン本部・加盟店双方にとって多くの利点を持つ、というのは、もちろん「適切に運営されれば」という条件下においてである。現実にはフランチャイズ・チェーンを巡ってさまざまな問題が発生する。例えば、指導力不足・ノウハウ不足のチェーン本部がフランチャイ

---

[7] 一般にフランチャイズ・チェーンの各店舗(加盟店)は、チェーンの商標・商号を掲げ、店舗形態・営業方法を統一して運営される。そのため、第三者(買い物客)から見れば、あたかも単一の小売企業によって展開されている店舗群のような外観を呈することになる。

[8] 株式会社セブン-イレブン・ジャパンにおいては「セブン-イレブンチャージ」、ローソン株式会社においては「ローソン・チャージ」、株式会社ファミリーマートにおいては「本部フィー(ロイヤルティ)」と称している。

[9] 契約パッケージには、他にフランチャイズ・チェーン契約の終了に関わる取り決めが含まれる。

ズ・チェーンを運営すると，①競争力のない店舗形態・営業方法，②競争力のない商標・商号，③本部の経営指導力・援助力の欠如・不足，④チェーン全体の広告・宣伝の不足，⑤競争力のない商品供給といった事態が生じる[10]。これでは，加盟店が悲惨であるばかりでなく，結局はチェーン自体も立ち行かなくなる。一方，問題が加盟店の側に存在することもある。例えば，①チェーンの現実と全く遊離した加盟店の過剰な期待，②加盟店のチェーン本部への過剰な依頼心，③加盟店のチェーン本部に対する過剰な(時に敵愾心とも言える)独立心，等である。

5 ボランタリー・チェーン

ボランタリー・チェーン(voluntary chain)は，基本的には各店舗を運営する独立の事業者(小売業者)が結集して自発的協力関係のチェーンを形成したものである(VCと略称される)。ボランタリー・チェーンは，卸売会社(ないしメーカー)がチェーンのリーダーシップをとっている場合もあり，これをそれぞれ「卸売業者主宰のボランタリー・チェーン」「メーカー主宰のボランタリー・チェーン」と呼んでいる。また，純粋に小売業者間の結び付きの場合は特に「コーペラティブ・チェーン(cooperative chain)」と呼ぶことがある。

ボランタリー・チェーンでは，チェーン本部が共同で設立される一方で，チェーンに加盟する各店舗は各自の屋号・商号を掲げ独立して経営を継続するのが一般的である。フランチャイズ・チェーンと比して，各店舗の本部に対する独立心は旺盛であり，その一方で店舗間の横のつながりが重視されることもある。また，レギュラー・チェーンやフランチャイズ・チェーンとは異なり，チェーン名を大きく掲げないことも多く，店舗も各自の屋号・商号のままでそれぞれ運営されるので，ボランタリー・チェーン自体の一般の認知度は低いものとなっている。

ボランタリー・チェーンにおいては，チェーン本部の基幹的機能は共同仕入

---

[10] 他に加盟店が同一チェーン店舗間競合に苦しめられる場合もある。これはチェーン本部のずさんな出店計画によって商圏が重なり合う事態が生じているためである。

機構としての機能となっている。他に共同商品開発(ボランタリー・チェーンのPB商品開発[11])を行なったり，共同売り出し・販売促進を企画したりすることが挙げられる。また，本部は，各店舗に対して，指導や援助を行なうこともある。この点はフランチャイズ・チェーンと同じである。ボランタリー・チェーンは，加盟店が各自独立した店舗経営・運営を維持しつつ(共同仕入等)結集のメリットを得られる仕組みとなっている。

第2節　商業集積

1　商業集積とは

　現実の小売店舗(リアル店舗)を立地方式によって区分すると，基本的には単独立地(路面店)と商業施設等の何らかの施設内の立地に分けることができる(第3章第2節参照)。いずれにおいても，複数(時に多数)の小売店舗が近接し合って立地し全体として有機的な競合・補完関係が形成されることがある。このような近接し合う店舗群の全体を「商業集積」と呼ぶ。一方，小売店舗は，近接し合うことなく互いに分散して立地している場合もあるから，小売業の形態は立地の「分散−集積」という観点で区分することができる。以下では，集積としての小売業—商業集積—を取り上げる。

　さて，商業集積は全体としての集積力や補完力，組み合わせ，競合という選択肢の提供によって集客する。各種店舗の組み合わせがあることは，買い物客の比較購買とワン・ストップ・ショッピングの要望に応えるものである。[12]商業集積は，たとえ小型店舗による集積であっても，全体として上記のような集客力を発揮できる。もちろん，中核となる大型店舗の魅力が全体としての集客力を高めている場合もある。しかし，商業集積は，店舗をひたすら大型化して品

---

[11] PB商品は，ここでは当該ボランタリー・チェーンで開発したオリジナル商品のこと。PBは，プライベート・ブランド(private brand)の略称。ブランドの概念・分類等については，第6章第3節，小売業者のPB戦略については第10章を参照されたい。

揃えを充実させ，単独店舗のみで比較購買とワン・ストップ・ショッピングを可能にして集客力向上を図るのとはまた別の方途であるということができる。

商業集積は，一般に，①自然発生的に集積が進んで形成されたものと，②計画によって配置されたものに分けることができる。①には商店街が，②にはショッピング・センター(SC)が該当する。それぞれ簡単に説明する。

2 商 店 街

自然発生的な商業集積として，商店街が挙げられる(他に幹線道路沿いにロードサイド・リテイラーが林立して結果として集積を形成する場合もある)[13]。商店街は，駅前や繁華街，街道沿い，或いは神社仏閣，人の集まる大型施設周辺に自然に発達した商業集積であって，一般小売店と呼ばれる家族経営の小規模ないし零細な伝統的形態の業種店(小売業種店)によって構成されているのが通常である。商店街は，計画的に配置・形成されたものではないので，例えば，①ワン・ストップ・ショッピング性に欠ける，②駐車場がない，道が狭い，歩道が整備されていない等，モータリゼーションの進展に基本インフラが追いついていない(駐輪場等もないことがある)，③個々の経営者，地権者の合意形成・権利処理が困難で，近代化のための再開発が難しい，といった問題を抱えていることがある。

商店街は店主の高齢化・後継者不在等による廃業もあり，とりわけ1980年代以降，全国で衰退傾向が顕著である。廃業店・休業店・空き店舗が増えていき，

---

[12] 商業集積では総合的魅力或いは中核となる店舗の力での集客部分が大きくなる。商業施設が複数の店舗から形成されていて，商業集積となっている場合，各店舗は全体を構成する部分ないし要素となる。図式的には，自身の集客力にもっぱら頼ることになる単独立地(路面店)と全体の集客力をもあてにできる施設内ないし商業集積における立地という対比となる。もちろん，路面店の場合でも商店街のように複数店舗が近接し合って立地している場合は(計画的なものではないが)商業集積を形成している。この場合，商店街全体の集積力や商店街内の有力店舗の力で集客することになる。他方，商業施設内の店舗でも，個々の店舗の集客力は重要である。従って，上記の対比は両端を示したものである。

[13] ロードサイド・リテイラー(roadside retailer)は直訳的には「道路脇小売業」となるが，道端の小販売店といった類ではなく，①(しばしば新しく整備された)生活幹線道路沿いに出店してきた小売業態店で，②駐車場完備の大型店舗を構え，③通常は幅広い(或いは幅広く深い)品揃えと価格訴求を特徴とし，④車で来店する広域の買い物客をターゲットとしている(広い商圏設定)，といった小売業として一般に理解されている。

商店街としての集積そのものが解体しつつあることも懸念される。こうした商店街は，シャッターを下ろしたままの廃業店・休業店・空き店舗が立ち並ぶことから「シャッター通り」等と呼ばれる。「シャッター通り」化した商店街は，全国各地に多数存在しており，長引く不況や疲弊しきった地方経済，地域の人口減少等の象徴的な存在となっている。空き店舗を活用したり，再開発を行なって計画的に再生を図るような取り組みも各地でなされているが，なかなか効果が上がっていないのが現状である。

3　ショッピング・センター

　ショッピング・センター(shopping center：SCと略称される)は，計画的に開発・形成された商業集積である。ショッピング・センターを計画し，開発・設置する事業者を「ディベロッパー」[14]と呼んでいる。ショッピング・センターでは，集客の中心となる大型店舗である核店舗と専門店街であるショッピング・モールとが計画的に配置される[15]。核店舗を設けないショッピング・モールだけの場合もある。また，規模の大きいものでは，飲食店街やフードコート等も設けられる。ホテルやシネマ・コンプレックス，アミューズメント施設，公共施設等が併設されることもある[16]。以下，ショッピング・センターの規模別分類と幾つかの特別なタイプについて簡単に説明する。

---

[14] ディベロッパー(developer)は，慣習的に「デベロッパー」とも表記される。
[15] 核店舗(key store)はマグネット・ストア(magnet store)ともいう。ショッピング・モール(shopping mall)は単にモールとも呼ぶ。(ショッピング・)モールは「歩行者専用商店街」の意味。
[16] 社団法人日本ショッピングセンター協会では，「ショッピングセンターとは，1つの単位として計画，開発，所有，管理運営される商業・サービス施設の集合体で，駐車場を備えるものをいう。その立地，規模，構成に応じて，選択の多様性，利便性，快適性，娯楽性等を提供するなど，生活者ニーズに応えるコミュニティ施設として都市機能の一翼を担うものである。」と定義している(同協会HPによる)。また，協会としての〔SCの取扱い基準〕を以下のように掲げている(同協会HPによる)。
　〔SCの取扱い基準〕
　SCは，ディベロッパーにより計画，開発されるものであり，次の条件を備えることを必要とする。
　1. 小売業の店舗面積は，1,500㎡以上であること。
　2. キーテナントを除くテナントが10店舗以上含まれていること。
　3. キーテナントがある場合，その面積がショッピングセンター面積の80%程度を超えないこと。
　　 但し，その他テナントのうち小売業の店舗面積が1,500㎡以上である場合には，この限りではない。
　4. テナント会(商店会)等があり，広告宣伝，共同催事等の共同活動を行なっていること。

(1) 規模別分類

ショッピング・センターは以下のように規模別にタイプ分けされることがある[17]。広域なほど，想定される商圏も広く，ショッピング・センター自体の規模も大きくなる。また，核店舗としてどのような小売店舗を配置するかも，各タイプの特徴を形成している。

① 超広域型 SC (super-regional SC)：核店舗は複数の百貨店と GMS 等。
② 広域型 SC (regional SC)：核店舗は百貨店と GMS 等。
③ 地域型 SC (community SC)：核店舗は GMS，スーパー等。
④ 近隣型 SC (neighborhood SC)：核店舗は，スーパー等。

(2) 特別なタイプのショッピング・センター

ショッピング・センターには，①フェスティバル・マーケットプレイスや，②テーマ SC と呼ばれる特別なタイプがある。他に，③パワーセンター，④アウトレット・モールといったものが挙げられる。以下，それぞれ説明する。

① フェスティバル・マーケットプレイス

フェスティバル・マーケットプレイス (festival marketplace) は，市場 (marketplace) の持つ賑わいや祝祭性を前面に出したショッピング・センターである。「日常の常軌的行為としての買い物」という単一の機能性のみを追求した幾何学的な配置によるショッピング・センターがある一方で，フェスティバル・マーケットプレイスでは「お祭り的な非日常性」と「買い物（ショッピング）の持つ楽しさ」[18]が重視され，路地裏的な入り組んだ感じや意外性，そぞろ歩きや[19]

---

[17] 商店街も商圏の規模別に①超広域型の商店街，②広域型の商店街，③地域型の商店街，④近隣型の商店街に分けることができる。①は非常に広い商圏を持ち，遠方からの集客も可能な商店街である。大規模なものであるか，大きな規模ではなくとも際立った特徴を持っている。地元の人々だけでなく，多くの人が当該の都市に行けば必ず訪れるような商業集積がこれに当たる。②は広い商圏を持ち，当該地方において広範囲の集客が可能な商店街である。大都市の駅前商店街等がこれに当たる。③は当該地域内において集客が可能な商店街である。小都市や町の駅前商店街等がこれに当たる。④は近隣に存在する商店街である。近隣の人々を集客する。ごく小規模なものも多く，日常的な買い物にもっぱら対応する。
[18] 買い物（ショッピング）が人に与える楽しみについては，第2章第4節を参照。
[19] 「そぞろ歩き」は「漫ろ歩き」と書き，特にあてもなくぶらぶらと歩き回ることをいう。気の合った人と連れ立って，売場をのぞいたり，商品をあれこれ見たり，人の賑わいを眺めたり，良さそうなのがあれば買うし，美味しいお店で食事をして……。これもまた，現代人の気晴らし，楽しみ，気分転換であり，レジャーの一形態であろう。

時間つぶしのできる回遊型・探索型の配置がなされる。社交や出会い・待ち合わせや遊びの場としての広場が設けられることもある。ショッピング・モールも趣味性の高い専門店群で構成され,「お祭り的雰囲気」を高めるためのさまざまな仕掛けが工夫される。エンターテインメントとしてのさまざまなイベントも行なわれる。

② テーマ SC

テーマ SC (theme SC)は,特定のテーマ性を打ち出したショッピング・センターである。テーマ SC の「テーマ」とは,「テーマパーク」「テーマレストラン」等と同じ表現である。一定のテーマ(主題)を設定し,これをショッピング・センター全体のコンセプトとして採用する。既存の或いは新しく創造された何らかの物語世界をテーマ設定の基礎に置くこともある。テーマに沿った全体配置と構成がなされ,相応しい専門店群が集められる。テーマは非日常的なことが殆どであり,(テーマパークやテーマレストランと同じく)祝祭性やエンターテインメント性が打ち出される。この点で,テーマSCはフェスティバル・マーケットプレイスに全体としてのテーマ性を持たせたものと見ることができる。

③ パワーセンター

パワーセンター(power center)は,さまざまな商品カテゴリーのカテゴリー・キラー(category killer)を複数集めて,ショッピング・センターとしたものである。カテゴリー・キラーは,専門ディスカウント・ストアの一形態であり,特定の商品カテゴリーに専門特化し,奥深い品揃えと低価格販売を行なうことで,百貨店や GMS 等,既存業態の当該商品カテゴリーの売場を成り立たせなくしてしまうため,このように呼ばれている(キラーは「殺し屋」の意味である)。パワーセンターでは,個々のカテゴリー・キラーの持つ専門性を組み合わせて,全体として補完し合い,文字通りパワフルな集客力を発揮することが意図されている。

④ アウトレット・モール

アウトレット・モール(outlet mall)は,さまざまなアウトレット店舗を複数集めて,ショッピング・センターとしたものである。例えば,アウトレット・ス

トア（メーカーや百貨店・専門店が在庫処分をする目的で作った小売店），ファクトリー・アウトレット（メーカーの工場直営或いは工場直送の小売店でしばしば検品落ち品等を低価格販売するもの），オフプライス・ストア（有名ブランド商品を大幅値引きして販売することをコンセプトとしている小売店）といったディスカウント販売を行なう小売業態店がアウトレット・モールの構成店舗となる[20]。これらの小売業態店は扱い商品のカテゴリーとブランドを絞り込んでいることが殆どであるので，アウトレット・モールでは，これらをさまざま集めて，全体として補完し合うことで集客力を大幅に向上させることが意図されている。

【参考文献】

小宮路雅博〔2005〕「小売業の主要形態2―チェーンと商業集積―」（小宮路雅博編著『現代の小売流通』同文舘出版，第3章所収，pp. 49-62）。

社団法人日本ショッピングセンター協会HP資料「我が国SCの現況」
　　（http://www.jcsc.or.jp/data/sc_state.html）

（小宮路　雅博）

---

[20] アウトレット・ストア（outlet store），ファクトリー・アウトレット（factory outlet），オフプライス・ストア（off-price store）についての本文中の説明は，本来的な用法を記したものである。実際の用法では，このような厳密さはなく，それぞれごく大まかに用いられている。

第5章
卸　売　業

　生産者と消費者の間に商業者(卸売業者・小売業者)が存在する間接流通の形態において，消費者(最終消費者)以外に販売を行なうものを卸売業者と呼ぶ。流通機構の中間に位置している卸売業者は，その活動が見えにくいため，小売業者に比べて理解しにくい部分が多い。しかし，彼らは円滑な流通を実現するために重要な社会的役割を果たしている。本章では，卸売業の役割や機能，日本の卸売機構について説明する。

第1節　卸売業の位置づけ

1　卸売と卸売業者

　卸売とは，消費者以外を対象にして商品を販売する行為を指す。一方，消費者を対象として商品を販売する行為を小売という。卸売は小売と異なり，消費財だけでなく生産財も扱うため，対象となる商品分野は非常に広い。

　また，卸売業者とは，生産者や他の卸売業者等から商品を仕入れて，卸売機能を遂行する企業や人である。但し，卸売を行なう者の中には，卸売業者だけでなくメーカー(製造業者)の営業部門等も含まれており，卸売活動を担う全てのものが卸売業者というわけではない。

　卸売業者の販売先となるのは，①産業用使用者(メーカー，建設業者，運輸業者，飲食業・宿泊業等の各種サービス業者，病院・学校・官公庁等の各種組織)と②再販売業者(卸売業者・小売業者)の2つである[1]。すなわち，消費者以外に対する全ての販売行為が卸売であるといえる。図表5-1は，日本における卸

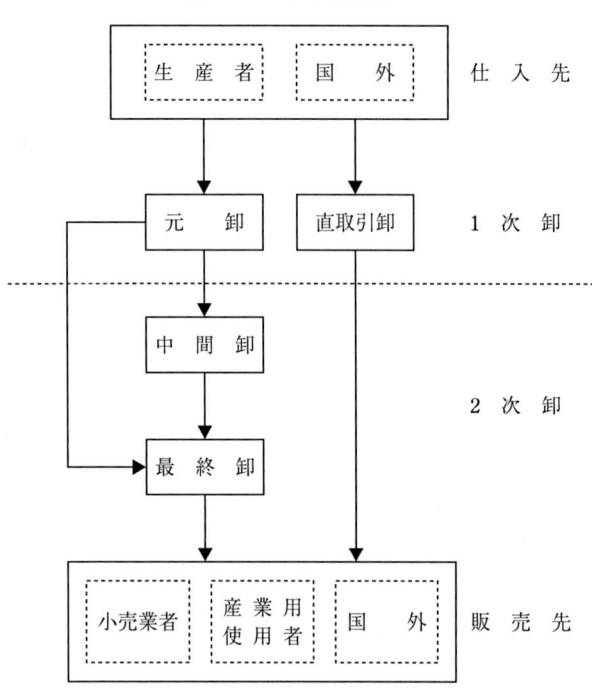

図表5-1　卸売流通機構

```
        ┌─────────────────┐
        │ 生産者  │ 国 外 │   仕 入 先
        └─────────────────┘
             │        │
             ▼        ▼
        ┌───────┐ ┌────────┐
    ┌───│ 元 卸 │ │直取引卸│   1 次 卸
    │   └───────┘ └────────┘
 ---│-------│----------│-----------------
    │       ▼          │
    │   ┌───────┐      │
    │   │中 間 卸│      │
    │   └───────┘      │
    │       │          │      2 次 卸
    │       ▼          │
    │   ┌───────┐      │
    └──▶│最 終 卸│      │
        └───────┘      │
             │          │
             ▼          ▼
        ┌──────────────────────┐
        │小売業者│産業用│国 外 │  販 売 先
        │        │使用者│      │
        └──────────────────────┘
```

出所：木綿・懸田・三村〔1999〕p.180 を一部改変。

売流通機構の経路を示している。

　商品の流通経路の中には卸売段階を持たない形態も存在する。例えば，メーカーが直接に消費者へ販売を行なう直接流通経路の場合はもちろん，間接流通経路においてもメーカーから小売業者を経て消費者へと販売されるような形態であれば卸売段階は存在しない[2]。しかし，現実の社会においては，多くの場合は卸売段階の存在する流通経路であるといって良い。

---

[1] 卸売業者の販売先については，第2章第2節も参照されたい。
[2] 直接流通経路，間接流通経路については，第2章第3節を参照。

2　卸売業と問屋

(1) 問屋の起源

　卸売業者は，一般に「問屋(とんや)」と呼ばれることがある。この場合，問屋は卸売業者の別称である。問屋の起源は，中世の問丸(といまる)や問職(といしき)にある。問丸は荘園経済下における下級荘官であり，荘園領主の下で領地から送られてくる年貢物等の陸揚げ，積み換え，輸送といった物流活動に従事していた。彼らはやがて身分的に独立し，年貢物以外の商品も取り扱い，その販売も行なうようになる。その後，商品流通の全国的拡大に伴い，物流機能だけでなく情報伝達機能や金融機能も行なうようになり，流通の中心的役割を担うようになった。

　江戸時代になり問屋という言葉が広く使われるようになった。物事がそう簡単に思い通りにならないという意味で使われる「そうは問屋が卸さない」という諺は，かつての社会において問屋が強力な支配権を握っていたことを示している。

(2) 商法上の問屋

　「問屋」の語は，「仲介商業者(commission merchant)としての問屋」を指していることもある。仲介商業者とは商品の所有権を持たず，販売等を委託されてその業務を行ない，業務の報酬として一定率の手数料(口銭(こうせん)：commission)を得るものをいう。[3] 一般にいう卸売業者は商品を仕入れ(商品の所有権を得て)，一定率のマージンを乗せて販売する再販売業者である。従って，「仲介商業者としての問屋」は一般的な卸売業者とは異なる存在である。このような問屋は，商法551条に規定があるため，しばしば「商法上の問屋(といや)」と呼ばれている。[4]

---

[3] 仲介商業者には，問屋の他に代理商(agent)，仲立人(broker)が含まれる。
[4] 商法第551条に「問屋トハ自己ノ名ヲ以テ他人ノ為メニ物品ノ販売又ハ買入ヲ為スヲ業トスル者ヲ謂フ」との規定がある。「他者に委託されて，商品の販売や購買を自己の商号を掲げつつ行なうことを業務とする者」の意味である。

第2節　卸売の社会的役割と機能

1　卸売の社会的役割

　ここでは，卸売の持つ社会的役割を①需給結合，②品揃え形成，③流通コストの節約，の3つの観点から説明する。

(1)　需 給 結 合
　需給結合は，需要側の小売業者や産業使用者と供給側の生産者を結び付ける役割である。特に需要側，供給側が共に小規模であって，かつ両者が地理的に離れている場合には，卸売部門による需給結合が大きな役割を果たすこととなる。
　例えば，農産物では全国各地に小規模な生産者が多数存在している。それらの生産者が，全国の消費者を相手に直接販売を行なうことは非常に難しい。そのため，生産された農産物は東京や大阪にある卸売市場に一旦集められた後，全国の消費者の所へと送られていく。この場合，卸売市場を中心として卸売業者によって果たされている役割が需給結合であり，その役割によって生産者はより大きな市場に商品を流通させることができ，また消費者は全国各地の農産物を入手できるようになっている。

(2)　品揃え形成
　生産者によって生産された多様な財を，買い手にとって意味のある組み合わせに変換することが品揃え形成である。生産者が商品を生産し販売する上で効率的な財の組み合わせと，買い手にとって望ましい財の組み合わせは，通常，異なっている[5]。例えばビール・メーカーは，ビールを生産し，販売することに特化しているが，スーパー等の小売業者は，ビールだけでなくジュースや食料

---

[5] 流通における品揃え形成については，第1章第2節も参照されたい。

品も扱っている。このような売り手と買い手の間において発生する商品の組み合わせの懸隔を解消することが，品揃え形成の役割である。

また自然条件の影響を受ける農産物等は，生産段階における商品の質が一定であるとはいえない。これらを小売業者等が取り扱い易いように，規格や等級によって選別し，同質の商品にまとめて箱詰めする，といった役割も卸売業者は果たしている。

(3) 流通コストの節約

生産された商品を消費者へ届けるために必要な全てのコストを流通コストと呼ぶ。一般に流通コストが低いほど小売価格は安く抑えられるため，流通コストの低い流通機構が社会的には望ましいといえる。この流通コストは，卸売業や小売業といった商業部門が流通に介在することによって削減されている。これは，以下の2つの原理により説明できる。

① 取引総数最小化の原理

ホール(Hall, M.)による「取引総数最小化の原理(principle of minimum total transactions)[6]」によれば，売り手と買い手が直接取引をする場合よりも，その中間に商業者が介在する場合の方が，全体として見ると取引回数が削減され，流通コストを減らすことができる。例えば，図表5-2のケースのように市場に3人の生産者(producer)と5人の消費者(consumer)がいるとしよう。彼ら全員が，それぞれに直接取引したとすれば，市場全体での取引総数は3×5＝15で15回となる。しかし中間に1人の商業者を介在させると，生産者側との取引は3×1＝3で3回，消費者側は5×1＝5で5回となり，全体では3＋5＝8の8回で済むことになる。すなわち，商業者が存在することによって，市場全体での取引総数は15－8＝7の7回分削減されたということになる。一般的な理解としては，生産者と小売業者の中間に卸売業者が介在すると，取引の段階数を増やして流通コストを上昇させると思われている場合が多い。しかし，取引総数が流通コストに比例しているとすれば，流通機構全体としての社会的な流通コストは，

---

[6] 「ホールの第1原理」とも称する。

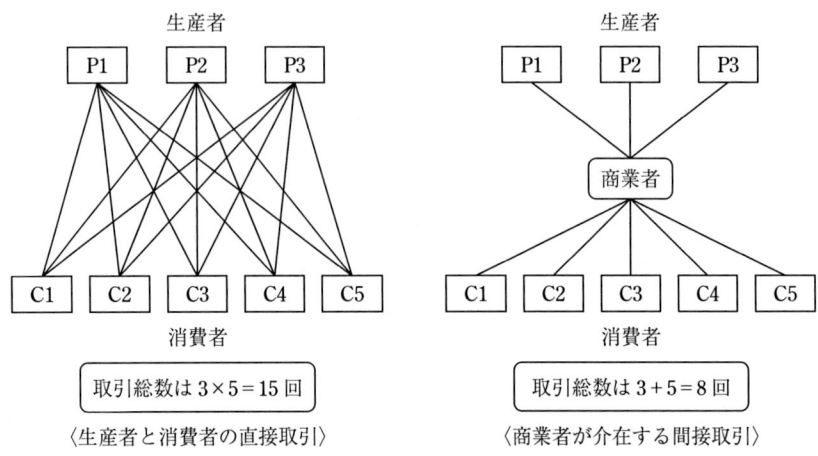

図表5-2　取引総数最小化の原理

〈生産者と消費者の直接取引〉
生産者 P1 P2 P3 — 消費者 C1 C2 C3 C4 C5
取引総数は 3×5 = 15回

〈商業者が介在する間接取引〉
生産者 P1 P2 P3 — 商業者 — 消費者 C1 C2 C3 C4 C5
取引総数は 3 + 5 = 8回

出所：筆者作成。

卸売業者の存在によってむしろ削減されているといえる。

② 集中貯蔵の原理

同じく，ホール(Hall, M.)の提唱した「集中貯蔵の原理(principle of massed reserves)[7]」は，流通過程における卸売業者の存在意義を流通における総在庫量の削減の観点で説明する原理である。これは，生産者と小売業者が直接に取引を行なうよりも，卸売業者が介在して集中的に在庫する方が，流通過程全体の総在庫量が削減され，ひいては社会的にも流通コストが節減されるというものである。例えば，図表5-3のように市場に1人の生産者と10人の小売業者(retailer)がいるとしよう。それぞれの小売業者が予期せぬ需要の高まりに備えて100個の在庫を持つとすると総在庫量は10×100 = 1,000個となる(生産者と小売業者の直接取引の場合)。これに対して，1人の卸売業者が介在して集中的に在庫を持ち，小売業者からの急な要請に応えるようにする。この場合，予期せぬ需要の高まりが散発的に起こるものとすれば，全ての小売業者がこれに同時に直面することはまず無いものと判断される。そのため，卸売業者の在庫は(10人

---

[7] 不確実性プールの原理(principle of pooling uncertainty)とも呼ばれる。また，「ホールの第2原理」とも称する。

図表 5-3 集中貯蔵の原理

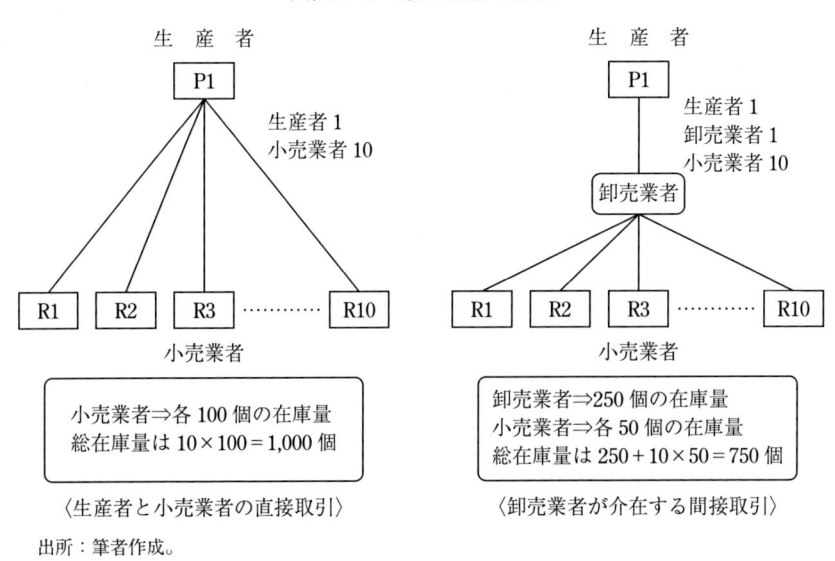

〈生産者と小売業者の直接取引〉
生産者 P1
生産者 1
小売業者 10
小売業者 R1, R2, R3 ……… R10
小売業者 ⇒ 各 100 個の在庫量
総在庫量は 10×100＝1,000 個

〈卸売業者が介在する間接取引〉
生産者 P1
生産者 1
卸売業者 1
小売業者 10
卸売業者
小売業者 R1, R2, R3 ……… R10
卸売業者 ⇒ 250 個の在庫量
小売業者 ⇒ 各 50 個の在庫量
総在庫量は 250＋10×50＝750 個

出所：筆者作成。

全員でなく)幾ばくかの小売業者の要請に応えられる水準で良いし(例えば，250個)，個々の小売業者の在庫も軽減化されることになる(例えば，半分の50個の在庫を持つようにする)。この時，総在庫量は250個＋10×50＝750個となる(卸売業者が介在する間接取引の場合)。このようにして卸売業者が介在した方が流通過程全体の総在庫量は削減されることになる。

2　卸売業者の果たす機能

　卸売業者は流通機構の中間に位置し，特徴的な機能を果たしている。[8] ①所有権移転機能，②危険負担機能，③情報伝達機能，④物流機能，⑤生産・加工機能である。以下，説明する。

---
[8] 流通機能については，第1章第2節も参照されたい。

(1) 所有権移転機能

　所有権移転機能とは，商流機能（商的流通機能）とも呼ばれ，仕入先から商品を買い，販売先に商品を売ることによって，商品の所有権を移転させる機能をいう。卸売業者はまず，これなら売れると思う商品を見つけだす。そして，その商品を所有する売り手を探し，取引契約を行なって代金を支払う。今度は，その商品を欲している買い手を見つけだし，取引契約を行なって代金を受け取る。これら一連の行為によって，その商品の所有権は仕入先から卸売業者へ，卸売業者から販売先へと移転することとなる。一般的な卸売業者は，複数の売り手から商品を購入し，複数の買い手に商品の販売を行なっている。

(2) 危険負担機能

　危険負担機能とは，商品を仕入れて所有権を得ることに伴い，その商品に対するさまざまな危険も負担することである。例えば，売れるという見込みを立てて商品を仕入れたにもかかわらず，実際には売れなかったという場合がある。この時，その商品の在庫に関わるコストは所有者である卸売業者が負担しなければならない。また販売先である買い手の経営状態が悪化し，納入した商品の代金が支払われないといった状況が発生する場合も考えられる。卸売業の機能を果たす上では，このような危険に関わるコストも負担しなければならない。

(3) 情報伝達機能

　卸売業者はさまざまな情報を伝える活動を行なっている。活動には①小売業者等の買い手に対して商品や競合店に関する情報を提供する活動と②生産者等の売り手に対して消費者や小売業者等の市場に関する情報を提供する活動という2つの側面がある。商品に関する情報はパンフレットやカタログといった印刷物によっても提供されるが，卸売業者の情報提供活動は営業担当者の人的な活動によるものが主体である。また，小売業者等から消費者の需要に関する情報を収集し，それらを生産者等にフィードバックすることによって，市場のニーズに適した商品開発を促進するという機能も果たす。更に販売先である小売業者を支援することは，卸売業者自身の業績を安定させることにつながるた

め，小売経営についての情報を小売業者に提供することも行なっている。

(4) 物流機能

卸売業者の中には，仕入れた商品を倉庫に保管し，注文に応じて商品を組み合わせ，輸送を行なうという物流機能(物的流通機能)を自社で遂行しているものも多い。更に，保管に伴ってケース単位からバラ単位へ小分けするといった作業も担っている。小規模な販売先に対する少量かつ多頻度な注文への対応は，専門の物流業者に任せるよりも卸売業者自身で行なった方が効率的な場合がみられる。

(5) 生産・加工機能

衣料品等の業界においては「製造卸」と呼ばれる卸売業者も存在する。彼らは，生産部門を直接に或いは系列下に持ち，メーカーとしての活動を行なう一方，他社の商品も仕入れて品揃えの幅を拡げ，販売先に卸売を行なっている。

また流通段階の途中において，切断，小分け，再包装，詰め合わせ，塗装，組立，値札付け，ハンガー掛け，等級付け，箱詰め，ラベル貼りといった商品の形状等に軽度の加工を施す流通加工と呼ばれる作業を，卸売業者が担当している場合もある。

第3節　卸売機構の構造

1　卸売業の段階

流通経路において，卸売業は2段階，3段階，或いはそれ以上と複数段階で存在する場合もあり得る。典型的な卸売内部の段階としては，①収集，②中継（なかつぎ），③分散という3つの段階に分かれる。それぞれを担当する卸売業者を①収集卸，

---

[9] 流通加工については，第7章第1節を参照されたい。

②中継卸，③分散卸と呼んでいる。

　収集卸は，産地等において小規模な生産者から小口で商品を買い集めて，大口化して販売を行なう卸売業者である。大規模な生産者の場合は，この収集段階が不要となる。中継卸は，大口の売り手と大口の買い手を結び付けて取引を行なう卸売業者である。大規模な生産者が全国に商品を流通させる場合，中継段階を必要とすることが多い。分散卸は，収集卸から大口で仕入れた商品を小口に分けて，小規模な買い手に販売を行なう卸売業者である。

2　卸売段階の長短

　卸売段階の長さを決定する基本的な構造的要因は，生産の論理と消費の論理の食い違いがどれだけ大きいかによって説明される[10]。ここで生産の論理とは，生産活動をより効率的に行なうために求められる考え方である。その論理に従えば，同一の商品を1つの工場において大規模に生産することが最も効率的な望ましい姿となる。一方，消費の論理とは消費者がより便利に生活するために求められる考え方である。消費者はさまざまな地域に幅広く分散して暮らしている。更に彼らが一度に消費する商品の量は小規模であるが，その種類は多岐に渡っている[11]。

　この生産と消費における2つの論理の食い違いを調整することが，流通過程の役割であるといえる。例えば，消費側における個性化や多様化の進展といった要因は，生産段階と消費段階における論理の食い違いを更に拡大し，調整の課題をより複雑にさせる。多岐に渡る商品を欲する消費者に対応するためには，流通段階における十分な品揃え形成過程が必要となり，その結果として卸売段階数は増加し，長い流通経路が形成されることとなる。逆に，生産側においては，規模の経済性を追求する動きやそれに伴う商流・物流・情報流に関わる流通技術の発展という要因が，卸売段階を削減して流通経路を短くするような方向へと作用するのである。これら2つの要因は，卸売段階の長短構造を決める

---

[10] 石原・池尾・佐藤〔2000〕pp. 202-203 による。
[11] このような生産側と消費者側の「量と組み合わせの懸隔」については第1章第1節を参照されたい。

図表 5-4　卸売業の流通段階と流通経路の関係

流通段階		流通経路	
		仕　入　先	販　売　先
第1次卸	直取引卸 ─ 他部門直取引卸	生産業者／国　　外	産業用使用者／国　　外
	└ 小売業直取引卸	生産業者／国　　外	小売業者
	元　　卸	生産業者／国　　外	卸売業者
第2次卸	中間卸	卸売業者	卸売業者
	最終卸	卸売業者	産業用使用者／国　　外／小売業者

出所：経済産業省HP資料「平成19年商業統計表　流通経路別統計編(卸売業)別表1　流通段階と流通経路の関係」より作成。

主な背景となっている。

第4節　日本の卸売機構

1　日本の卸売機構─構造の特徴─

　日本の卸売業については，経済産業省が実施する商業統計調査によって集計が行なわれている。平成19年調査によれば，卸売部門には約33万の事業所に362万人ほどが就業している。[12] 事業所数は前回調査(平成16年)との比較で10.8％の減少であり，平成6年調査以降，6回の調査で連続しての減少となっている。

　本調査では流通段階と流通経路の関係から卸売業を類型化し，図表5-4のような名称を付けている。[13] ここでは，生産業者や国外から仕入れ，小売業者等に直接販売するものを「直取引卸」，卸売業者に販売するものを「元卸」とし，卸

---

[12] 卸売業の事業所及び就業者の数値は，経済産業省平成19年商業統計表による。

図表5-5　流通段階別にみた卸売業の年間商品販売額構成比

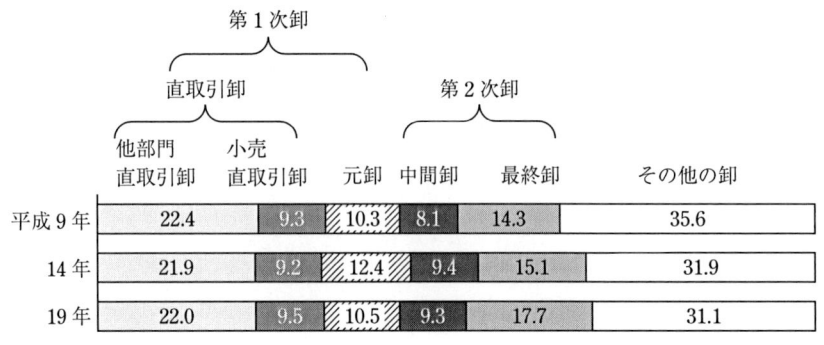

	第1次卸			第2次卸		
	直取引卸					
	他部門直取引卸	小売直取引卸	元卸	中間卸	最終卸	その他の卸
平成9年	22.4	9.3	10.3	8.1	14.3	35.6
14年	21.9	9.2	12.4	9.4	15.1	31.9
19年	22.0	9.5	10.5	9.3	17.7	31.1

出所：経済産業省HP資料「平成19年商業統計表　流通経路別統計編（卸売業）概況」p.12，第4図より作成。

図表5-6　従業者の規模別にみた卸売構造（事業所数構成比　％）

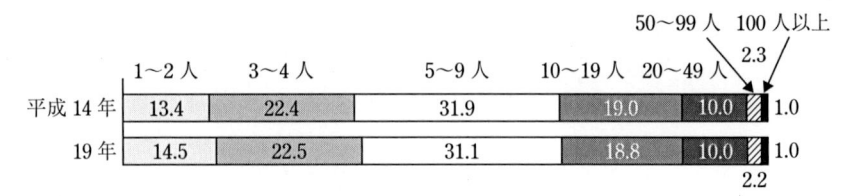

	1〜2人	3〜4人	5〜9人	10〜19人	20〜49人	50〜99人	100人以上
平成14年	13.4	22.4	31.9	19.0	10.0	2.3	1.0
19年	14.5	22.5	31.1	18.8	10.0	2.2	1.0

出所：経済産業省HP資料「平成19年商業統計表　流通経路別統計編（卸売業）概況」p.20，第7図より作成。

売業者から仕入れ，他の卸売業者に販売するものを「中間卸」，小売業者等に販売するものを「最終卸」と分類している。そのうち直取引卸と元卸が第1次卸，中間卸と最終卸は第2次卸となる。

図表5-5は，図表5-4の流通段階別にみた卸売業の年間商品販売額構成比である。平成19年の調査では第1次卸が42％であり，第2次卸は27％を占めていることがわかる。また図表5-6は，従業者の規模別にみた卸売構造を示している。就業者20人未満の事業所が全体の90％近くを占めており，日本の卸売業は中小規模の事業所が大半であるといえる。

---

[13] ここでは「その他の卸」として分類される本支店間卸（仕入先ないし販売先が同一企業内である卸売業）と自店内製造品を販売する卸は除外してある。

2 多段階性

　日本の流通の特徴として，卸売業の多段階性が挙げられる。このような多段階に卸売業が介在する要因は，次のように説明される。[14]

　第1の要因は，消費者行動の違いである。日本の消費者は，生鮮食品を好む等の食生活スタイルから毎日買い物に行くことが多いため，日々の購買行動が負担になり易い。流通の多段階化は，その負担を軽減するためにもたらされていると考えることができる。例えば，郊外の大型店ではなく家の近所にある小売店で買い物をする人が多い場合，たくさんの小売店が必要となる。この時，そういった小規模な小売業者に商品を提供するためには，流通が多段階化する必要がある。

　第2の要因は，生産者や小売業者の能力である。日本の生産者や小売業者は小規模な企業が多く，彼らの持つ物流や情報処理の能力には限界がある。もし小規模な業者が多くの作業を担おうとすると，処理能力の低さからより多くのコストを発生させてしまう可能性がある。そのため，日本においては生産者と小売業者が直接結び付くよりも，卸売業者を利用して作業を分散させた方が効率的になることが多い。さらに第1の要因として示した消費者行動の特徴等によって要求される流通サービスが大きくなると，生産者→1次卸→2次卸→小売業者といった複数段階に渡る流通構造の方がかえって効率的になる場合も発生し，卸売の多段階化がもたらされると考えられる。

第5節　卸売業の課題と方向

　本章の最後に卸売業の課題と方向について，①問屋無用論，②リテール・サポートの2つのトピックの観点から説明する。

---

[14] 高嶋〔2002〕pp.73-76による。

1　問屋無用論

「問屋無用論」とは，生産と消費の間に位置している卸売業は流通コストを高める存在であると見なし，彼らを排除することによって効率的な流通を実現できるという見解である。日本にスーパーマーケットが登場した1960年代，流通近代化という流れの中で「流通革命論」が提唱された。ここでの流通革命論とは，大規模製造業と大規模小売業が直接的に取引を行なうようになれば，日本の細くて長い流通経路が太くて短い流通経路へと変革するという議論であった。[15] その結果，中間業者としての卸売業は排除され，無用になっていくと想定され，問屋無用論という言葉が当時頻繁に用いられた。

しかし，その後も90年代初頭まで，日本の流通において卸売業が減少することはなく，むしろ増加傾向を示していた。その理由として，卸売業の有する品揃え機能や機動的な配送体制が，流通チャネル全体のコストを大きく低減する効果を持つと認識されている点が挙げられる。[16]

2　リテール・サポート

リテール・サポート(retail support)とは，卸売業による小売業の経営支援を意味する。リテール・サポート・プログラムは，アメリカの食品系卸売業者が，チェーンストアとの競争に対抗するために開発したものである。具体的には，小売店頭情報を活用して，商品の品揃え，受発注管理，販売促進プログラム，従業員教育，財務計画，店舗開発，立地選択，市場調査，棚割管理，PB(プライベート・ブランド)開発，店舗設備，等といった小売業の経営におけるさまざまな側面を総合的に支援するプログラムを提供するものである。

卸売業がリテール・サポートを行なう理由としては次の2つが挙げられる。[17] 第1に，卸売業の売上は得意先の小売業の売上が増えた結果として得られるも

---

[15] 林〔1962〕による。
[16] 三村〔1992〕p. 227 による。
[17] 宮下〔1992〕p. 133 による。

のであるため，小売業の売上増加を支援する必要がある。第2に，得意先の小売業が売上を増加させるためには，競合店との競争に勝たなければならないため，小売業の競争力強化を支援する必要がある。

　当然のことながら，卸売業が自社の競争力を高めるためには，取引先小売業の競争力が高くなければならない。その流れの中からリテール・サポートという考え方が生まれたといえる。日本とアメリカにおいては卸売業と小売業との取引関係が異なっているため，実際にはアメリカ型のプログラムをそのまま実施できるわけではない。しかし長期安定的な取引関係の構築，ならびに小売業における問題解決の支援という2つの点をその核心と捉えるならば，リテール・サポートの能力を高めることは今後の卸売業における機能強化の方向性を示しているといえる。

【参考文献】
石原武政・池尾恭一・佐藤善信〔2000〕『商業学〔新版〕』有斐閣。
木綿良行・懸田豊・三村優美子〔1999〕『現代マーケティング論〔新版〕』有斐閣。
高嶋克義〔2002〕『現代商業学』有斐閣。
原田英生・向山雅夫・渡辺達朗〔2010〕『ベーシック流通と商業〔新版〕』有斐閣。
林周二〔1962〕『流通革命』中央公論社。
三村優美子〔1992〕『現代日本の流通システム』有斐閣。
宮下正房〔1992〕『現代の卸売業』日本経済新聞社。

経済産業省HP資料「商業統計」
　　（http://www.meti.go.jp/statistics/tyo/syougyo/index.html）
経済産業省HP資料「平成19年商業統計表　流通経路別統計編（卸売業）概況」
　　（http://www.meti.go.jp/statistics/tyo/syougyo/result-2/h19/pdf/ryutsu/gaikyo.pdf）
経済産業省HP資料「平成19年商業統計表　流通経路別統計編（卸売業）別表1　流通段階と流通経路の関係」
　　（http://www.meti.go.jp/statistics/tyo/syougyo/result-2/h19/pdf/ryutsu/riyou2.pdf）

（八ッ橋　治郎）

第6章
商品と流通

　流通の客体である商品の概念と分類について説明する。また，商品を構成する要素であるブランドやパッケージについても説明する。

第1節　商品とは

　商品とは，流通の客体であり取引の対象である。このように述べる時，商品は通常，「物財」が念頭に置かれている。最初に財の体系と商品について説明する。

1　財の体系と商品の概念

　図表6-1は，財の体系を示したものである。最広義の財は，自由財と経済財に分けられる。財(goods)は元々，人にとって効用があり欲望の対象となるものを指す概念である。自由財は人にとって効用はあるが，希少性がなく，財の利用に経済的な配慮を要しない財をいう。つまり，自由財は，需要に対して莫大な量の供給があるために価格が成立せず，経済的な取引の対象にはならないものである(例えば，地球上での空気がそうである)。これに対して，経済財は，希少性があるために財の利用に経済的な配慮を要する財であり，経済的な取引の対象となるものをいう。経済財は図表6-1の体系では，「広義の財」であって，経済財を指して財と呼んでいることもあるが，通常は，経済財を更に「財とサービス(goods and services)」として対置して分類している。経済財を二分して，財とサービスという時，財は物財(有形財)を指している。物財とは物理的な実体のある財をいう。サービス(役務)はそれ自体に物理的な実体はなく，無形財で

図表 6-1　財の体系

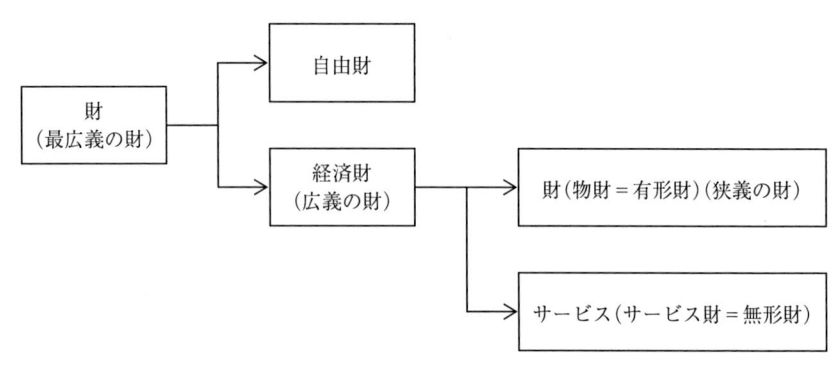

```
財              ┌─→ 自由財
(最広義の財) ─┤
                └─→ 経済財      ┌─→ 財(物財＝有形財)(狭義の財)
                   (広義の財) ─┤
                                └─→ サービス(サービス財＝無形財)
```

出所：筆者作成。

ある。サービスの語は，日本語の日常語では「無償の奉仕」や「無料での提供」といった意味でも用いられるので，物財と対置したり，直接の経済的な取引対象となることを強調したりする場合は「サービス財」と呼ばれることがある。

　さて，「商品は，流通の客体であり，取引の対象である」という時，上記の狭義の財(物財＝有形財)を指して商品と呼んでいることが了解されるだろう。流通は，第1章で述べたように生産と消費の分離によって生じた経済的懸隔を架橋するものであって，商流と物流によって主に構成されるものである。商流は財の所有権の移転の流れとして捉えられ，物流は財の物理的な移転の流れとして捉えられる。物財は物理的な実体のある財であり，それ故に物流の客体となり，物財の取引は所有権の移転に他ならないので，それ故に商流の客体となる。一方，サービスについては，サービスそのものには物理的な実体はなく(サービスの無形性)，それ故に物理的に在庫できず(サービスの消滅性)，サービスの生産と消費は基本的に分離できない特性がある(サービスの同時性)[1]。また，サービスの取引は所有権の移転ではなく，本質的には利用権の取引である。上記からすれば，流通の客体としての商品は，サービスではなく，やはり直接には物財を指していることが理解されるだろう。

---

[1] サービスには，(物財と比較して) 4つの際立った特性があるとされる。①無形性(intangibility)，②変動性(variability)，③消滅性(perishability)，④同時性(simultaneity)である。変動性は，主にサービスの生産側・消費側の人的要因により，提供されるサービスがいつでも同一のものになるとは限らないこと，また，いつでも同一のものと知覚されるとは限らないことを指している。

もちろん，サービスにおいても「商品」の語は用いられる。例えば，金融商品，保険商品，旅行商品という表現はごく普通に用いられる。これらは総称して「サービス商品」と呼び得るだろうが，それでも「サービス」の語を冠することでその意味が明確になるものである。通常の文脈で「商品」といい，また「流通の客体の商品」という時は，物財が直ちに想起されることを了解されたい。

2 製品と商品，商品性とは

前項でみたように，商品は特に断りのない場合は，物財を指すものとして理解される。ここで，商品との異同がしばしば問題となる語に「製品(product)」がある。

製品という言葉は日常的には物財を指し，サービス(役務)と対置されて理解されているのが通常である(製品とサービス)。製品は物財の典型であり，より特定的には農作物等の「生産物(produce)」と区別して，製造物としての「工業製品」を指している。一方，流通の場面では「商品(merchandise；commodity；item on sale)」の語の方が良く用いられる。製品と商品の異同は次のように考えられる。まず，商品であるためには市場において取引の対象となることが必要である(まさしく「売り物アイテム・オン・セール」である)。これを「市場性(marketability)」が付与されているという。商品は市場性によって特徴づけられ，工業製品や生産物は厳密には市場性を付与されて(つまり「売り物」になって)，初めて商品となる。従って，工業製品や生産物のうち，売り物にならなかったものは商品ではないし(不良品や試作品，自家消費されるもの等は工業製品や生産物であっても商品ではない)，消費者によって購入されてしまったものは既に商品ではない(中古品として再流通する際には商品に言わば「戻る」ことになる)[2]。

「物財の適商的性格とは何か」或いは「モノが商品となる必須条件とは何か」—。

---

[2] 造り手の生産に対する思い入れを反映して，また，生産主体が誰であるか，生産責任の所在がどこにあるのかを明確にするために，商品であっても製品と呼ぶことがある。例えば，小売店頭に商品として陳列されていても，メーカーにとっては自己が生産した「製品」であり，これを購入した消費者にとっても，当該メーカーの「製品」である。一方，この「製品」は再販売業者である流通業者にとっては「売り物」として仕入れた「商品」である。もちろん，この例においてメーカーや消費者から「製品」と呼ばれ流通業者から「商品」と呼ばれている当該の製造物は同一のモノである。

これらは「商品性(merchantability)」の本質は何に求められるかの問いかけである。この問いかけの答えはまず「市場性の付与の有無」に求められることになる。これは，上記でみたように工業製品や生産物がどの時点で商品になり，どの時点で商品ではなくなるのかを考えれば，了解される事柄であろう。

第2節　商 品 分 類

1　商品分類の意義

　商品(物財)には多種多様なものが存在するので何らか基準を設けて分類する必要がある。分類基準は種々あるが，一般に了解されているのは，①商品の生産様式もしくは産出源による分類(農産品，畜産品，水産品，林産品，鉱産品，工業製品，等の分類)，②商品の消費様式もしくは用途による分類(生産財・消費財の区分及び食料品，衣料品，家電製品，住関連品，等の分類)である。

　多種多様な商品をどのように分類するかは，歴史的には商品学において多くの研究がなされてきた。とりわけドイツ系の商品学(Warenlehre)において，主に商品の物理的・化学的特性や原材料・成分，製造方法等に着目して分類体系が構築され，これが今日の商品の標準的な商品分類体系の基礎となっている。[3]

　一方，流通研究ないしマーケティング研究においては，アメリカで1920年代に伝統的アプローチが成立し，この中で商品に関するさまざまな研究が行なわれてきた。伝統的アプローチは，通常，以下の3つで理解されている。

---

[3]　わが国では，1949年に日本標準商品分類(JSCC：Standard Commodity Classfication for Japan)が日本標準産業分類と共に作成されている(日本標準商品分類の直近の改定は1990年6月)。また，1950年に国連事務局が作成した標準国際貿易分類(SITC：Standard Internationl Trade Classfication，現在は1985年の改定第3版)がある。また，1989年2月に開催された第25回国際連合統計委員会において中央生産物分類(CPC：Central Product Classification‑財，サービス等を包含した分類)が承認され，これらのデータの国際比較性を確保するため，暫定分類としてCPCを使用することが加盟国に対し勧告されている。これに伴い，日本標準商品分類，日本標準産業分類等の改定等に当たって，CPCとの比較性の確保の検討と共に，これらの使用の結果に基づく評価等を要することとなった。

① 商品別アプローチ(commodity approach)

流通の客体である商品の種類によって、流通のあり方はさまざまに異なる。例えば、工業製品と農産物の流通は大きな差異がある。それ故、商品毎に流通のあり方が検討されねばならないが、全ての商品を1つ1つ別々に検討するわけにはいかないので、同じまたは類似した商品をグループ化して検討する必要がある。これは商品の分類を行なう必要があり、商品別アプローチでは、まず商品をいかに分類するかがテーマとなっている。

② 機関的アプローチ(institutional approach)

これは、流通機能を遂行する主体に焦点を当てたものである。制度的アプローチとも呼ばれる。例えば、どのような流通機関があるのか、それぞれの流通機関の態様はどうか、小売機関のうち業種や業態別の態様と動向はどうなっているか等が研究される。例えば、本書の第3章(小売業態、小売業種について説明されている)、第5章(卸売業について説明されている)は、機関別アプローチに基づくものである。

③ 機能的アプローチ(functional approach)

流通は、生産と消費の間の経済的懸隔を架橋するものである。架橋する働きが流通機能と呼ばれる。機能別アプローチは流通機能に着目して分析を行なうものである。例えば、本書の第1章では、4つの経済的懸隔に対応して4つの流通機能が語られている(第1章第2節を参照)。これは機能的アプローチによる説明である。また、流通機能を商流機能、物流機能、助成機能の3つに大別することも多い。このうち、助成機能を補助的・補足的機能と見なして、商流機能と物流機能の2つを流通の二大機能と捉えることがある。

上記の3つのアプローチは、分離したものではなく組み合わされて研究されてきたものであるが、ここでの関心は主に商品別アプローチにおいて考案されてきた商品分類にある(後述する最寄品・買回品・専門品の区分はこのアプローチの代表的な成果である)。以下、主な商品分類について順に説明する。

2 消費財と生産財

　商品には，消費財(consumer goods)と生産財(industrial goods)の大きな区分がある。この区分は，商品を最終的な買い手が誰であるかによって分けたものである。消費財は，個人または家計のために財を購入し費消する消費者(最終消費者ないし一般消費者)が最終的な買い手となる。ここで，特に断り無く消費者という場合は，最終消費者ないし一般消費者を指していることを了解されたい。消費財については項を改め説明することとし，ここでは，生産財について若干の説明を加える。

(1) 生産財とは

　生産財は，産業財，ビジネス財とも呼ばれ，産業用使用者(企業や各種機関)の事業活動の投入要素となる業務用商品をいう。最終消費者により直接に消費される財(消費財)ではない。生産財も多種多様であり，さまざまに分類されるが，例えば，以下の分類がなされる。[4]

① 主要設備品(major equipment)：大型装置，生産設備，等

② 補助ないし付属設備品(minor or accessory equipment)：フォークリフト等の各種作業用車両，ベルトコンベア，加工用工具，作業台，等

③ 組立ないし組込部品(fabricating or component parts)：半製品，部品，等。製品の機械的な構成要素となるもの。一般に完成品においても(カバー等を外せば)その存在を見ることができるものである(例えば，洗濯機のモーター等)。

④ 加工原料(process materials)：製造・加工に用いられる原料。製品の化学的な構成要素となるもの。一般に完成品においては，その存在を直接には見ることができないものである(例えば，シャンプーの原料薬剤等)

⑤ 業務用消耗品(operating supplies)：保守・修繕・業務用品。床用洗剤・ワックス，蛍光灯，事務用品，コピー機トナー，等。これらは，通常は，MRO

---

[4] Hill et al. 〔1975〕による分類(pp. 37-46.)。但し，具体的な例示は補ってある。

品目と呼ばれる汎用消耗品である。もちろん，製品に組み込まれることはない。

⑥　原料(raw materials)：農産物，林産物，水産物，鉄鉱石，石炭，石油，等。生産活動を根底から支えるものである。第1次産業及び鉱業から直接にもたらされる。

なお，経済統計等では，生産要素として生産に直接投入されるものを生産財(production goods)として扱い，ストックの性格を持つ設備品を「資本財(capital goods)」として扱うことがある。また，生産財を土地と資本財に分け，資本財のうち，原材料等フローの性格を持つものを流動資本財，ストックの性格を持つ設備品を固定資本財とする場合もある。このように生産財の概念と分類は文脈によって異なるが，本章は，流通の客体としての商品について扱っており，生産財を産業用使用者の事業活動の投入要素となる業務用商品として捉えていることに留意されたい。上記の①〜⑥はこの観点での分類である。

また，ある商品が，消費財であるか生産財であるかは，典型例においては当然に区分されるが(例えば，フォークリフトやベルトコンベアは直ちに生産財と言えよう)，定義上，最終的な買い手が誰であるかによって決定づけられるため，厳密にはこの観点でのみ区分されることになる。例えば，小麦粉は製パン業者によって購入されれば生産財であり，消費者によって購入されれば消費財である。

(2) **生産財の特性**

第2章第3節で既にみたように，生産財の買い手(産業用使用者)は，消費財の買い手とは異なる特性を持っている。消費財の買い手は，一般の消費者であり，数が非常に多く地理的にも分散しており，多品種の商品を少量ずつ少額で購入している。一方，産業用使用者は，数が少数である場合や地理的に集中し

---

[5] 単価が比較的低く，標準化され，継続的・定型的に再購買される汎用の保守・修繕・業務用品をMRO品目(maintenance, repair, and operating items)と呼ぶ。MRO品目は，生産財市場における典型的取引品目であり，差別化されていないことが多い。また，インターネット上のeマーケットプレイスで取引されるものは，この品目であることも多い。

[6] この場合，上位概念は産業財(industrial goods)となる。

図表 6-2　生産財と消費財の諸特性

	生 産 財	消 費 財
(1)購買者の特性	①顧客(顧客企業)はしばしば少数である。 ②顧客(顧客企業)はしばしば地理的に集中している。 ③ビジネス・ニーズに基づく購買がなされる。 ＊合目的的購買がなされる。	①顧客(最終消費者)は通常は多数である。 ②顧客(最終消費者)は地理的に分散している。 ③パーソナル・ニーズに基づく購入がなされる。 ＊個人の感性や個別の事情に基づく購入がなされる。
(2)需要の特性	①大規模購買(大量・多額に購入)がなされる。 ②少品種を大量購買する。 ③しばしば間欠的・低頻度需要である(設備品、等)。 ＊但し、業務用消耗品等は継続的・高頻度需要となる。 ④しばしば非弾力的需要である。 ＊業務遂行に不可欠な場合等、一般に価格に対して非弾力的である。 ⑤本質的に派生需要(2次需要)である。 ＊生産財に対する需要は、結局は最終需要によって派生的に引き起こされている。	①小規模購買(少量・少額に購入)がなされる。 ②多品種を少量購入する。 ③しばしば継続的・高頻度需要である(食料品、生活用品、等)。 ＊但し、自動車等の高額商品は間欠的・低頻度需要となる。 ④多くの場合、弾力的需要である。 ＊多くの場合、価格に対して弾力的である。 ⑤最終需要(1次需要)である。 ＊消費財に対する需要は、最終需要であり、本源的性格を持つ。
(3)取引の特性	①取引の長期継続性・取引実績がしばしば重視される。 ②取引に要する手間・時間は大きい。 ＊但し、業務用消耗品等の場合は、取引が自動化され、手間・時間が最小化されることがある。 ③直接購買がなされることが多い。 ＊メーカー或はメーカー販社から直接に購買される。 ④複数の購買関係者が関与する組織購買が行なわれる。 ⑤文書化・公式的手続き(見積書、入札、等)が重視される。 ⑥顧客適応が求められることが多い。	①取引の長期継続性・取引実績は多くの場合、重視されない。 ②取引に要する手間・時間は小さい。 ＊但し、自動車等の高額商品の場合は手間・時間を多く掛けることがある。 ③小売業者から購入することが殆どである。 ④個人或いは家族等ごく少数の関係者により購入される。 ⑤文書化されないことが多い。即座に購入がなされる。 ⑥標準化されていることが殆どである。

		＊取引にはしばしばコンサルティングの要素があり，個々の顧客(顧客企業)の要望に合わせて商品の仕様，取引条件がカスタマイズされる。 ⑦しばしば注文生産品が購買される。 ⑧リースの活用がなされる。	＊殆どの場合，大量生産品の単純購買であり，どの顧客(最終消費者)にも同じ商品が同じ取引条件(標準化条件)で販売される。 ⑦殆どの場合，見込み生産品が購入される。 ⑧購入し，所有権を得る場合が殆どである。
(4)売り手企業と顧客間の関係性		①リレーションシップの形成がしばしばある。 　a)人的側面のリレーションシップ 　　＊接待等による人的関係の構築や長期継続的な取引実績を通じた信用・信頼関係の構築が重視される。 　b)資源面のリレーションシップ 　　＊顧客(顧客企業)に供給する専用部品のための工場建設等，顧客とのリレーションシップに固定される資源が発生する場合がある。 　c)活動面のリレーションシップ 　　＊共同研究開発等，売り手企業と顧客(顧客企業)が一体となって継続的活動を行なう場合がある。 ②系列取引が時に行なわれる。 　＊資本系列等，売り手企業と顧客(顧客企業)間の既存の結び付きが取引を左右する。 ③売り手企業と顧客(顧客企業)の立場は時に入れ替わる。 　＊顧客(顧客企業)が別の場面では売り手側となり，売り手企業は買い手側となる。そのためにしばしば取引に互恵性の観点が入り込む。	①リレーションシップの形成は殆どない。 　a)人的側面のリレーションシップ 　　＊対面販売の場合は若干の人的関係の構築が想定されるが，セルフ・サービス方式においては殆どない。 　b)資源面のリレーションシップ 　　＊特定の顧客(最終消費者)のためだけに売り手企業の資源が固定されることは殆どない。 　c)活動面のリレーションシップ 　　＊売り手企業と顧客(最終消費者)とが一体となって継続的活動を行なうことは殆どない。 ②系列は通常，考慮されない。 　＊通常，売り手企業がどの資本系列にあるかは，顧客にとって考慮要因にはならない。 ③売り手企業と顧客(最終消費者)の立場が入れ替わることはない。 　＊顧客は売り手企業に対して常に顧客である。取引に互恵性の観点が入り込む余地はない。

出所：筆者作成。

ている場合があり，購買も大規模購買(大量・多額に購入)となる傾向がある。

図表6-2は，生産財と消費財について特性を対比したものである。もちろん，多くの対比項目について，どちらの財にも例外がある。従って，図表6-2は一般的傾向を示したものと了解されたい。

3 耐久性による分類

商品(物財)は，その物理的な耐久性において，耐久財(durable goods)と非耐久財(non-durable goods)とに大別される。これは商品の購買頻度と密接に関わりがある。耐久財は，物理的耐久性があり，長期間の使用に耐えるものをいう。耐久性の判断は，さまざまであるが，通常は，耐用年数が1年以上(または3年以上)を1つの目安とする。また，耐久財は一般に価格が比較的高額なものを指している。非耐久財は，耐久財との対比において説明すれば，物理的な耐久性に乏しく長期間の使用に耐えないものである。耐用年数は1年未満(または3年未満)を1つの目安とする。非耐久財は一般に価格が比較的低額なものを指している。また，非耐久財のうち，1回の使用で費消されてしまうものを単用財[7]と呼んでいる。例えば，食料品は食べてしまえばそれで終わりなので(或いは食べれば，食べた分どんどん減少するので)単用財である。従って，非耐久財とは，長期間の使用に耐えないものや1度の使用で費消されてしまうものをいう。

耐久財と非耐久財の区分は，消費財，生産財の双方に適用される。

(1) 消費財の場合

消費財の場合は，耐久消費財と非耐久消費財ということになる。例えば，以下が該当する。

① 耐久消費財：乗用車，家電製品，家具，等。
② 非耐久消費財：食料品，日用雑貨品，衣料品，等。

衣料品は上記の耐用年数の目安からすれば，非常に違和感があるが，慣習的

---

[7] 単用財は消耗財ともいう。

に非耐久財に入れられている。食料品や（洗剤やシャンプーといった）日用雑貨品は，使った分はどんどん減少するので，単用財である。また，耐久財はハード・グッズ (hard goods)，非耐久財はソフト・グッズ (soft goods) と呼ばれることがある。この場合のハード・グッズの典型的なイメージは大型家電製品，ソフト・グッズのそれは衣料品ということになる。

なお，消費財を耐久消費財，半耐久消費財 (semi-durable consumer goods)，非耐久消費財に3分類することがある。総務省統計局の行なう全国消費実態調査では，家計におけるストックの性格を持つものを耐久消費財，フローの性格を持つものを非耐久消費財，中間の性格を持つものを半耐久消費財としている。ここでは，衣料品は，室内装備・装飾品のカーテン，寝具類の布団や毛布等，靴・履物類等と共に半耐久消費財に分類されている。[8]

(2) 生産財の場合

生産財においても同様に耐久生産財と非耐久生産財の区分ができる。例えば，生産設備や製造機械等の設備品は耐久生産財である。一方，原料は使った分だけ費消されるので，非耐久生産財である（単用財である）。

4 消費財の分類

最終的消費に充当される商品は消費財と呼ばれる。消費財は，更に必需品と贅沢品，消耗品と耐久品，用途によって食料品，衣料品，家電製品，住関連品等，多様に分類される。以下では，消費財の分類について幾つか取り上げ，若干の説明を加える。

(1) 必需品と贅沢品

必需品 (necessities；necessaries) は生活を営んでいく上で必要不可欠な商品をいい，贅沢品 (luxuries) は生活を営んでいく上で必要不可欠とはいえない商品を

---

[8] 総務省統計局「全国消費実態調査　付1　収支項目分類表」による。

いう。必需品は，典型的には，主食である米等の食料品や身体を守る日用衣料品，生活を支える住関連品や日用雑貨品等がこれに当たる。贅沢品は，奢侈品(しゃし)とも呼ばれる。

わが国ではかつては，「贅沢品」であるとして物品税が多くの商品にかけられていた。例えば，宝石，毛皮衣料，家電製品(クーラーや大型冷蔵庫等)，乗用車，ゴルフクラブ等である。これらは通常の生活では不可欠とはいえない物品であって，こうした贅沢品を購入できる消費者は，贅沢な暮しをしている高額所得層なので税(奢侈税：luxury tax)を負担すべきであるという考え方である。物品税は間接税の一種で個別消費税と呼ばれるが，物品税は1989年4月1日の消費税法施行に伴い廃止されている。現在の税制は，周知の消費税(一般消費税)であり，販売価格に対して一定の比率で税を課している。物品税から消費税(一般消費税)への税制の移行(の少なくとも主たる理由の1つ)は，端的には，わが国の経済発展と共に何が必需で何が贅沢なのかの境界がわからなくなり，必需－贅沢の社会的コンセンサスが崩れたことによるものである。これは，経済発展と共に進行する「贅沢の必需化」と表現することができる。[9]

(2) 最寄品，買回品，専門品

コープランド(Copeland, M. T.)は消費者の購買慣習に基づき，消費財を最寄品(convenience goods)，買回品(shopping goods)，専門品(specialty goods)の3つに大別している(Copeland〔1923〕)。この3分類は今日でも良く用いられている。最寄品とそれ以外(非最寄品)，買回品とそれ以外(非買回品)という区分も良く用いられる。

消費者の購買慣習は，①消費者の商品に対する事前知識量(対象とする商品

---

[9] 例えば，わが国では，地方都市や農村部は言わば「車社会」になっており，自動車は既に生活必需品である。一家に1台どころか，大人1人に1台ということも多い。しかし，当然のことながら地方都市や農村部の人々がわが国の中で特別な高額所得層というわけではない。また，かつては家にカラーテレビがある，クーラーがある，電子レンジがあるというのは裕福な暮しであったし，1ドル360円や308円の時代には海外旅行に行くというのも非常に贅沢な行為であった。もちろん，現在は，家にクーラーや電子レンジがあろうと，海外旅行に行こうと，それが高額所得層の証になっているわけではない。むしろこうしたことが「普通の暮らし」の在り様として認識されているだろう。必需とは，「生きていく上で必要最低限」ということではなく，「現代人としての普通の暮らしに必要最低限」ということである。「贅沢が必需になること(贅沢の必需化)」は，上記の意味合いで理解されるべきである。

についてどの程度の正確な知識があるか,馴染みがあるかの度合い),②購買の際の比較購買努力の度合い(なるべく近くの小売店で済まそうとするか,それともわざわざ遠くまで買い物に出掛けるか,購買にどの程度の時間や手間を費やすか,どの程度の商品探索・商品比較行動をとるか)の2つとして理解される[10]。消費者の事前知識量は大きいが,最小の比較購買努力しか払わないものが最寄品,事前知識量が小さく,大きな比較購買努力を払うものが買回品である。専門品については事前知識量が大きく,大きな比較購買努力を払うものとして説明されることが多い。今日的な理解では,最寄品は典型的にはCVS,スーパーで販売される商品(日用雑貨品や加工食品,等)を指し,買回品は百貨店,専門店で販売される商品(洋服や靴・鞄,等),専門品は専門店で販売される商品(高級家具や自動車,等)を指しているとされる。なお,3分類のうち,買回品はshoppingされる商品であって,日本語の用法でも「ショッピング」されるのは買回品であることに留意されたい[11]。上記の3分類については,図表6-3を参照されたい。

　最寄品,買回品,専門品の3分類は,「最寄品－非最寄品」ないし「買回品－非買回品」の区分と共に今日も良く用いられるものである。この分類は,商品の物的特性(types of products)による区分ではなく,上述のように消費者の購買慣習に基づいている。購買「慣習」によるために,実際のところ,消費者によってまた個別の事情によって,ある商品ないし商品カテゴリーが最寄品,買回品,専門品のいずれになるかは異なる場合がある。例えば,靴・鞄類は一般に買回品であろうが,高級ブランド品の靴・鞄類は専門品の様相を帯びるだろうし,食料品は一般には最寄品であろうが,希少な高級食材であれば当然に買回品ないし専門品となるだろう。また,非常に富裕な消費者であれば,一般の消

---

[10] Stanton〔1984〕は,3分類を説明する際に消費者の購買慣習として①消費者が買い物に出かける前に対象商品の特性について正確に知っている程度,②商品の比較から得られる消費者の(商品の比較に要する時間や労力との比較考量をした上での)満足の2点を挙げている(pp. 137-138.)。しかしながら,3分類で用いられている消費者の購買慣習が何であるのかは,Copeland〔1923〕では3分類毎の描写があるだけで必ずしも明示されていているわけではない。ここでは,①消費者の商品に対する事前知識量と②購買の際の比較購買努力の度合いとして説明している。

[11] 例えば,「洋服や靴・鞄をショッピングする」ことは自然であるが,「スナック菓子をスーパーでショッピングする」とか,「自動車をカーディーラーでショッピングする」のは,言葉の用法としては非常に奇異である(同様にwindow-shoppingの対象も買回品である)。

図表6-3　最寄品・買回品・専門品の諸特性

特　　性	最　寄　品	買　回　品	専　門　品
(1)　購買慣習			
①消費者の商品に対する事前知識量	多　　い	少ない	多　　い
②購買の際の比較購買努力	殆どなされない	中程度	大きい
(2)　購買特性			
①購買頻度	多　　い	中程度	少ない
②購買計画に費やす時間・期間	ごく僅かの時間	中程度の時間・期間を費やす	長時間・長期間を費やす
③欲求の発生から充足までの時間	即座ないしごく僅かの時間が許容される	長い時間が許容される	長い時間が許容される
④買い物出向の際の距離	なるべく近い距離	中程度の距離	遠距離でも許容される
⑤消費者の感じる購買リスク	低　　い	高　　い	非常に高い
⑥消費者のロイヤルティの対象	しばしば商品ブランドに対してロイヤルである	しばしば小売店に対してロイヤルである	商品ブランドと小売店の双方に対してロイヤルである
⑦非計画購買	多　　い	少ない	殆どない
(3)　商品特性			
①価格水準	一般に低い	中程度	高　　い
②商品のサイズ	一般に嵩高ではない	一般に嵩高ではない	時に嵩高商品である
③耐久性	一般に低い(時に単用消費財である)	中程度(一般に半耐久消費財である)	一般に高い(一般に耐久消費財である)
④パッケージド・グッズ化(個装化)の必要性	しばしば不可欠である	一般に不必要	一般に不必要
(4)　流通経路の特性			
①流通経路の長さ	一般に長い	中程度	短い(時にメーカーによる直接流通)
②流通経路における流通業者のメンバーシップ	メンバーシップ要件はごく緩い	中程度	メンバーシップ要件は時に厳しい
③個々の小売店の重要度	比較的重要ではない	重要である	非常に重要である
④小売店の併売/専売の別 (多くのメーカー商品を扱う/特定メーカー商品のみ扱う)	併売店	併売店，時に専売店	しばしば専売店

(5) 小売販売上の特性			
①商品回転率	高い	中程度	低い
②マージン率	低い	中程度	高い
③対面販売／セルフ販売	しばしばセルフ販売	対面販売	対面販売
④付帯サービス水準	低い	高い	非常に高い
⑤消費者取引における商流と物流の分離	一般に分離しない	一般に分離しない	時に分離する
⑥プロモーション	間接的プロモーション(メーカーによる広告等)が重視される	直接的プロモーション(販売員による推奨等)が重視される	間接的プロモーション，直接的プロモーションの双方が重視される
⑦陳列の量	多い(時に大量陳列)	中程度	しばしば少ない
⑧店舗内の空間密度	高い	低い	時に非常に低い

出所：筆者作成。但し，Stanton〔1984〕p. 138. (table 6-1)を参照している。

費者が専門品として購入するものでも，最寄品のように購入するかもしれない。3分類については，一般論としては機能し，典型例も容易に区分できるが(それ故に今日に至るも幅広く受け入れられている)，絶対的区分ではないことに留意されたい。

(3) 探索財，経験財

ネルソン(Nelson, P.)は，消費財を探索的特性を持つもの(探索財)と経験的特性を持つもの(経験財)に分類している(Nelson〔1970〕, Nelson〔1974〕)。経験財は更に耐久経験財と非耐久経験財に分けられる。

探索財(search goods)は，消費者が購入に先立って探索により商品の評価をすることができるものをいう。例えば，服は購入を決める前に手に取ったり試着したりすることができるので，探索的特性を持つ。この場合，消費者の探索に資するための情報提供的なプロモーションが重要となる。経験財(experience goods)は，商品の評価が購入し消費した後で可能になるものである。例えば，缶詰は開けてみなければ品質が分からない。この点で，経験財では，信用と評判が重要であり，消費者の購入決定に影響を与えるべく，説得的なプロモーシ

ョンが重要となる(口コミも購入決定を左右する重要な要素となる)。しかしながら，耐久経験財と非耐久経験財で考えてみると，耐久経験財の場合は，購買頻度が低く，消費者の自己の経験を通じた学習の機会が少ないのに対し，非耐久経験財の場合は，購買頻度が高いため，消費者はどの商品が満足いく品質であるかを経験する機会が多いことになる。上記から考えると，以下のように整理することができる。

① 探索財：消費者の購入前の品質評価が容易であるため，購入後は，消費を通じた「探索結果の確認としての品質評価」がなされることになる。

② 耐久経験財：消費者の購入前の品質評価は困難である。しかも，購買頻度が低いため消費者の学習機会が少ない。そのため，購入前に品質を推察するのも困難となる。購入後は，「消費を通じた品質評価」がその都度なされる。

③ 非耐久経験財：消費者の購入前の品質評価は困難である。しかし，購買頻度が高いため消費者の学習機会が多い。そのため購入前の品質判断への頻繁なフィードバックがあり，経験から品質を十分に推察できる。消費者は，この点で購入前に期待される品質を判断することができ，購入後は，消費を通じた「経験に基づく推察結果の確認としての品質評価」がなされることになる。[12]

第3節　ブランドの概念と役割

今日販売されている殆どの商品(とりわけ工業製品)には何らかのブランド(brand)が付与されており，ジェネリックス(generics：一般名称だけで販売される商品)として市場に導入されている場合を除き，通常は特定のブランドにおいて個々の商品は認識されている。本節では，商品に付与されるブランドについて説明する。

---

[12] 耐久探索財，非耐久探索財を想定すれば，同様の考察を行なうことができる。

1 ブランドの概念

　メーカーを念頭に置き，企業の経営階層に沿って大別すれば，ブランドには，企業ブランド(corporate brand)，事業ブランド(business brand)，製品ブランド(product brand)の3層がある[13]。メーカーによって商品に付与されているブランドは通常は，上記のうち製品ブランドと呼ばれるものである。企業ブランドや事業ブランドが，製品ブランドとして付与されている場合もある。本節で説明の対象となっているのは，商品に付与されているブランドであることを改めて確認いただきたい。

　ブランド(ここでは商品に付与されるブランド)は「文字，図形，記号，シンボル，音声，色彩，立体的形状，或いはそれらの組み合わせであり，ある商品を他の商品から区別する目的で付けられたもの」である。ブランドのうち発音可能な部分をブランド・ネームといい，シンボル，図形，色，等の発音できない部分をブランド・マークという。営業標識としてブランドの排他的使用を法的に保護される時，これをトレード・マーク(trademark：商標)と呼ぶ。わが国の場合，商標は商標法に基づき商標登録せねばならない。他にブランドのデザインの意匠登録も意匠法により可能である。著名ブランド(例えば，ディズニー，シャネル等，誰もが知っているブランド)の場合は不正競争防止法でも保護され(著名表示冒用行為に対する差止請求権等)[14]，著作物と見なされれば著作権法で保護されることになる。なお，わが国の商標法では，第2条第1項で「「商標」とは，文字，図形，記号若しくは立体的形状若しくはこれらの結合又はこれらと色彩の結合」であって，「業として商品を生産し，証明し，又は譲渡する者がその商品について使用をするもの」または「業として役務を提供し，又は

---

[13] 他に企業グループ・ブランド，製品カテゴリー・ブランドといったブランド層を想定することもできる。
[14] 不正競争防止法では，不正競争行為類型の1つとして著名表示冒用行為を挙げ(第2条第1項第2号)，これに対する差止請求権，廃棄・除去請求権，信用回復措置，等を認めている。著名表示冒用行為は直接には，著名商標(著名ブランド)に対するフリー・ライド(ただ乗り)行為であるが，真似をされた著名商標の側にブランド・ダイリューション(brand dilution)やブランド・ポリューション(brand pollution)が生じることになる。ブランド・ダイリューション(ブランドの希釈化)はブランドの持つアイデンティティが分散し曖昧なものとなってしまうことを指し，ブランド・ポリューション(ブランドの汚染)はフリー・ライドによるブランド・アイデンティティの毀損をいう。

証明する者がその役務について使用をするもの」と規定されている。役務(えきむ)とはもちろん，サービスのことである。

2　ブランドの分類

商品に付与されるブランドにはさまざまな種類がある。ここでは，①付与主体による分類，②商品群に対するブランドの付け方による分類，③地理的範囲による分類を取り上げ，簡単に説明する。

(1)　付与主体による分類

ブランドは商品に付与された営業標識である。ブランドは付与した主体によって，①メーカーによるナショナル・ブランド(national brand：NB)，②メーカー以外によるプライベート・ブランド(private brand：PB)[15]に大別することができる。ナショナル・ブランド(NB)とプライベート・ブランド(PB)は対語として理解されることが多い。プライベート・ブランドの主体には，小売業者，卸売業者，生協等がなり得るが，多くの場合，小売業者が付与主体となっている[16]。他にストア・ブランド(store brand)の表現がプライベート・ブランドと同義に用いられていることがある(とりわけ，百貨店やGMSの付与したものを呼ぶことがある)。ストア・ブランドは，小売店舗レベルで付与したブランドを指す場合もある。プライベート・ブランドの中で，相対的に高品質・高価格を打ち出したものは特にプレミアムPB(premium PB)[17]と呼ばれる。

ブランドを付けず一般的な品名だけで販売される商品を総称してジェネリックス(generics)と呼んでいる。大量生産方式の普及以前は日常的に用いられる殆どの商品がジェネリックスとして販売されていた。今日でも主に生鮮品にはジェネリックスが見い出される[18]。ブランドの付与された商品には，商品の一般

---

[15] プライベート・レーベル(private label)ともいう。例えば，SPA (specialty store retailer of private label apparel)は「プライベート・ブランドの商品群で構成された専門店を展開するアパレル製造小売業」の意味である(このアパレル・ビジネス形態は，元々は，米GAP社が始まりとされる)。
[16] 小売業者のプライベート・ブランドの詳細については，第10章を参照されたい。
[17] プライベート・ブランドの文脈で用いられていることを了解した上で，単にプレミアム・ブランドと呼ぶこともある。

名称とブランドの二重のアイデンティティがあるが，ジェネリックスには商品の一般名称としてのアイデンティティしかない点に注目されたい[19]。なお，ブランドを付けないことに関しては，「付ける必要を感じない，付けることができない，あえて付けない」等々のケースがある。ブランドの付いていない商品には，特に大手小売業者等によって導入されたものがあり，これらは，上述のジェネリックスとは異なり，「ブランドの付いている競合商品，とりわけナショナル・ブランド商品と差別化するためにブランドをあえて付けていない商品」という意味合いが濃いものである。言わば戦略的判断において，ブランドをあえて付けないわけであるが，この種の商品は，ノーブランド(no-brand)，アンブランド(un-brand)，ノーフリル(no-frill)，プレーン・レーベル(plain label)等と呼ばれている。

(2) **商品群に対するブランドの付け方による分類**

　ブランドの付与主体が商品毎に固有のブランドをそれぞれ付与する時，このブランドを個別ブランド(individual brand)と呼ぶ[20]。逆に，強い参照力を持つブランドを活かして統一ブランドを複数の商品に付与することがある。これはブランド拡張(brand extension：ブランド・エクステンション)と呼ばれるものであるが[21]，この場合，統一ブランドはファミリー・ブランド(family brand)またはアンブレラ・ブランド(umbrella brand)と呼ばれる(統一ブランドには企業ブランドや事業ブランドが転用されることもある)。また，その企業の製品であることを統一

---

[18] 例えば，「南太平洋産マグロ切り身」「埼玉県産長ネギ」「エクアドル産バナナ」等がジェネリックスに当たる。
[19] 殆どの場合，産地表示が義務付けられているので，ジェネリックスにも厳密には産地のアイデンティティがある。
[20] 小売店頭でのフェイス数の確保や消費者のバラエティ・シーキング型の購買行動に応えて個別ブランドの数を増殖させる場合，これをマルチブランド(multi-brand)化とかマルチブランド戦略と呼んでいる。マルチブランド化に際しては，ブランド・カニバリゼーション(brand cannibalization)の発生がしばしば懸念される。ブランド・カニバリゼーションは「自社ブランド間競合」であって，自社の保有ブランド間で顧客を奪い合うことを指す(本来は競合他社の競合ブランド群と顧客獲得競争をせねばならない)。基本的には各ブランドの市場ポジショニングが適切に行なわれていないことが原因である。
[21] ブランド拡張に対し，製品ライン拡張(product line extension：ライン・エクステンション)は，ブランドはそのままで製品ライン内のアイテム数を増やすことをいう。なお，ブランド拡張を過剰に進めると，ブランド・ダイリューションが生じることになる。

的にイメージさせるために企業名を冠した個別ブランド・ネームとすることもある。このようなブランドはダブル・ブランド(double brand)またはダブル・マーク(double mark)と呼ばれることがある。[22]

(3) 地理範囲による分類

特定地域のみで流通しているブランドをローカル・ブランド(local brand)と呼ぶ。その地域外では知られていないことも多い。また，国際的或いは世界的に流通し，良く知られているブランドをそれぞれ国際ブランド(international brand)，グローバル・ブランド(global brand)と呼ぶ。国際ブランド，グローバル・ブランドと対比して語る場合は，ローカル・ブランドの地域は多くの場合，国のレベルである。

なお，ブランド・ネームの持つ意味・語感が，別の言語・文化の下では「許容されない，余りに品位を欠く，当該商品にそぐわない」という場合がある。ブランド・マークも同様である(特に宗教的象徴の点で問題となる可能性がある)。この場合，その言語・文化の国や地域においては，ブランド・ネーム或いはブランド・マークは変更せざるを得ないことになる。ブランドを国境を越えて使用することが予定される場合は，少なくとも主要言語・文化について，このような事態が生じることは避けねばならない。

3　ブランドの役割

ブランドの持つ役割は，何よりも目印や標識となることである(営業標識)。ブランドによって消費者は商品を識別することになる(ブランドの持つ商品識別機能)。ブランドは，前回と同じもの，違うものを区別するのに役立つ。購入・使用経験によって或いは評判によってある商品を選択する時，ブランドが付与されていなければ選択は困難である。同じものを好んで選ぶ場合(ブランド・ロイヤルティ型の購買行動)も，毎回異なるものを求める場合(バラエテ

---

[22] メーカーと小売業者の共同ブランドをダブル・ブランドと称することもある。この種の共同ブランドはダブル・チョップ(double chop)とも呼ばれる(chop はここでは商標の意である)。

ィ・シーキング型の購買行動)も，ブランドによって消費者の区別と選択が行なわれる。

　また，ブランドは区別のための目印に留まらず，それ自体に固有の価値を持っている。特定のブランドについての知識，好イメージ，良い連想がその社会(ないし対象市場)に浸透していて，当該ブランドに対してロイヤルな消費者が数多く存在する時，そのブランドの「ブランド価値(brand value)」ないし「ブランド・エクイティ(brand equity)」が高いと見なされる。[23]こうしたブランド価値が，当該ブランドを付与された商品の価値を決定づけていることも多い。ブランドはしばしば特定の品質水準，イメージ，連想を引き起こし，消費者の商品選択に強い影響力を持つ。この場合，消費者はブランドによって商品の比較購買努力を代替ないし節約することになる。

　なお，上記の連想は，ブランド連想(brand association)と呼ばれるものである。ブランドと結び付いて何らかの事柄が想起される。或いは何らかの事柄と結び付いて当該ブランドが想起される。このような想念上の結び付きがブランド連想である。ブランド連想は双方向的なものであって，例えば，特定のブランドが特定の商品カテゴリーを想起させ，特定の商品カテゴリーが特定のブランドを想起させることがある。この想起関係が他ブランドが追随できないほど際立って強固な場合は，当該のブランド商品は商品カテゴリーの典型例(category exemplar)となっている。典型例になっているブランドが参照力のある「強いブランド」であって，消費者は商品選択に際して典型例となっているブランド商品を基準に他の商品を比較検討することになる。[24]

---

[23] ブランド価値を財務的な評価において捉えることもあり，また企業の持つ無形の資産・負債の集合(純価値)として捉えることもある。この場合，ブランド価値はブランド・エクイティとして捉えられることになる。
[24] こうした状況においては，典型例となっていない商品は，典型例のどこをどう模倣するか或いは差別化するかの選択を迫られる。典型例と差別化し異なるポジショニングを試みても，(典型例と異なるので)商品カテゴリーに相応しくないとか，しょせん周辺(亜流・本当のものでない)と見なされてしまうかもしれない。しかし，中・長期的には典型例が交代することもあるし，周辺的事例が別の商品カテゴリーやサブ・カテゴリーを形成することもある。

第4節　パッケージ

多くの商品が，パッケージド・グッズ（packaged goods：事前個別包装商品）として販売されるようになっている。スーパーマーケットやCVSで販売される商品は殆どがパッケージド・グッズである。生鮮3品も多くの場合，あらかじめパッケージに入れられ販売されている。

パッケージ（packaging）は，直接には「包装」としての役割を持っているが，容器（container）[25]としての機能を果たすことも多い。例えば，内容物が液体の場合は，パッケージとはすなわち容器に他ならない。また，パッケージは，梱包（packing）の意味合いで語られることもある。

1　パッケージの分類と役割

ここでは，①外装，内装，個装の3層の分類，②消費者包装，輸送包装の分類と役割について説明する。

(1)　外装，内装，個装の分類

包装としてのパッケージは，外装（outer packaging），内装（inner packaging），個装（individual packaging）の3層に大別される。例えば，ダンボール箱単位→1ダース・半ダース・10個等のボール単位→商品1個1個の単位の3層の包装がなされているとすると，外側から，外装，内装，個装という順になる。内装は内装材を指している場合もある。個装は個別包装の意である。

消費財，とりわけ最寄品を念頭に置いた場合，個装が通常，消費者によって購買される単位である。従って，パッケージド・グッズという場合は，主に個装の単位を念頭に置いていることになる。多くの場合，消費者は個装というパッケージも含めて1つの「商品」として認識している。

---

[25] 容器は，時にcase, bottle等でもある。

通常は，個装が購買される単位であるが，例えば，タバコをカートン単位で買う場合，ビールを6本単位で買う場合，ドリンク剤をダース単位で買う場合等もある。この場合は，ボール単位での購入になることも多い。ボール単位での販売は，しばしばまとめ売りであって，マルチプル・プライシング（multiple pricing）になっている場合がある。また，ボールが陳列用具としての機能を果たしていることもあり，この場合は，個装単位で購入される（時にはボール単位でも購入される）。なお，上記3層のうち，外装は，もっぱら輸送上の便宜のために施されるので，梱包の機能をより強く果たすことになる。

(2) 消費者包装，輸送包装の分類

パッケージはまた，消費者包装（consumer packaging）と輸送包装（transport packaging）に大別される。消費者包装は販売され消費者の手元に渡るために施される包装であって，商品（内容物）の保護だけでなく，プロモーションや情報伝達，商品価値の向上といった機能を持っている。輸送包装は流通過程において，主に商品の取扱い（荷捌き）を容易にし，物理的な衝撃・障害から商品（内容物）を保護するために施される包装である。貨物としての輸送の観点を強調する時は，梱包と呼ばれることもある。消費者包装，輸送包装はそれぞれ商業包装（commercial packaging），工業包装（industrial packaging）と呼ばれる場合もある（それぞれ対語である）。

外装，内装，個装のうち，個装は多くの場合，消費者包装としての側面を色濃く持っている。多くの場合，消費者に購入される直接の単位となるからである。個装には，生産者名（メーカー名），ブランド名や商品の特徴，当該商品が何であるのかを示す商品カテゴリー名，商品内容を示すイラストや写真，商品の使用方法・消費の仕方の説明や使用上の注意書き，原材料名や原産国名等が表示されるのが通常である。とりわけ，セルフ・サービス方式の場合は，買い物客の購買は個装に表示されたこれらの情報によって直接に左右されることがある。例えば，個装に商品特徴を表す的確な一言が表示されていることで手に取ってもらえるとか，商品内容を示す写真やイラストが魅力的であるかどうかが購入を左右することがある。また，加工食品等においては個装に表示された

原材料名や原産国名を確認してから買い物カートに入れるかどうかを決める人も多いだろう。個装の持つ消費者包装としての役割は極めて重要であり，特にセルフ・サービス方式においては，消費者の購買を最終的に決定づけている主要素(の１つ)となっている。

また，ブランド・ネーム，ブランド・マークとそのロゴタイプやデザインと共に，パッケージとしての個装全体のデザインや色遣いも重要である。小売店の売場には多種多様な商品が溢れているので，売場の陳列棚上のプレゼンス(存在感)を高め，買い物客の目に留まり，手に取ってもらい易くすることが何より求められる。また，買い物客の指名買いに際しても，アイデンティティの明確な個装で見つけ易く，商品探索の手間を省くようにすることが重要である。

2　容器としてのパッケージ

個装は，多くの場合，容器(容れ物)でもある。缶入り，瓶入り，ペットボトル入り，箱入り，袋入りの商品は多いだろう。この場合のパッケージはまさしく容器の機能を果たしている。容器としての機能が商品の価値を高め，或いは毀損することがある。例えば，飲料においては飲み易い容器，注ぎ易い容器であることは必須条件であろう。内容物の保護や保全，物流上の扱いの便利さと共に，消費の場面での容器としての機能向上(消費者にとって扱い易い，開け易い，使い易い，捨て易い)が追求される。資源保全の観点から省パッケージ化や詰め替え方式の推進も求められる。これらは消費者の再購買を促進し，ブランド・ロイヤルティの確立にも寄与する。容器としての機能が商品の重要な差別化要素となることにも留意されたい。

また，容器としてのパッケージそのものが消費者にとってより積極的な価値を持つ場合もある。二重用途包装はこの例で，これは中身の商品の消費後もパッケージが独立して効用を持ち，他の用途で用いられるようにしたものである。テーマパークのキャラクターの絵柄の描かれた缶入り菓子類を想起すれば良いだろう。中身を食べた後も缶を小物入れやコレクションとして楽しむことができる。この場合，消費者にとって，中身の菓子そのものよりも，缶に描かれた

キャラクターの絵柄の方に価値が置かれていることも多いだろう。時には中身の菓子はどうでも良くて、缶の方こそが欲しい対象であるかもしれない。上記の例から、パッケージもまた商品の重要な構成要素であることが改めて理解されるだろう。

【参考文献】

Copeland, M. T. [1923] "Relation of Consumers' Buying Habits to Marketing Methods," *Harvard Business Review*, April, pp. 282-289.

Hill, R. M., R. S. Alexander and J. S. Cross [1975] *Industrial Marketing, fourth ed.*, Richard D. Irwin, Inc.

Ford, D., Lars-Erik Gadde, H. Håkansson, A. Lundgren, I. Snehota, P. Turnbull and D. Wilson [1998] *Managing Business Relationships*, John Wiley & Sons Ltd. (訳書,小宮路雅博訳 [2001]『リレーションシップ・マネジメント―ビジネス・マーケットにおける関係性管理と戦略―』白桃書房)。

Nelson, P. [1970] "Information and Consumer Behavior," *Journal of Political Economy*, vol. 78, pp. 311-329.

Nelson, P. [1974] "Advertising as Information," *Journal of Political Economy*, vol. 82, pp. 729-754.

Stanton, W. J. [1984] *Fundamentals of Marketing,* seventh ed. (international student ed.), McGraw-Hill International Book Company.

総務省統計局「全国消費実態調査　付1　収支項目分類表」
　（http://www.stat.go.jp/data/zensho/2004/kaisetsu.htm）

（小宮路　雅博）

第7章
物流とロジスティクス

　物流は，商品の物理的な流れに関わる機能や領域を指す言葉である。また，ロジスティクスは，原材料や商品を調達する段階から，市場において商品を販売するまでのモノの流れを統合的にマネジメントすることである。しかし，ロジスティクスについては物流の英語表現であるとか，物流と同じ意味である，等と混乱して理解されている場合も少なくない。本章では，「ロジスティクスとは，物流の体系に対する企業のマネジメント概念である」という基本的な枠組みに基づいて説明する。

第1節　物流の諸活動

　物流の主な活動には，①輸送・配送，②保管，③荷役（にやく），④包装，⑤流通加工がある。以下，それぞれ説明する。

(1) 輸送・配送
　「輸送（transportation）」とは，生産地点と消費地点の橋渡しをすることである。通常，商品を作る場所とその商品を消費する場所は，異なっている。そのため輸送を行なうことによって，場所的懸隔を解消する必要がある。より具体的にいえば，物流拠点（施設）間における商品（貨物）の移動が，輸送活動である。輸送は，その範囲から国際輸送と国内輸送に，またその量から大口（大量）輸送と小口（少量）輸送に分けることができる。輸送活動の中で「短距離・小口」のものは，一般に「配送（delivery）」と呼ばれる。
　輸送に利用される手段（輸送機関）には，自動車，鉄道，船舶，航空機がある。

これらの輸送機関にはそれぞれに長所と短所となる特徴があるため，輸送の便利性・安全性・正確性・費用・時間等を考慮した上で，最適な輸送機関を選択し，組み合わせることが重要である。

(2) 保　　管

「保管(storing)」とは，生産と消費の時間的懸隔を調整するために，商品を物理的に保存することである。一般に商品が作られてすぐにその場で消費されるということはあまりない。そのため，保管活動を行なうことによって，実際に消費される時まで商品を待機させておく必要がある。また農水産物等，生産量によって価格が上下する商品の場合には，その価格を調整するという目的から一定期間保管されることもある。

現代の企業においては，注文生産ではなく，売れるであろうという見込みの下で生産が行なわれていることが大半である。このような見込み生産の場合，流通の各段階で保管を行なうことにより，消費者が必要となった時，すぐに商品を入手することが可能となる。

商品の保管を行なう場所を倉庫(warehouse)と呼ぶ。倉庫には，貯蔵倉庫と流通倉庫の2種類がある。貯蔵倉庫は一定の期間，商品を保管するための施設である。また流通倉庫は，出荷をするために必要な短期間の保管に加えて，入荷品の検品，流通加工，仕分け，品揃え，包装等を行なう施設である。

(3) 荷　　役

「荷役(materials handling)」とは，商品の輸送や保管に伴って発生する，積込み，積卸し，積換え，仕分け，ピッキング，荷揃え，運搬，移送等の作業をいう。物流の過程においてはさまざまな橋渡し的な役割を果たす細かな作業が必要であり，それらを総称して荷役と呼ぶ。また荷役は，場所(倉庫荷役，港湾荷役，空港荷役，屋外荷役，等)，輸送手段(貨車荷役，船舶荷役，トラック荷役，航空機荷役，等)，荷姿(バラ荷役，ケース荷役，パレット荷役，コンテナ荷役，等)，といった違いによって区分される。

荷役作業を効率化させるために，パレット，コンテナ，フォークリフトとい

った機器が利用されている。パレットとは木・鉄・プラスチック等で作られた荷物を積み上げるための板であり，フォークリフトのフォークを差し込むための口がついている。この板を用いることによって，パレット単位での荷物の移動や保管が可能となる。物流コストの多くはこの荷役作業から発生しているため，積極的な機械化や省力化を図って，その合理化を進めることが重要なテーマとなっている。

(4) 包　装

「包装(packaging)」とは，商品の輸送や保管等を行なうため，商品に適切な材料や容器等を施す技術及び施した状態をいう。包装は，消費者包装(consumer packaging)と輸送包装(transport packaging)とに大別される[1]。輸送包装は流通過程において，主に商品の取扱い(荷捌き)を容易にし，物理的な衝撃・障害から商品(内容物)を保護するために施される包装である。物流活動としての包装は，輸送包装が主に念頭に置かれていることになる。

　包装は，個装(individual packaging)，内装(inner packaging)，外装(outer packaging)という3層に大別される。個装とは個々の商品に施される包装である。物流活動の観点では，内装とは一般に貨物内部の包装であり，内容物を保護するための内装材(詰物類や防湿材料等)を指している。また，外装は貨物外部の包装であり，商品をまとめる箱や缶といった容器の状態，或いはそのための技術を指している。

(5) 流 通 加 工

「流通加工(distributive processing)」とは，流通の過程において商品の形状等に軽度の加工を施すことをいう。具体的な流通加工の内容としては，切断，小分け，再包装，詰め合わせ，塗装，組立，値札付け，ハンガー掛け，等級付け，箱詰め，ラベル貼り，等であり，さまざまな活動を挙げることができる。実際の流通加工は，流通センター，輸送中，店舗バックヤード，販売時点等において

---

[1] それぞれ商業包装(commercial packaging)，工業包装(industrial packaging)とも呼ぶ。なお，パッケージ(包装)の全般的な説明は第6章第4節を参照されたい。

施される。

第2節　ロジスティクスの考え方

1　ロジスティクスとは

　「ロジスティクス(logistics)」は英語で「兵站」を意味している。兵站とは軍事用語であり，戦場の前線に武器や食料といった物資を補給するための後方支援の諸活動を指す言葉である。そのような後方支援活動においては，調達，輸送，保管といった活動をそれぞれ別々に行なうのではなく，全体を1つのものと捉えて適切にマネジメントすることが重要となる。この考え方がビジネスの分野にも移転され，商品の流れを包括的に捉える経営概念としてロジスティクスは用いられるようになっている。

2　ビジネス・ロジスティクス

　アメリカにおいて物流を意味するphysical supplyやphysical distributionという概念がみられるようになったのは1900年代初めである。それまでは，輸送，保管，包装，荷役というレベルで個々に管理されていた活動が，この頃から物流という1つの機能としてまとめられるようになった。
　これらの概念は日本に紹介された時に「物的流通」と訳され，その後「物流」としてひろく知られるようになる。しかし，物流という概念を用いることによって輸送や保管といった個々の活動が包括的に管理されるようになったわけではなく，それはあくまでも商品の物理的な動きを総称する用語という位置づけにすぎなかった。
　企業経営におけるロジスティクスの考え方は，1950〜60年代のアメリカにおいて用いられるようになる。ここで，ロジスティクスという言葉が使われるようになった目的は，商品の物理的な動きを全体として適切であるように包括的

に管理するためであって，軍事で開発された技術を企業経営へ導入するということではないことに留意されたい。当初は「ビジネス・ロジスティクス(business logistics)」や「マーケティング・ロジスティクス(marketing logistics)」等として軍事用語とは区別されていたが，すぐに「ロジスティクス」となり普及していった。このような経緯から，企業経営における物流の科学的なマネジメントは，ロジスティクスと呼ばれるようになった。

　ロジスティクスという概念が受け入れられた背景には，輸送や保管といった活動を1つの経営機能として統合して戦略的に捉えようとする思考の変化があったといえる。物流という概念の下では，個々の活動におけるコストの削減と効率化のみが目的とされてしまい，マーケティングや経営戦略の視点から商品の流れをマネジメントするという発想は生まれにくい。

　一方，ロジスティクスの本質的な狙いは物流体系の管理にある。具体的には，企業の経営戦略に基づいて商品の動きに関わる体系を構築し，その体系を構成する活動，施設，組織を組み合わせ，経営目標を達成すると同時に最大の効率性を発揮するためのマネジメントである。すなわち，ロジスティクスという概念が用いられることによって初めて，商品の物理的な動きに関わる経営機能の存在が企業内で意識されるようになったといえる。

　企業活動においてロジスティクスが注目されている理由としては，次の3点を挙げることができる。[2]

① 物流を効率化や能力拡大という狭い領域の問題ではなく，企業全体の戦略や社会における役割を意識した広い意味で捉える必要が出てきた。

② 企業戦略において注目されているサプライ・チェーン・マネジメントを実行する場合，物理的な財の流れを包括的にマネジメントすることがその中心となる。

③ 物流管理の立場で個々の活動を管理するのではなく，企業戦略に応じて商品の流れの体系を管理するという考え方が生まれてきた。

---

[2] 中田〔2004〕pp. 4-5 による。

3 ロジスティクスと物流

　物流が経済・経営の機能や領域を示すものであるのに対して，ロジスティクスは企業経営における物流活動をマネジメントするための思想や方法を指している。従って，ロジスティクスは物流の訳語ではなく，もちろん同じ意味でもないことに注意されたい。しかし，日本においては物流という言葉が定着しているため，本来はロジスティクスと呼ぶべき内容であっても物流と表現されていることが多く，例えば，物流業，物流部，物流センターといったような表現は良くみられる。物流とロジスティクスという言葉は明らかに混在して併用されているが，ここでは物流をマネジメントするための概念や方法がロジスティクスであるという違いをしっかりと理解しておく必要がある。

　現代の企業経営においては，物流も経営戦略の重要な要素として認識されており，それに対する戦略性が要求されるようになっている。物流における戦略性とは，物流がどのような役割を果たし，何を行ない，いかにあるべきかを考えることである。すなわち，個々の物流活動の効率性を高めるといった単純な指標による管理だけでなく，企業全体の目標に対して物流がどのような効果をもたらすかを問題にするということである。このような「効果」と「効率」の視点を物流に盛り込んだ概念がロジスティクスであるといって良い。図表7-1は，日本における物流管理とロジスティクス・マネジメントの考え方の違いを分かり易く比較している。

第3節　ロジスティクスの展開

1　ロジスティクスの領域

　ロジスティクスによってマネジメントされる対象は，商品の物理的な流れ（フロー）である。商品がどのように流れるかというフローを想定し，そのフローを効果的かつ効率的にマネジメントするという発想は，輸送，保管，荷役，

図表7-1　物流管理とロジスティクス・マネジメント

	（ロジスティクス以前の）物流管理	ロジスティクス・マネジメント
目　標	物流の効率化 （コスト削減）	市場適合 （戦略に基づく 効率・効果のバランス）
対象と領域	物流活動 生産(仕入れ)から 顧客まで	物流体系 調達から販売物流および 最終顧客まで
内　容	○プロダクト・アウト ○熟練的・経験的管理 ○輸送および拠点中心 ○コスト・コントロール ○戦術重視	○マーケット・イン ○科学的管理 ○情報中心 ○インベントリー・コントロール ○戦略重視

出所：中田・湯浅・橋本・長峰〔2003〕p. 114.

図表7-2　ロジスティクスと物流の関係

```
   ┌─────────────────────────┐
   │ 流れの全体的管理＝ロジスティクス │
   └─────────────────────────┘
                ⇓
   ┌─────────────────────────┐
   │ モノ(原材料，商品，回収物)の流れる過程 │
   │   ○→○→○→○→○→○→○     │
   └─────────────────────────┘
                ⇑
   ┌─────────────────────────┐
   │ 流すために行なわれる活動＝物流   │
   └─────────────────────────┘
```

出所：中田〔2004〕p. 41.

包装といった物流活動を個々に管理することと大きく異なる。ロジスティクスと物流の関係は図表7-2のように示すことができる。物流活動の適切な管理を前提に，商品の流れ全体の体系を考えて，そのフローを構築し管理することこそがロジスティクス・マネジメントである。

　ロジスティクスを行なうためには，商品が物理的に流れるロジスティクス体系を確定しなければならない。その体系の中で物流フローをマネジメントすることになる。これまでの物流管理では個々の活動を管理することが中心となり，流れの体系については明確に設定されていなかった。しかしロジスティクス・

図表7-3 物流の4つの領域

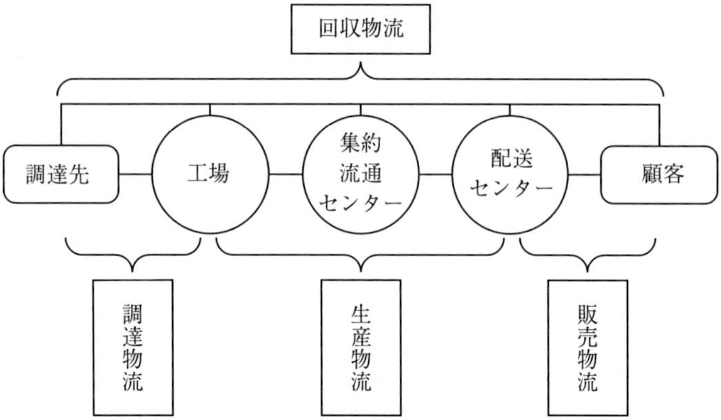

```
                    ┌─── 回収物流 ───┐
         ┌─────┬─────┬─────┬─────┬─────┐
         │調達先│ 工場 │集約 │配送 │ 顧客 │
         │     │     │流通 │センター│     │
         │     │     │センター│     │     │
         └─────┴─────┴─────┴─────┴─────┘
            └─調達─┘ └─生産─┘ └─販売─┘
              物流    物流     物流
```

出所：中田〔2004〕p.55を一部改変。

マネジメントを実行するためには，まずその対象となるロジスティクス体系をはっきりさせる必要がある。

　そのような体系を確定するためには，ロジスティクス領域の設定が求められる。ロジスティクスは物流の全領域を統合的に対象としている。物流の全領域とは図表7-3に示されている「調達物流」「生産物流（社内物流）」「販売物流（市場物流）」「回収物流」の4つから構成される。調達物流と生産物流の間には製造過程があり，販売物流と回収物流の間には消費過程がある。すなわち，全領域を統合的に対象とするということは，調達から生産や消費を含めて回収に至るまでのフローを考えて体系を構築するということである。但し，これら全ての領域を統合することは理想的な状態であって，現実的には部分的な統合を考えることになる。例えばトヨタ自動車のカンバン方式は，市場需要に合わせた生産計画に基づいて調達物流と生産物流を結び付けたものであり，この部分においての最も効率的なフローを構築したものといえる。

2　マーケティングの中のロジスティクス

　ロジスティクスを考える基本は「マーケット・イン（market-in）」の発想であ

り，マーケット・インはマーケティングの中心的発想である。1950年代，軍事用語であったロジスティクスが企業経営に導入されるようになったのと同じ頃，マーケティングの考え方も「顧客志向」を基本理念とする性格を強めるようになった。両者が同時期に企業経営の概念として利用されるようになったことは偶然ではなく，むしろロジスティクスはマーケティングの一要素として位置づけられていたといっても良い。

マーケティングとは，顧客の側に立って彼らのニーズを満たすように商品やサービスの提供を行なう思想であり仕組みである。また，顧客すなわち市場が出発点となって企業活動の仕組みを考える「市場ありき」の発想がマーケット・インである。この時，市場を起点として，商品の物理的な流れを組み立てていこうという考え方がロジスティクスの領域になるといえる。ロジスティクスの目標は「市場適合の高度化」を行ないつつ「物流効率の追求」するという複合的なものであり，言い換えれば「最高レベルで市場に適合しつつ，最も効率的なプロセスでその商品供給を実行すること」と表現できる。

3　ロジスティクスとサプライ・チェーン・マネジメント

現在，ロジスティクスはサプライ・チェーン・マネジメント(supply chain management：SCM)と呼ばれる活動の中核的な要素として認識されるようになっており，経営戦略における重要性を高めている。SCMとは「価値提供活動の初めから終わりまで，つまり原材料の供給者から最終需要者に至る全過程の個々の業務プロセスを，1つのビジネス・プロセスとして捉え直し，企業や組織の壁を越えてプロセスの全体最適化を継続的に行ない，商品・サービスの顧客付加価値を高め，企業に高収益をもたらす戦略的な経営管理手法」等と定義される。[3]

ロジスティクスとSCMの違いは必ずしも明確ではないが，ロジスティクスは商品の物理的な流れを対象とし，SCMはビジネス・プロセス全体を対象とす

---

[3] サプライチェーンカウンシル日本支部 HP「SCMとは」を参照。

る，という点において両者を区別することができる。SCM はロジスティクスを中核として，更に広い範囲を扱う経営概念であると考えて良い。

　衣料品業界における「QR（quick response）」や食料品業界における「ECR（efficient consumer response）」といった，生産と販売に関わる取り組みの概念が基礎となり，SCM の考え方が展開されてきた。これらの取り組みは，消費者に高度に適合する店頭の品揃えを実現することを目的として，迅速かつ効率的な商品供給を行なえるようなサプライ・チェーンを構築しようとするものである。QRや ECR における目標は，消費段階への適合による顧客満足の獲得であり，その実現に向けては商品の供給をいかに適切に実行できるかどうかが問題となる。従って，SCM を成功させ顧客の満足を得るためには，商品の物理的な流れを扱うロジスティクスの能力が大きな役割を果たしているといえる。

4　アウトソーシングとサードパーティー・ロジスティクス

　「アウトソーシング（outsourcing）」とは「自社内で行なっていた経営活動を外部委託する」ことを指す。これまでも物流活動は，効率性や安全性等を考慮して運輸業や倉庫業といった専門の業者に委託されることが一般的であった。しかし近年，物流領域で用いられているアウトソーシングの内容は，輸送や保管といった物流活動を個々に委託することではなく，物流管理業務全体までも一括して専門業者に任せるようなものであることが多い。いずれにしても，物流はアウトソーシングに適していると考えられており，現在，急速かつ広範に外部委託が採用されるようになってきている。

　物流業務は専門的な活動が多いため，荷主が自ら管理するよりも，高度なノウハウや経験を持つ外部の業者に任せる方が効率的かつ効果的な管理を期待できる。このアウトソーシングの流れを受けて，最近では「サードパーティー・ロジスティクス（third-party logistics：3PL）」と呼ばれる物流サービスが注目されている。

　3PL の業者は自社が開発したロジスティクス・システムを荷主に提案し，複数の荷主から輸送，保管，在庫管理といった物流業務を包括的に請け負うとい

う形をとる。その特徴は，高度な情報システムを用いて適切な処理を行なうことにより，荷主単独では難しい専門的なロジスティクス・サービスを提供することにある。サプライ・チェーン・マネジメントといった高次のロジスティクス活動を展開する過程において，専門的な知識を持つ3PL業者の活躍が期待されている。

【参考文献】
齋藤実・矢野裕児・林克彦〔2009〕『現代ロジスティクス論』中央経済社。
塩見英治・齋藤実〔1998〕『現代物流システム論』中央経済社。
中田信哉〔2004〕『ロジスティクス入門』日本経済新聞社。
中田信哉・橋本雅隆・嘉瀬英昭 編著〔2007〕『ロジスティクス概論』実教出版。
中田信哉・湯浅和夫・橋本雅隆・長峰太郎〔2003〕『現代物流システム論』有斐閣。

サプライチェーンカウンシル日本支部HP（http://www.supply-chain.gr.jp/）

（八ッ橋 治郎）

第8章
小売業の店頭活動
―インストア・マーチャンダイジング―

第1節　小売業の店頭活動

　消費者は，何らかの欠乏感(ニーズ)を感じた際，それを何らかの具体的な手段で満たしたいという欲求(ウォンツ)を抱き，この問題を解決し得るベネフィットを持つ商品を，自身のフトコロと照らして購買意思決定を行なうことになる。ただ，ニーズは消費者それぞれで異なっており，一方である1つの商品が満たし得るニーズは多様である。シャンプーを買う際に，ぱさつきを抑えてしっとりさせたいと考える人もいれば，逆に軽やかな仕上がりを期待する人もいるだろう。この双方に応え得る商品は，どちらかのニーズにおいては他ブランドの商品に劣ってしまう印象を持たれてしまう可能性が高い。しかしながらそのいずれかのニーズを満たす商品に，「健康な髪を保持」するというベネフィットを付加することは可能である。こうして，ある商品に対して複数のベネフィットが付加されることになる。
　そうなると，複数のニーズを抱えた消費者たちと，そのニーズ群とは必ずしも完全には一致しないが，複数のニーズを解決し得るベネフィットを持つ商品とのマッチングがなされる必要が生じる。売場とは，このマッチングの場に他ならない。この時，消費者が効果的な情報処理を行い，より購買意思決定し易い環境を作ることが，小売業の店頭活動でのポイントとなる。例えば，満たし得ると想定されるニーズ毎にまとめてシャンプーを並べたり，価格の高低によってグルーピングしたりすることで，消費者はより選択がし易くなるだろう。
　こうした小売業の店頭活動を「インストア・マーチャンダイジング(in-store

merchandising）」といい，以下のように定義づけられている。

「小売店頭で，市場の要求に合致した商品及び商品構成を，最も効果的で効率的な方法によって，消費者に提示することにより，資本と労働の生産性を最大化しようとする活動[1]」

これは言い換えると「小売店頭における価値工学[2]」と表現することもできる。

上記のシャンプーの例のようなさまざまな工夫によって，消費者が購入し易い環境を作ることが1つの大きな目的であるが，これは結果的に更なる売上の増大にもつながっていく。消費者の実際の購買行動を思い浮かべてみよう。消費者が何か欲しいものがあり，「これを買おう」と決めて小売店に入ったとしても，その商品を買っただけで店舗を後にするとは限らない。目的の商品がなければ何も買わないかもしれず，或いは買おうと思っていたブランドではない他のブランドの商品を買うかもしれない。また，目的のブランドの商品を無事に見つけたとしても，他に必要なものもついでに買っていくかもしれない。このように，消費者は店舗内でさまざまな要因の影響を受けるのである。このような，消費者の店舗内での情報処理がし易い環境は，消費者自身にとってもメリットがあり，小売業の側からすれば，店舗における販売というサービスの生産性を向上しているという意味で，やはりメリットがある。これが価値工学たる所以である。

店舗内での購買意思決定は，図表8-1に示される各要因に左右される[3]。

このようなさまざまな要因を考慮しつつ売場の生産性を最大化することが，インストア・マーチャンダイジングのポイントとなる。以下においては，小売業の店頭での活動に対象を絞り，詳しく見ていくことにする。

---

[1] 田島〔1989〕pp. 33-34 による。
[2] 田島〔1989〕p. 34 を参照。
[3] 青木〔1984〕p. 39 を一部改変。

図表 8-1　店舗内購買行動の概念モデル

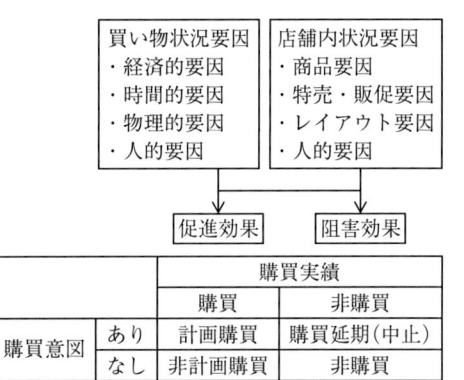

```
┌─────────────────┐ ┌─────────────────┐
│ 買い物状況要因  │ │ 店舗内状況要因  │
│ ・経済的要因    │ │ ・商品要因      │
│ ・時間的要因    │ │ ・特売・販促要因│
│ ・物理的要因    │ │ ・レイアウト要因│
│ ・人的要因      │ │ ・人的要因      │
└────────┬────────┘ └────────┬────────┘
         ↓                   ↓
    ┌────────┐          ┌────────┐
    │促進効果│          │阻害効果│
    └────────┘          └────────┘
```

		購買実績	
		購買	非購買
購買意図	あり	計画購買	購買延期(中止)
	なし	非計画購買	非購買

出所：青木〔1984〕p.39 を一部改変。

第 2 節　インストア・マーチャンダイジングの諸要素

1　前提となる考え方

　インストア・マーチャンダイジングは，ただ単に棚に商品を並べておくことではない。消費者が目的の商品をより見つけ易く，また，それ以外の商品も購買し易い環境を整えることが求められる。ここで前提となる考え方は，「売上構造分析」というものである。[4] これは，

　　売上高　=　客　　数　×　客単価

であり，

　　客　　数　=　来店頻度　×　顧客数
　　客単価　=　購買個数　×　商品単価

であるから，

　　売上高　=　来店頻度　×　顧客数　×　購買個数　×　商品単価

となり，売上増加のためには，上記の 4 つの要素のいずれかを増加させる必

---

[4] 以下は田島〔1989〕p.51 に基づく。

要があるという考え方からスタートする。この中で，扱う商品が専門品や買回品の場合には，商品単価を増加させ，最寄品については購買個数を増加させることを目指すことになる。その理由は，消費者が商品を購買する際，専門品や買回品は目的の商品ないし商品カテゴリーをまさしく目指して店舗に行くのであるが，最寄品の場合には，帰り道で「ついでに」購買したり，他の商品を買う「ついでに」購買したりすることが多いからである。すなわち，専門品や買回品は店舗外で購買意思決定がほぼなされているのに対し，最寄品は店舗内で購買意思決定がなされているのである。

こうした前提を踏まえて，実際の店頭活動においては大きく2つのポイントがある。1つはニーズをいかに情報として捉えるかである。このためには，感覚的な判断のみならず，定量的に数値で管理することが必要で，例えば季節や天候といった外部的な諸要素や，POSシステムや来店客の動線調査による定量的データをもとにして，さまざまな判断をしなければならない。

もう1つのポイントは，計画購買と非計画購買の存在である。計画購買とは来店前に購買の意思決定を消費者が行なっているものであり，非計画購買とは店内で購買の意思決定を消費者が行なったものである。例えばスーパーマーケットでは計画購買が購買金額の10〜20％前後であるのに対し，非計画購買は購買金額の80〜90％前後を占めるというデータもある[5]。すなわち，最寄品を扱う店舗では，非計画購買をいかにして増やすか，言い換えると，消費者の店舗内購買意思決定に，どのようにして影響を及ぼすかが重要である。

非計画購買は，田島〔1989〕によれば更に以下のような下位分類がなされる[6]。

① ブランド選択：商品カテゴリーのみ考えていた。
② ブランド代替：予定と異なるブランドの商品を購買。
③ 想起購買：購入すべきことを思い出して購入。
④ 関連購買：補完財の購入（シャンプーとリンス，等）。
⑤ 衝動購買：各種販売促進等によって誘発されて購入。

---

[5] 田島〔1989〕p. 53を参照。
[6] 田島〔1989〕p. 56による（但し，一部改変）。なお，青木〔1989〕は非計画購買が生じるきっかけや条件を軸に非計画購買を①想起購買，②関連購買，③条件購買，④衝動購買の4つのタイプに分類している。非計画購買については，本書第9章第2節も参照されたい。

上記のうち，①と②は店内刺激によって「誘導」が可能であり，③から⑤は店内刺激によって「誘発」が可能である。小売業としては，この「誘発」をいかに促すかが，客単価増大，ひいては売上増大のポイントとなる。特に購入すべきことを思い出して購入する「想起購買」の誘発には店内刺激が大きな影響を及ぼす。

次に，店舗内での買上金額の構造を更に分解すると以下のようになる。[7]

　買上金額 ＝ 動線長 × 立寄率 × 視認率 × 買上率 × 平均買上個数 × 商品単価

すなわち，買上金額を上げるためには，

① 動線長：店内をどれだけ歩いてもらえるか。
② 立寄率＝総立寄回数／動線長：歩く途中で個々の売場にどれだけ立ち寄ってもらえるか。
③ 視認率＝総視認回数／総立寄回数：立ち寄った中でどれだけ多くの商品を視認してもらえるか。
④ 買上率＝総買上回数／総視認回数：視認した中でどれだけ買い上げてもらえるか。
⑤ 平均買上個数＝総買上個数／総買上回数：1つだけでなく，より多数の商品を買ってもらえるか。
⑥ 商品単価＝買上金額／総買上個数：同じ買うなら，商品単価のより高いものを買ってもらえるか。

ということになる。店内を幅広く歩いてもらい，売場に立ち寄りたくなるような商品配置をし，商品に目を留めてもらうことで，より一層の想起購買やそれに伴う関連購買，誘発購買がなされる可能性が高まることになる。

2　売場構成と商品配置

このようにして消費者の非計画購買を促す基本的な考え方が理解できたら，

---

[7] ㈶流通経済研究所〔1985〕p. 4 を参照。

次にそれを具体的に実現するプロセスに移行しなければならない。ここでは，特に売場構成，商品配置と陳列法の実際について説明する。

(1) 売場構成

消費者が店内を歩く流れには，一定の規則性が見受けられ，それらは主動線と副動線とに分けられる。主動線とは最大多数の消費者が店内を歩く軌跡であり，副動線とはその他の軌跡のことである。動線のポイントとしては，消費者の立寄率や買上率の高い主要売場(これを「マグネット」という)を適切に配置すること，ニーズの近い売場を相互に接近させること，更には消費者が通路を歩きながら，売場から，ある特定のライフ・スタイルをイメージしたりできるような構成を目指すことが挙げられる。

この際，売場構成における抜け道の有無や通路の基本想定が一方通行なのか，双方向的なのか，また全体が縦長なのか横長なのかによって，それぞれの売場の通過率は異なってくるということを念頭に置かなければならない(図表10-2参照)。

図表8-2の各図は，店舗を上から眺めたレイアウトの基本模式図となっている。縦長の長方形(網掛け部分)は商品の陳列棚であり，消費者はその陳列棚を乗り越えて進むことはできない。いずれの基本構成を取るかによって，消費者の動線は大きく変化することになる。

(2) 商品配置

上述の消費者の動線に関する各種特性を踏まえつつ，商品を分類して売場に配置していくことになる。分類の基準としては，生鮮食品，加工食品，日用雑貨品，身の回り品といった商品特性によるものが主体となるが，それだけではなくそのカテゴリーの購入率や非計画購買の比率と購入率との関係といった，消費者側での基準も重要なポイントとなる。

売場単位で見ると具体的に，売場の棚(シェルフ)に商品をどのような配列で何個ずつ陳列するかを棚割(shelving allocation)ないし棚割計画[8]と呼ぶ。棚割には，以下のような原則がある。

図表 8-2 売場構成

(1) 抜け道ありと抜け道なし

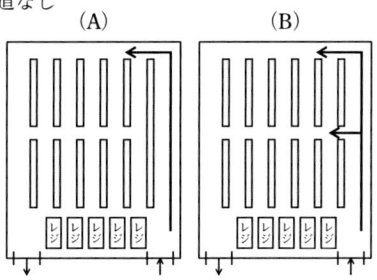

          (A)   (B)

図(A)の右端の陳列台は，手前から奥まで繋がっており途中で抜けられないため，右端の主通路を通る消費者は最も奥まで行くのに対し，図(B)の右端の陳列台は途中で抜けられるため，一部の消費者が途中からそれることになる。

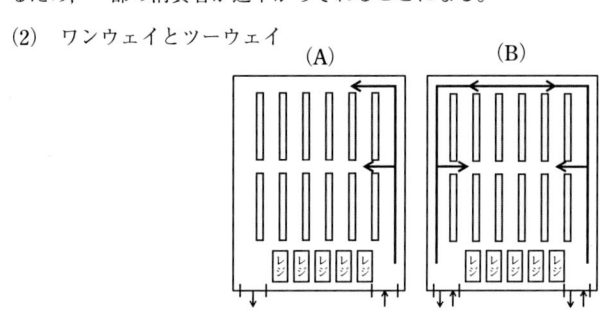

(2) ワンウェイとツーウェイ

          (A)   (B)

図(A)は入口を店舗に向かって右側にのみ設定しているため，消費者は反時計回りに店内を回遊することが基本となるのに対し，図(B)の店舗では時計回りに回遊することも基本となるため，消費者の動線が交錯し複雑になる。

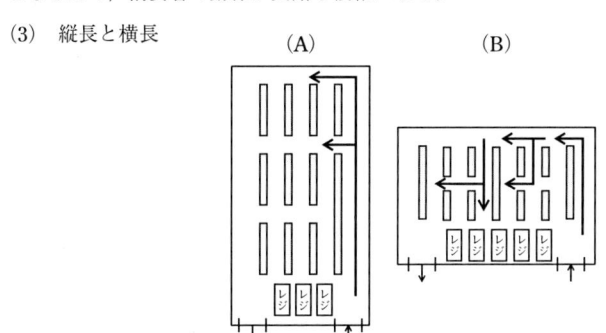

(3) 縦長と横長

          (A)   (B)

図(A)の店舗は間口が狭く奥行きが深いため，消費者に奥まで入って行なってもらうような方策が必要となる。例えば，図のように，長い陳列台を用いて奥の方まで動線を誘導する，等である。図(B)の店舗は逆に間口が広いが奥行きは浅く，すぐにレジに到達してしまうために，マグネットの配置等を工夫して回遊を促す方策が必要である。

出所：渡邊〔2000〕pp. 186-195 の記述より筆者作成。

① ニーズ距離最小化：消費者のニーズが近い商品を近い場所に。
② 視認性最大化：なるべく全ての商品が視認され易いように。
③ 単位売上高均等化：単位面積当たりの売上高が全売場について均等に。
④ シェルフROI[9]平均化：「品目別純利益／単位面積当たり投資額」が全売場について均等に。
⑤ 商品力・販売力結合：良い売場に強い商品を。

商品をたくさん置けばそれだけ売れるというわけではない。注意すべきは，消費者が自身の記憶から必要な商品を「思い出し」たり購買したくなるように情報の取得を容易にしたり，取得した情報と記憶にある情報とをうまく統合したりできるような売場構成が求められるということである。

(3) 陳　列　法

陳列法には非常にさまざまなものが考案されてきている。ここでは代表的なものを紹介するにとどめる。なお，ここでの「ゴンドラ(gondola)」とは陳列棚のことであり，「エンド(end)[10]」とは陳列棚の両端の側面部分のことである。

① バーチカル陳列(垂直陳列)：同一商品群や関連商品を最上段から最下段まで縦に陳列する方法。
② ホリゾンタル陳列(水平陳列)：同一商品群や関連商品を棚板に横に並べて水平に陳列する方法。
③ フォワード陳列(前進立体陳列)：ゴンドラを用いて，棚板の前面に商品の陳列面を出し，盛り上がったように見せる陳列法。
④ フック陳列(上記の一種)：フック付き包材の商品を吊す方法。
⑤ ジャンブル陳列(投込み陳列)：カゴや平台等に商品を投げ込んだようにランダムに置く陳列法。
⑥ サイド・スタッフ陳列(ソデ陳列)：エンドのテーマに沿った商品または

---

[8] 棚割を記述した図表(棚割表：shelving allocation chart)は，プラノグラム(planogram)と呼ばれる。プラノグラムは，この分野における造語である。棚割計画とはプラノグラムを作成することであるので，プラノグラムの語が棚割計画の意味で用いられていることもある。
[9] ROI（return on investment）は投資収益率の意味。
[10] エンドはゴンドラ・エンド(gondola end)の略である。

関連商品をエンドの脇に置く陳列法。

⑦　ピクチャー・ウインド陳列(額縁・窓陳列)：ある商品ゾーンを際立たせる場合に，あたかも絵画を展示するかのように，ゾーン周辺に装飾を施す方法。

⑧　アイランド陳列(平台・島陳列)：通路の回遊性を高めるために，通路に(島のように独立した)陳列台(平台)を置く方法。

⑨　スロット陳列(細長・溝陳列)：ゴンドラ中央付近の棚板を全て取り外して縦長の空間(溝)を作り，そこに陳列する方法。

⑩　ブレークアップ・ライン陳列(段違い陳列)：ゴンドラの一部分に段違いの棚の区画を作る陳列法。

⑪　カラーストライプ陳列(縦型配色陳列)：商品・パッケージの色を上手に利用して，陳列面に縦に色の縞模様を作る陳列法。

⑫　カットケース陳列：商品の入ったダンボールの上の部分を切り取り，そのまま配置する陳列法。ケース状に残ったダンボール部分が陳列用具として活用される。

⑬　トレーパック陳列(皿陳列)：商品の入ったダンボールの底の部分だけを皿(トレー)状に切り残し，そのまま配置する陳列法。皿状に残ったダンボール部分が陳列用具として活用される。

⑭　ライトアップ陳列(右上がり陳列)：同一商品の場合に容量の大きい方を右側に陳列する方法。

⑮　パイル・アップ陳列(積み重ね陳列)：商品を高く積み重ねることによって，少ない商品を立体感とボリューム感のあるように見せる陳列法。

⑯　ステップ陳列(ひな段陳列)：缶詰や箱もの類を，3段以上の階段状に積上げる陳列法。

⑰　インクリネーション陳列(傾斜陳列)：商品を斜めに陳列し売場に変化を作り，視認率を高めることを意図した陳列法。

　上記のさまざまな陳列法を適宜組み合わせることによって，売場に変化を与え立寄率や視認率を高めつつ，消費者が情報処理し易い店舗づくりを目指していくことになる。

3　インストア・プロモーション

インストア・プロモーション(in-store promotion：ISP)とは，店舗内で特定の商品に対して付加的な刺激を加えることによって購買の促進を目指すものである。これは，無計画なまま費用さえかければ良いというものではなく，商品に関するさまざまな分析を基にして，よりヒット率の高い手法を用いる必要がある。

商品に関する分析には，商品分析，価格分析，新商品分析，競合関係分析，品目相関分析，消費者行動分析，等がある[11]。例えば，商品分析からアイテム毎の商品力を把握することができ，これと外部要因とを結び付けることによって気候や時間帯に応じた効果的な手法を講じることが可能となる。価格分析を行なうことで売価の増減によってどの程度売上に影響があるかを把握することができる。こうしたさまざまな分析手法を用いて，他の要素と複合的に分析することで，より売場の効率を高めることが可能となる。

ISPの具体的な手法は，価格主導型と非価格主導型とに大きく分けられる。特売，チラシ，クーポンが前者に属し，サンプリング，ノベルティ，クロスMDが後者に属する。エンドを利用して特設するものは，これらの複合要素と捉えられる。実際にエンドで大量に商品を陳列した場合には，通常時の10倍以上の売上となることもある。こうした手法は，品目や当該商品のライフサイクル，時期的要素，消費者の反応度合，等に応じて選択されることになる。以下，ISPの具体的な手法について簡単に説明する。

① 特　　売

特売とは値引きのことで，最も多く利用されるISPであるが，対象となった商品のブランド力を下げてしまうこともある。そのため，値引きをしなくても売れるような商品に対して行なうべきではない。また，特売に対する反応度によって消費者をセグメント分けすることが可能である。例えば，

(S1)特売無反応層

---

[11] より詳しくは，田島〔1989〕pp. 145-154 を参照のこと。

(S2) 特売時にまとめ買いをする層
(S3) 特売時に他ブランドを購入する層
(S4) 特売時に他ブランドを購入し，まとめ買いを伴う層
(S5) 特売無関心層
(S6) ブランド・スイッチが特売品に限定される層
(S7) ブランド・スイッチが特売品に限定され，まとめ買いを伴う層
(S8) 特売時に特売品目のみ購入する層

のような分類であり，これらをPOSデータと照合することにより，ターゲットを絞って時間軸での特売を行なったりすることも可能である。

② チラシ

チラシは単品の特売商品の告知等より，むしろ何らかのテーマ性を持った訴求において効果が高い。消費者はチラシに掲載されている単品の特売商品を記憶して購入する割合は高くはないからである。

③ クーポン

単品の販売促進にはクーポン(coupon)の利用がより効果的である。特に消費者を個別に把握し得るデータベースを整備している場合には，特定の消費者と特定の商品とを結び付けることができる等，より一層の効果がある。

④ サンプリング，ノベルティ

サンプリング(sampling)はサンプル(見本品・試供品)を配布することをいい，ノベルティ(novelty)は無料で提供されるサンプル以外の販促品・販促物をいう。サンプリングやノベルティ配布はメーカーが主導して行なうことが多い。そのためメーカーとの事前の綿密な打ち合わせを行なって他のISP手段と効果的に組み合わせることが求められる。

⑤ クロスMD

クロスMD(cross-merchandising)は，関連のある商品を組み合わせて陳列する手法であり，消費者の情報処理の手助けをすることで客単価を増加させることを意図している。シャンプーとリンスのペアでの陳列は，既に当たり前のクロスMDとなっている。

⑥ デモンストレーション販売

試食等のデモンストレーション販売(demonstration selling：実演販売)もISPの一手法である(デモ販と呼ばれる)。但し，デモ販による試用的な購買が反復的な購買につながる割合は低いことに注意が必要である。

いずれにせよ，こうしたISPは他のISP手段との効果的な組み合わせが重要である。また，近年の情報処理技術の発達により，POSシステムとの連動が重要となる。実際にはポイントカードの併用等によって，商品のみならず消費者に関するさまざまな分析が行なわれ，消費者のセグメント毎に，更には消費者毎に効果的なISP手段の組み合わせが用いられることが求められている。

【参考文献】

青木幸弘〔1984〕「消費者の店舗内購買行動と小売・マーケティング戦略①」『流通情報』2月号，㈶流通経済研究所，pp. 35-40.

青木幸弘〔1989〕「店頭研究の展開方向と店舗内購買行動分析」(田島義博・青木幸弘編『店頭研究と消費者行動分析』誠文堂新光社，第3章所収，pp. 49-80)。

上田隆穂・江原淳〔1992〕『マーケティング』新世社。

上原征彦〔1999〕『マーケティング戦略論』有斐閣。

田島義博編著〔1989〕『インストア・マーチャンダイジング』ビジネス社。

田島義博〔2004〕『マーチャンダイジングの知識〈第2版〉』日本経済新聞社。

田中洋・岩村水樹〔2005〕『Q&Aでわかる はじめてのマーケティング』日本経済新聞社。

㈶流通経済研究所〔1985〕「流通ノウハウ研究開発機構最終報告書」㈶流通経済研究所。

渡邊隆之〔2000〕『店舗内購買行動とマーケティング適応』千倉書房。

(徳江 順一郎)

第9章
消費者購買行動
―店舗内での購買行動を中心に―

　消費者は，来店前の購買計画通りに買い物をするとは限らない。特にスーパーで日用品等を買い物する場合，来店前に綿密な買い物リストを作成しその通りに購入するという人は少数派で，大半は店舗内で短時間に購買意思決定を行なっているといわれる。価格が安く，購入や使用に対するこだわりや思い入れを持たれにくい商品は，高価格商品に比べて，時間や労力をかけてじっくり検討することなく店内で購入するブランド(銘柄)の意思決定が行なわれる傾向がある。

　一般に，消費者にブランド名を認知させ，特徴に関する情報を伝達し，魅力的なブランド・イメージを形成させるといった点においては，テレビCM等のマス広告が効果を発揮するが，最終的な購買意思決定の段階においては店頭での販促活動(インストア・プロモーション)が効果を発揮すると考えられている。購買意思決定の多くが店内でなされているという事実は，来店客の客単価を上げたい小売業者にとっても自社商品の売上を上げたいメーカーにとってもインストア・プロモーションがいかに重要であるかを示している。

　第8章では，小売店舗においてインストア・プロモーション上の工夫が消費者の購買行動を促すためにさまざまに行なわれていることを学んだ。本章では，消費者の店舗内購買行動に焦点を当てて，インストア・プロモーションとの関連について見ていく。

第1節　消費者購買行動とは

　消費者行動とは，人間が商品やサービスを獲得し，それらを消費，保有，廃棄することに関わる行動を指すものである。つまり，消費や購買だけでなく，予算計画や事前の情報収集といった購買前の段階から，何をどこで買うのか決めて購買する段階，実際に使ってみた上で評価判断するといった購買の後の段階が広義の消費者行動には含まれる。消費者購買行動もこれとほぼ同義であるが，特に小売業との関係において消費者行動が論じられる際に「購買行動」という表現が用いられており（高橋〔2004〕），消費者行動の一連のプロセスの中でも買い物の場における意思決定や行動を指すことが多い。

　Peter & Olson〔2008〕は，消費財を小売店で購入する場合の一般的な購買行動の流れを購買前から購買後のプロセスも含めて7段階に分けて示している（図表9-1）。実際には，店頭で初めて知った新商品を購入するといったケースも起こり得る。全ての購買行動が図表9-1の示す順序で生起するわけではなく，また全てのステップを踏むとも限らない。以下，各段階について説明する。

(1) 情報接触

　①の情報接触段階において消費者は，広告や周囲のクチコミ，ネットで検索して得られた情報等に接触し，商品やブランド，購買先の店舗に関する知識を形成する。もちろん過去に購買経験がある等，既に十分な知識を持っている場合もある。特に習慣的に同じブランドを繰り返し購入するような購買行動においては，外部の情報を積極的に探索することはない。外的情報探索は，消費者自身の関連する記憶を検索し（内的情報探索），知識が不足していると感じる場合に促進される。また，知覚リスクの高い商品（価格が高い商品，複雑な商品），知覚ベネフィット（楽しさ）の要因によっても情報探索が促進される。こうした要因に加えて，時間的なプレッシャーがあるといった状況要因も情報探索行動に影響を与えると考えられる。

図表 9-1　小売店で消費財を購入する場合の購買行動の流れ

消費段階	行動のタイプ	行動例
購買前	①情報接触	テレビCM，新聞広告などに接触するクチコミ情報接触
購買前	②財源へのアクセス	銀行口座から現金を引き出すクレジットカードを作る
購買	③店舗接触	店舗をみつける　店舗に出かけて行く　入店する
購買	④商品接触	店内で商品をみつける　商品を手に取る　チェックカウンターにもっていく
購買	⑤取引	商品の代金を支払う
購買後	⑥消費と処分	商品を使用する，消費する　パッケージを廃棄する　使った商品を処分する
購買後	⑦コミュニケーション	他人に経験を話す　企業に情報提供する

出所：Peter and Olson〔2008〕p. 196 を一部改変。

(2) 財源へのアクセス

②の財源へのアクセス段階で消費者は，購入代金の支払いに必要な資金を調達する。支払いの手段は，現金，クレジットカード，銀行振り込みに加えて，近年では電子マネーやデビットカードも浸透しつつある。

(3) 店 舗 接 触

このモデルでは，まず店舗を選択し，その後店内で購買意思決定を行なうという流れが仮定されている。③の店舗への接触の段階において消費者は，まず店舗選択に関する意思決定を行なってから店舗の場所を見つけて出向き，入店する。

Blackwell, Miniard and Engel〔2005〕は，この店舗選択のプロセスについてもう少し細かいステップに分けて論じている。消費者は，オンライン上で購入するのか，従来型の店舗か，カタログか，ダイレクト・メールか大きな括りで検討した後，具体的な小売業態(コンビニエンスストア，スーパー，百貨店，専門店，ショッピング・センター，インターネット)に絞り込む。そこから選択肢を検討して，特定の小売店舗を決定するという。特定店舗の選択基準は，自分のニーズを満たしてくれる店はどこなのか，個人の特性(ライフ・スタイル，経済的変数，買い物観，状況)によって，また購買のタイプ(商品のタイプ，タイミング，価格重視か品質重視か，状況)によって異なってくる。Blackwell, Miniard and Engel〔2005〕は，店舗選択において重視される属性が小売店経営の成否を左右する決定的要因であるとして以下の10点を挙げている。

○立地　　○品揃え　　○価格　　○広告・プロモーション活動
○販売員　○提供されるサービス　　○店舗環境の物理的特性
○客層　　○購入時点のディスプレイ(POP)　　○消費者ロジスティクス[1]

　価格設定や品揃え，販売員，サービス，店舗内の物理的特性，ディスプレイといった要因は，店舗選択のみならず，店舗内における消費者の購買行動にも大きく影響する。

(4) 商品接触

　④の商品接触段階において消費者は，商品を見つけ，実際に手にとって，そして会計すべくレジのある場所まで持っていく。来店客が欲しい商品を見つけ易いように，またできるだけ多くの商品と接触するようにすることが店舗側の課題となる。店のレイアウトや棚割，POP広告等，売場づくりの工夫が求められる。

---

[1] 消費者ロジスティクスとは，消費者が店舗内を移動して買い物をする際のスピードや動き易さのことを指す。

(5) 取　引

⑤の取引段階においては，代金の支払いが行なわれる。この際，消費者の待ち時間や煩わしさをいかに低減するかが店舗側の課題となる。電子スキャナーやクレジットカード，電子マネーの普及によって，レジでの会計作業は迅速化されている。

(6) 消費と処分，コミュニケーション

購買後の過程において消費者は，商品を使用・消費した後，それをどう処分するかという廃棄段階に至る（⑥の消費と処分の段階）。また，使用後に商品に対する評価や消費経験に伴う感情を人に話したり，企業側に情報を提供したりすることもある（⑦のコミュニケーションの段階）。消費経験で得られた満足や不満足は次回の購買を動機づける要因となる。期待以上の結果が得られて満足した消費者は次の購入機会に再購買する可能性が高い。肯定的な情報を周囲に伝えることもあるだろう。反対に不満を感じた場合は，二度と買うまいと決意するだけでなく，否定的な情報を他人に伝える可能性もある。

第2節　非計画購買

1　購買の計画性―計画購買と非計画購買―

消費者が購入しようとする商品を来店前に決めておき，その意思決定の通りに購買行動をとることを計画購買という。但し，事前に購入計画をしていた場合でも，特定のブランドまでは決めずにカテゴリー・レベルで購入を決めている場合（缶ビールを買おう）と，特定のブランドまで決めている場合（「アサヒスーパードライ」を買おう）がある。後者は狭義の計画購買である。また，事前に購入計画をしていた場合であっても，実際には店舗内での意思決定の結果として当初の計画とは異なるブランドを購入するといったことも起こり得る（「スーパードライ」を買おうと思って来たけれど，結局「キリン一番搾り」を

買うことにした)。

　事前に購入を意図せずに，購買する時点において意思決定をした結果として購買がなされることを非計画購買という。非計画購買は，衝動買いと混同され易い概念であるが，厳密にいえば衝動買いは非計画購買のうちの一部である。青木〔1989〕は非計画購買が生じるきっかけや条件を軸に非計画購買を以下の4つのタイプに分類している。

　① 想起購買

　想起購買とは，来店してから忘れていた商品の必要性を自覚して発生する購買のことである。商品棚に並ぶ醤油を見て「そういえば醤油がもう少しで切れそうだった」等，ストックが切れていることを思い出す，或いはPOP広告のタレントからテレビCMを想起して購買に至るようなケースはこれに当てはまる。

　② 関連購買

　関連購買とは，他の商品との関連性から店内で必要性が認識されて発生する購買のことである。「今夜は肉じゃがにしようか」と夕食のメニューを考えながら買い物をしているような場合は，メニューに沿って牛肉，じゃが芋，人参，しらたき等の食材が買われていく。店頭ではこうした関連購買を狙って，ネクタイとシャツをコーディネートして展示する，高級チーズとワインを並べて陳列する，といったようにカテゴリー別ではなく関連商品を1つの売場やコーナーにまとめて陳列する関連陳列の手法が用いられる。

　③ 条件購買

　明確な購買意図はなく，漠然とした形で特定商品の必要性を認識している場合もある。必ず買うと決めたわけではないが「価格がいくら以下だったら買ってもいいかな」等，条件が整えば購入しようとすることを条件購買という。

　④ 衝動購買

　上記の3つの類型に属さない非計画購買であり，必要性等について考慮することなく衝動的に購買されることを衝動購買という。新商品の目新しさや物珍しさにひかれて購入に至るケースもこれに含まれよう。

　これらの4類型は来店前に購入予定が全くないという意味で，狭義の非計画購買である。商品(ビール)を買うということだけ計画しておいて来店後にブラ

図表9-2　小売店における非計画購買率

研究者(年)	小売形態	非計画購買率(%)
大槻〔1980〕	小型スーパー	71.6
大槻〔1982〕	大型スーパー コンビニ 酒販店	80.2 62.0 42.2
高橋〔1991〕	大型スーパー 小型スーパー ホームセンター ドラッグストア	79.8 69.2 65.6 50.4

出所：高橋〔1991〕p.175 表1より一部抜粋。

ンド(スーパードライ)の意思決定を行なうケースや，来店前に予定したブランドではないものを買うケースも，店内の刺激に何らかの影響を受けて店内で意思決定が行なわれているという意味では，広義の非計画購買と捉えられる。

2　非計画購買とインストア・プロモーション

　消費者がスーパー等の量販店で買い物をする際，店内において何を購入するかを意思決定する非計画購買率は非常に高い(図表9-2参照)。
　非計画購買に関するこうした研究結果に加えて，POSシステムの普及やFSP(フリークエント・ショッパーズ・プログラム)の導入によって詳細な販売実績データの分析が可能になり，店内のレイアウトや陳列方法，販促活動が売上に及ぼす効果が明らかにされ，売場づくりの重要性が改めて認識されるようになった。
　小売業者は，来店客の非計画購買を促して客単価を上げるために，製造業者(メーカー)は激しいシェア獲得競争の中で自社商品の売上をアップさせるために，それぞれ店頭活動に積極的に取り組んでいる。いずれも効果的な店頭プロモーション活動を実施するためには，店舗内における消費者の意思決定プロセスや行動のメカニズムを理解することが不可欠である。
　青木〔1989〕は，小売店の客単価に直接影響する要因として，以下の6つを

挙げている。

① 動線の長さ
② 滞留時間の長さ
③ 立寄率
④ 買上げ率
⑤ 買上げ個数
⑥ 商品単価

つまり，店舗内を隅々までくまなく歩き回り，長時間滞在してもらい（①②動線の長さ，滞留時間の長さを伸ばす），一定時間（区間）内に多くの売場に立ち寄ってもらい（③立寄率を上げる），立ち寄った売場ではできるだけ商品の買い上げにつなげるように（④買上げ率を上げる），同時に購入する商品の個数をできるだけ増やし（⑤買上げ個数を増やす），より単価の高い商品を買ってもらう（⑥商品単価を上げる）ことによって，客単価の増加につなげることができるという。

具体的な施策としては，店舗内での回遊性を高める狙いで，パワー品目（販売数量が多く，多くの人が買う商品）を分散配置する等，フロア・レイアウト上にさまざまな工夫がなされている。また，各売場の注目を高めて購買意欲を刺激するために，目立ち易い陳列やディスプレイ方法，POP広告，等が採用されている。

第3節　関与と購買意思決定

1　関与とは

消費者が商品それ自体やその購入状況，使用状況に対して持っているこだわりや関心の強さは，商品の種類によって，また個人によって大きく異なる。高額の買い物であればいい加減にできないので購買自体にこだわりを持たざるを得ないし，自分自身の価値の実現に関わるような商品であれば，商品に対する

こだわりも強くなる。このようなこだわりの強さを関与と呼ぶ。例えば，クルマに対して強いこだわりを持つ（その人自身の価値の実現とクルマという商品が強く結び付いている）消費者の場合，クルマに対する関与が高い（高関与）という。反対に，さしたるこだわりはなくクルマは単なる移動手段と考えるような消費者にとっては，自己の価値実現とクルマの結び付きが弱く，クルマに対する関与水準は低い（低関与）ということになる。

　消費者の購買意思決定プロセスは，関与が高いか低いかその水準によって大きく異なるといわれている。すなわち，関与が高い場合にはより理性的にじっくり検討するが，関与の低い状態においては，あまり詳細な検討は行なわれない。

　価格の高い専門品の購入においては，概して高関与の場合が多く，精緻な情報処理が行なわれるが，低価格で購買頻度の高い最寄品では低関与型の購買が想定され，限定的な情報処理しか行なわれないと考えられる。確かにスーパーやコンビニエンスストアに買い物に行く際に，こまめに「買い物リスト」を作ってから出かける人もいるだろう。しかし，比較的価格の安い食品や日用品の買い物の場合，購買のリスクは低いので，選択を誤って買い換える羽目になったとしても大した損失にはならない。故に来店してからその場で意思決定を行なう非計画購買の割合が高くなる。スーパーやコンビニエンスストアにおける日常的な買い物の大半はこうした低関与型の購買行動であると想定される。それに比べて，高額商品を購入するケースでは，高関与型の購買行動が想定される。何を買うべきか事前に情報収集を行ない慎重に検討してから店に出かけるのである。

2　購買行動の類型化

　関与は消費者の購買行動の違いを説明する上で非常に重要な変数の１つであるが，購買行動を規定する要因は他にも存在する。Assael〔1987〕は，「関与水準」と「ブランド間の知覚差異の大小」によって，消費者の購買行動を４つに類型化している（図表9-3参照）。

図表 9-3　購買行動の 4 類型

	高関与	低関与
ブランド間知覚差異大	複雑な購買行動	バラエティ・シーキング型購買行動
ブランド間知覚差異小	不協和低減型購買行動	習慣型購買行動

出所：Assael〔1987〕p. 87 を一部改変。

　高関与型の購買行動はブランド間の知覚差異の大きさによって更に「複雑な購買行動」と「不協和低減型購買行動」に，低関与型の購買行動は「バラエティ・シーキング型購買行動」と「習慣的購買行動」に分けられている。それぞれの行動類型について順にみていく。

(1) 複雑な購買行動

　価格が高く購買頻度の低い商品，或いは自己表現の手段となるような商品に対しては，関与は高くなる傾向にある。当該商品自体やその購買に対する関与水準が高く，ブランド間の違いが知覚されている場合には，じっくり検討してから意思決定を行なう「複雑な購買行動」が行なわれる。例えばクルマ，パソコン，携帯電話，AV 機器といった商品の購買がこれに当てはまると考えられる。この場合，まず消費者は複数のブランドに関する情報を収集することによってそれぞれの特徴を理解し，評価を行なった上で購買意思決定を行なう。

(2) 不協和低減型購買行動

　関与水準が高くても，ブランド間の違いをあまり知覚していない(できない)場合，消費者は不協和低減型の購買行動をとる。冷蔵庫等の白物家電の購買がこの類型に当てはまるであろう。関与は高いので家電量販店に出かける前にパンフレット等から情報収集を行なうかもしれない。しかしブランド間の違いを知覚できなければ，どのブランドを選択すべきか明確な評価基準を持たないまま(例えば販売員の薦めに従って)購入することになるので，購買後に自分の

選択が正しかったのか不安を感じることになる。これが認知的不協和である。²
こうした不協和を避けようとして，有名なメーカーや最も売れているブランドが選択され易くなる。

不協和低減型購買行動では，態度の形成に先駆けて購買行動が起こる点に特徴がある。つまり，買ってしまった後に商品に対する評価が行なわれるのである。購買後の消費者は，購入したブランドを肯定する情報を積極的に求め，否定的な情報を無視することによって，他ブランドの方が良かったのではないかという不協和を解消し，自分の選択を正当化しようとする。企業側は自社商品を購入した顧客に対して広告等を通じて「正しい選択をした」というメッセージを発信し，不協和を低減する必要がある。

(3) バラエティ・シーキング型購買行動

関与水準が低く，ブランド間の違いが知覚されている場合，ブランド間のスイッチを繰り返すバラエティ・シーキング型の購買行動が起こり易くなる。お菓子や清涼飲料等を購入する場合がこの類型に当てはまる。さほど価格の高いものではないので知覚リスクも低く，目新しさやバリエーションを求めて気軽に色々なブランドを試すことができる。

バラエティ・シーキング型購買行動の場合，来店前の時点ではブランドに関する知識はごくわずかで，当該ブランドに関する態度は，実際にブランドを消費する段階で形成される。

(4) 習慣型購買行動

関与水準が低く，かつブランド間の違いも知覚されていない場合，消費者は

---

[2] 社会心理学者のフェスティンガー（Festinger, L）は自身が提唱した認知的不協和理論において，人は相互に関連する認知要素（自分，物，事象，状況や行動についての知識，信念，意見等）の間に矛盾や不整合なものがあれば，心理的な緊張状態（認知的不協和）に陥り，認知的不協和を解消するように動機づけられ，態度変化を行なうようになると論じている。本文の例では，最善の選択をしたいと思って特定ブランドを購入した後に他のブランドの方が良かったのかと不安になるのは認知的に不協和な状態である。しかし買い直すという行動をとることは現実的には難しいので，「自分の購入したブランドが最も素晴らしい」と思うこと（態度変化）によって不協和を解消しようとしているということになる。

習慣的な購買行動をとる。トイレットペーパーや電池等の商品を購買するケースがこれに当てはまる。この手の商品に関しては「どのブランドも大差ないし，どれを選んだとて大した問題でない」という感覚を持たれているので，店内においても必要最低限の情報処理しか行なわれず，「いつも買っているブランドだから（他ブランドに変更するのも面倒である）」という理由で惰性的に繰り返し購買される，或いは「たまたま目についたから」「割引きしている・安いから」「知っているブランドだから」といった単純な理由で選択される。

【参考文献】

青木幸弘〔1989〕「店頭研究の展開方向と店舗内購買行動分析」（田島義博・青木幸弘編『店頭研究と消費者行動分析』誠文堂新光社，第3章所収，pp. 49-80）。
大槻博〔1991〕『店頭マーケティングの実際』日本経済新聞社。
杉本徹雄編〔1997〕『消費者理解のための心理学』福村出版。
高橋郁夫〔2004〕『増補 消費者購買行動』千倉書房。
田中洋〔2008〕『消費者行動論体系』中央経済社。

Assael, H.〔1987〕*Consumer Behavior and Marketing Action*, Kent Publishing.
Blackwell, R. D., P. W. Miniard and J. F. Engel〔2005〕*Consumer Behavior*, 10th ed., Mason, OH：South-Western.
Peter, J. P. and J. C. Olson〔2008〕*Consumer Behavior and Marketing Strategy*, 6th ed., New York：McGraw-Hill/Irwin.
Solomon, M. R.〔2007〕*Consumer Behavior.：Buying, Having, and Being*, 7th ed., Upper Saddle River, NJ：Prentice-Hall.

（佐藤　志乃）

第10章
小売業のPB戦略

　本章では流通業者，とりわけ小売業者のPB戦略について解説する。流通業者はメーカーから商品を仕入れ，それを販売するだけでなく，積極的に生産段階へ関与し，自らの販売網でのみ販売される商品を導入することがある。その典型がプライベート・ブランド(private brand：PB)である。PBは，これまで低価格・高利益を特徴とすると理解されてきた。しかし昨今，これまでとは異なる特徴を持ったPBが登場し，その開発のあり方も多様になってきた。その例を挙げれば，ナショナル・ブランド(national brand：NB)と同程度かそれ以上の価格・品質で導入されるいわゆるプレミアム・ブランド(プレミアムPB)と呼ばれるPBの登場であり，大規模メーカーとの情報共有に基づくPBの開発である。後ほど詳しく解説をしていくが，こうした変化の背景には競争環境の変化はもちろんのこと，小売業者自身の商品開発力の増大と，それに伴うメーカー－小売業者間の関係の変化が大きく関わっていることが指摘できる。本章ではこうした最近の動向に重点を置きながら，小売業者のPB戦略について解説していく。

第1節　プライベート・ブランドとは

1　プライベート・ブランドの定義

　プライベート・ブランド(PB)とは，流通業者(卸売業者及び小売業者)によって所有・コントロールされるブランドである。[1] スーパーマーケットやCVS（コ

ンビニエンスストア)による食料品や日用雑貨品,ドラッグストアによる医薬品,百貨店による衣料品等が代表例であるが,その他にも家具や電気製品等,実に多くのカテゴリーに渡ってPBが開発されている。なお,本章では特にPBを開発する主体として小売業者に着目し,その戦略について解説していく。

2 PBの分類

PBという用語が発生した背景には,ナショナル・ブランド(NB),つまりメーカーによって所有・コントロールされ,多くの小売業者によって全国的に販売されるブランドとの対比が意識されている[2]。こうしたNBの一般的な価格レベルや品質との対比によってPBを捉えると以下のように分類することができる(図表10-1参照)。

① ノーブランド(no-brand)

特定のブランド名を持たず,パッケージのデザインが極めて簡素なものを指す。一般的にリーダー・ブランドよりも20%~50%ほど価格が安く,多くの場合,消費者の関与が低い最寄品において展開される。

② コピーキャット・ブランド(copycat brand)

独自のブランド・ネームを持ち,パッケージはNBに類似している。また,品質はNBと同程度かやや劣る程度であり,価格はNBよりも5%~25%程度低いという特徴を持つものを指す。こうした特徴から,「コピーキャット」すなわち「模倣者」という表現がなされる。現時点において最も多く展開されるPBの種類であるといえる。

---

[1] Stern, El-Ansary and Coughlan〔1996〕p. 70による。日本ではプライベート・ブランドと呼ばれるのが一般的ではあるが,それ以外にも,プライベート・レーベル(private label),オウン・ブランド(own brand)等の言葉が用いられることもある。

[2] 実際,これまでPBを定義するにあたってはNBとの対比においてその違いを識別するというかたちがとられてきた。具体的には①ブランドの所有者(メーカーか小売業者か),②展開エリア(全国的か地域的か),③広告の有無,④販路の限定性(開放的か限定的か)といった要素に基づいて定義されてきた。しかしながら,現在では全国にチェーン展開する小売業者が登場し,全国規模で広告活動を行なうようになっており,ブランドの所有者以外の要素は意味を成さなくなっている(American Marketing Association〔1990〕,根本〔1995〕,新田〔2000〕)。

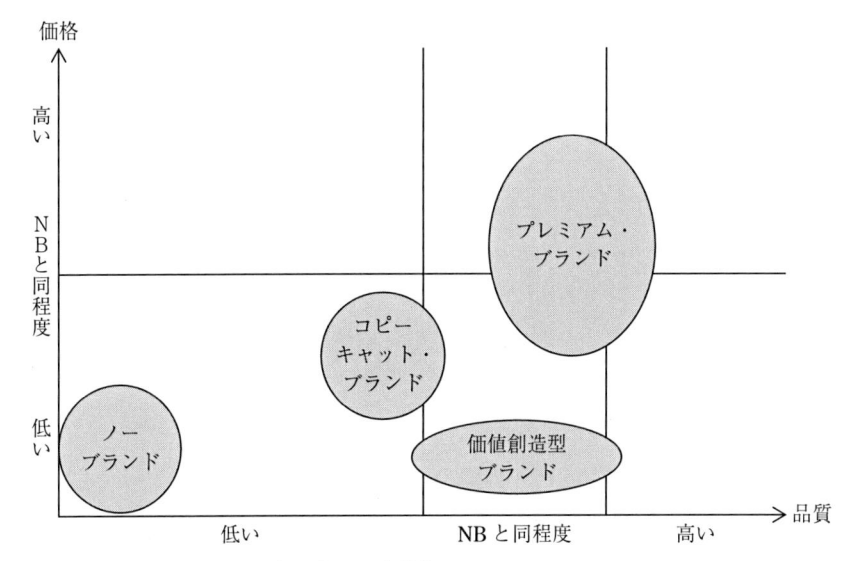

図表 10-1　NB との対比に基づく PB の分類

（価格軸：高い／NB と同程度／低い、品質軸：低い／NB と同程度／高い）
- ノーブランド（低価格・低品質）
- コピーキャット・ブランド（NB と同程度の価格・NB と同程度の品質）
- プレミアム・ブランド（高価格・高品質）
- 価値創造型ブランド（低～中価格・NB と同程度～高品質）

出所：Kumar and Steenkamp〔2007〕p. 31 を改変。

③　プレミアム・ブランド（premium brand）

これは，プレミアム PB とも呼ばれるものである。コピーキャット・ブランドと同じく，独自のブランド・ネームを持つ。プレミアムという表現から分かる通り，品質，価格共に，一般的な NB よりと同程度かそれよりも高く，パッケージにおいても優れ，差別化されているという特徴を持つ。

④　価値創造型ブランド（value innovator）

品質は NB と同程度かそれ以上であるにも関わらず，価格はリーダー・ブランドよりも 20％～50％程度低いというものを指す。つまり，製品の特徴は他のブランドにはないユニークなものを持ちながら，コスト・パフォーマンスにおいて優れているという特徴を持つ。

また，上記のような分類に当てはめることはできないが，ストア・ブランド（store brand）という用語が使われる場合がある。言葉の意味から考えれば，ストア・ブランドとは，小売業者のストア・ネーム（店舗名）をブランド・ネームとして採用するものを指すが，プライベート・ブランドと同じ意味で使われる

ことや，プライベート・ブランドのうちのコピーキャット・ブランドを指して使われる場合もある。

その他にも，厳密には上記の定義には当てはまらないが，ダブル・ブランド(double brand)或いはダブル・チョップ(double chop)と呼ばれるものもある。これは小売業者とメーカーが共同で商品を企画・開発し，双方のブランド・ネームを併記したものを指す。

第2節　PBの役割

殆どの小売業者にとって，多くのメーカーの商品を取り扱い，それらを組み合わせて無数の顧客に販売する主体であるからこそ，そこに固有性があるのであり，それがすなわち利益の源泉となっている。では小売業者がNBの仕入・販売のみならず，わざわざ費用をかけてPB開発を行なうのはなぜだろうか。それは次のような理由に基づいている。

(1) PBを背景にしたNB価格の引き下げ

これまでメーカーは強力なNBを開発することによって経済力を確立し，それを背景に卓抜したマーケティングを展開してきた。そして業種別の品揃えを形成する小規模な小売業者のみならず，多品目を取り扱う業態型小売業者でさえも，これらNBに頼らざるを得ず，このことが流通チャネルにおけるメーカーのパワーを優勢にしてきた。流通チャネルにおいて，チャネル構成員が他の構成員を自らの指示に従わせることができる力を「チャネル・パワー」と呼ぶ[3]。メーカーはこれまで，こうしたチャネル・パワーを駆使することで，例えば建値を基準にして価格決定を主導するといったことを行なってきた。従って，小売業者による品揃え形成や価格決定に際しての主体性や独自性が阻害されるため，小売業者はメーカーがこれまで流通チャネルにおいて独占的に獲得して

---

[3] 宮澤監修〔2007〕p. 184（青木均稿「チャネル・パワー／チャネル・コンフリクト」）に基づく。

きた利潤を切り崩そうとする。

　中でも，スーパーマーケットやGMSといった大規模小売業者はNBの低価格販売によって成長してきた[4]。では，その低価格販売をどのように実現してきたのだろうか。その手段の1つがPB開発である。つまり，PBを導入することは特定のNBへの仕入依存度(小売業者の仕入額に占める特定メーカー商品の販売額の比率)を下げることになり，小売業者の相対的なパワーは増大する。またPBの存在それ自体がメーカーにとっては脅威となる。これらのことにより，最終的にはNBの仕入交渉を有利に展開し，その仕入価格を引き下げられることになるのである[5]。例えば，ある小売業者がNBの取り扱いを決定する局面にあったとする。その際に，自社PBとの競合を考慮し，それを理由にNBの取り扱いを拒否する可能性がある。それに対し，何とか自社NBを店頭に陳列してほしいメーカーはその販売価格を引き下げてでもその取り扱いを求めるかもしれない。またそれは小売業者への販売依存度(メーカーの特定小売業者への販売額の比率)が高いほど，こうした状況が発生し易くなる。小売業者は，このようにしてメーカーの独占的利潤を切り崩しつつ，それを競争優位の源泉として成長してきた側面がある。このような意味でのPBはいわゆる「拮抗力(countervailing power)[6]」の現実的形態として捉えられる[7]。

　但し，PB開発の目的がNBへの拮抗力の発揮にあると考えるには幾つかの困難もある。第1に，NBの仕入価格を引き下げたいのであれば，PBによらずと

---

[4] 本章でいう大規模小売業者とは，もっぱら財・サービスの再販売活動から利益を獲得し，チェーン・オペレーションを展開し企業活動の大規模化に成功しているものを指している。
[5] 佐藤〔1994〕によってその例が紹介されている。そこでは1993年4月にアメリカのタバコ会社であるフィリップ・モリス社がウォルマート社のPBの台頭に危機感をおぼえて，主力ブランドであるマルボロの価格を引き下げた，という事例が紹介されている。
[6] この概念はガルブレイス(Galbraith, J. K.)によって提示された概念である(Galbraith〔1952〕)。田村〔1986〕によれば，拮抗力は次の4つの要素を含むものとされる。①ある市場において，既に市場支配力が形成されて後に形成される第二の勢力である。②同市場の競争者や他市場からの参入者でもなく，同じ市場の先発勢力と反対側に位置するものである。すなわち，大規模メーカーを先発勢力とすれば，取引相手たる小売業者側によって形成されるものである。③拮抗力の関係は協調的ではなく，衝突的である。すなわち，大規模メーカーと小売業者の結合利益が追求されるのではなく，先発勢力側たるメーカーから拮抗力側たる流通業者への販売価格の引き下げというかたちをとってあらわれる。④拮抗力を発揮することによって得た利益は消費者に還元される。
[7] 拮抗力の概念をPBに適用した研究として，木綿〔1975〕がある。

もより直接的な手段を講じることが可能であるという点である。現実にPBがこうした拮抗力を発揮してきた側面があったとしても、小売業者がPB開発の当初から拮抗力の発揮のみを意識していたとは考えにくい。つまり、PB開発はNBの低価格仕入・低価格販売だけではない、何らかの効果が他に存在すると考えられるのである（高嶋〔1986〕）。

第2に、果たして拮抗力を発揮できるほどのPBが開発できるのかということである。PBが拮抗力を発揮するためには、消費者から多くの支持を得なければならない。メーカーのマーケティング努力によって強いブランド・ロイヤルティが形成されているNBが存在すれば、PBが消費者に受け入れられる余地は少なく、従って十分な拮抗力を発揮することは難しくなる。

(2) PB開発による利益確保

今一つ、PB開発の目的として挙げられるのが、利益確保である。一般にPBの開発や生産はNBを持つメーカーに委託する場合が多い。そのような場合、PBがNBと同程度の品質を持っていたとしても、その価格をNBよりも低くすることができる。それはなぜか。この点について、食品（カップ麺）を例として取り上げながら、NBとPBの価格構造を比較してみよう（図表10-2を参照）。

図表10-2に示されるように、NBとPBで最も違いがあるのは、拡販費である。ここでいう拡販費とは主にリベート（rebate）として支払われるものを指す。大量生産を前提とするような商品には常に販売リスク（売れ残りのリスク）がつきまとう。NBの場合、そうしたリスクの大部分はメーカーが負担することになる。メーカーは自社NBが売れ残ることを避けるために、小売業者に対してリベートを払い、特売の原資としてもらうことが多い。NBにおいて拡販費が大きいのは、このリベート分が販売価格に上乗せされているためである。他方、PBの場合には生産された全量が小売業者によって買い取られるため、販売リスクは小売業者が全て負担することになる。従って、NBの場合のようにリベート分の上乗せを考慮する必要がないのである。

また、「物流費」が低いこともPBの特徴である。小売業者の中には複数のメーカーからの商品の納入を一括して行なうことのできる物流施設を単独もし

図表10-2　カップ麺における NB と PB の価格構造の比較

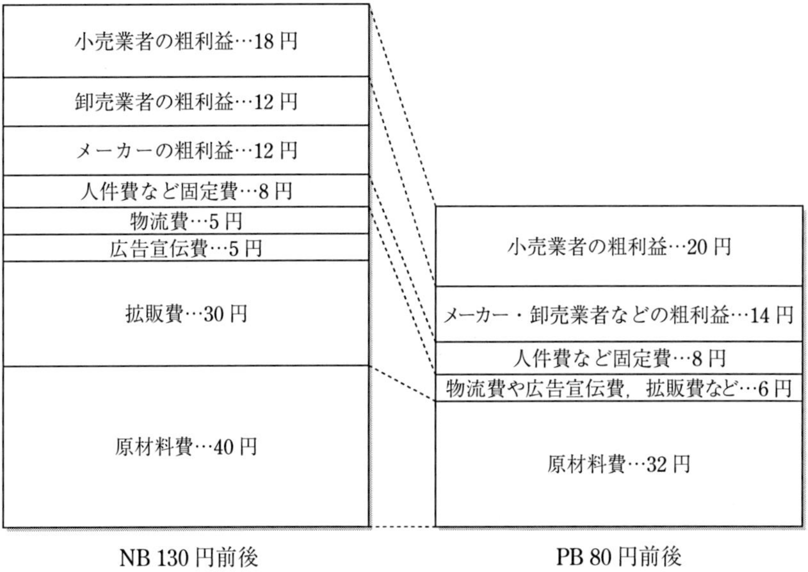

NB 130円前後
- 小売業者の粗利益…18円
- 卸売業者の粗利益…12円
- メーカーの粗利益…12円
- 人件費など固定費…8円
- 物流費…5円
- 広告宣伝費…5円
- 拡販費…30円
- 原材料費…40円

PB 80円前後
- 小売業者の粗利益…20円
- メーカー・卸売業者などの粗利益…14円
- 人件費など固定費…8円
- 物流費や広告宣伝費，拡販費など…6円
- 原材料費…32円

出所：日本経済新聞社編〔2009〕p. 32.

くはメーカーと共同で運営しているものがある。PBは基本的に，複数の小売業者によって取り扱われるNBとは異なり，その小売業者内でのみ流通する商品であるため，こうした施設から店舗へと商品を輸送するために使われる運搬車両をメーカーの工場にも回すことによって，すなわち，物流も小売業者側が担うことによってその費用を削減し，販売価格を下げることが可能となる[8]。

このような理由からPBは同品質のNBに比べると，1単位当たりの販売価格が低くなるのである。但し，ここで重要なことは，回転率が低く，実際の販売に結び付かないようなPBであれば，1単位当たりの利益はNBより大きくても，小売業者の全体の利益に貢献していることにはならないということである[9]。

---

[8] 日本経済新聞社〔2009〕p. 32 による。
[9] この点に関して，ハリス(Harris, B. F.)とストラング(Strang, R. A.)は，PBの売場面積当たりの利益はNBに比してそれほど差がないという分析結果を提示している(Harris and Strang〔1985〕)。

(3) 品揃えの差別化とストア・ロイヤルティの確保

既述のように，小売業者はNBの低価格販売によって競合他社との競争を差別化してきたという側面がある。つまり，チェーン・オペレーションを達成した小売業者は，その強大な販売力を背景にした一括大量発注によって，或いは拮抗力を持ったPBをテコにして，NBの低価格販売を実現してきた。

しかしながら，NBの価格競争には自ずと限界が見えてくる。なぜならば，第1に，NBの単純な値引きでは他の小売業者によって比較的短期のうちに追従される可能性が大きく，その優位性が長続きしないからである。第2に，NBを値下げするということは，それだけその販売から得られる利益を減少させることになるからである。

多くの小売業者で販売されるNBの価格を比較することは容易であり，「NBを安く売る店」は多くの消費者にとって魅力的であり，店舗の売上は来店客数が増えることによって増加することになる。但し，価格競争に限界が見えてくると，NBの低価格販売による差別性を発揮することは難しくなる。そこで，この問題を回避するためのPB開発が有効となってくる。一般にPBは他の小売業者では取り扱われないため，その導入によって固有の品揃えを形成することができる。そして，こうした品揃えによる店舗差別化は消費者のストア・ロイヤルティを形成・強化するために消費者の継続来店が期待できるのである。

第3節　PBの成功要因

小売業者は第2節で述べた役割を期待してPBを導入しようとする。しかしながら，あらゆるPBが成功するとは限らない。PBが消費者に受け入れられなければ，当初の目的が達成されないばかりか，かえって在庫を増やし，利益を圧迫することにもなりかねない。以下では，PBに対する消費者の反応に着目した研究を取り上げながら，PBの成功要因について考えていこう。

(1) 品　　質

　ホッシュ(Hoch, S. J.)とバナージ(Banerji, S.)は，PBのシェアを規定する要因を消費者，小売業者，メーカーの3つに分け，その影響度合いについて分析している(Hoch and Banerji〔1993〕)。彼らは，消費者に関連する要因として「PBの品質の高さ」及び「PBの品質の一貫性」に着目し，PBがそのシェアを伸ばすための要因として重要であることを見出している。彼らは，商品の品質評価の専門家に対してアンケート調査を実施し，特定の商品カテゴリーにおけるPBとNBとの品質の差，及びPBの品質の一貫性について回答を依頼した。そこで得られたデータを基に分析した結果，これらの値が高いほど実際のPBのシェアも高いという関係を導き出している。

(2) 商品の属性

　第6章第2節において示した通り，商品は探索的特性を持つもの(探索財)と経験的特性を持つもの(経験財)に分類することができる。PBはNBに比べて広告やセールス・プロモーションの対象とされることが少ないため，消費者にとっては馴染みが薄い商品であるということができる。こうした馴染みが薄い商品に対して消費者は，探索的特性が強い場合にそれを受け入れ易いことが知られている。経験的特性が強い場合には購入の判断を誤るかもしれないという気持ちが強まるため，馴染みのある商品，例えば知名度のあるNBが選択され易い。この点について，クォン(Kwon, K.)らは，現状において，消費者のPBに対する購入意図は，それが経験的特性を強く持つものであるよりも，探索的特性を強く持つものである場合に高くなることを見出している(Kwon, Lee and Kwon〔2008〕)。

(3) PBのイメージ

　一般に，消費者は品質判断をさまざまな手がかり(cue)を利用することによって行なう。この手がかりは，外在的手がかりと内在的手がかりに分けることができる。前者は，品質とは直接には結び付かない手がかりであり，具体的には商品の価格やパッケージ等のことである。他方，後者は品質と直接に結び付

く手がかりであり，原材料や製造技術等が含まれる。特定の商品について使用経験がない，或いは関心が低いといった場合，消費者はその品質の判断を外在的な手がかりによって評価しようとする。

リチャードソン(Richardson, P. S.)らは消費者のPBに関する品質の判断がこうした手がかりの提示によってどのように影響を受けるのかを検証している(Richardson et al. [1994])。彼らは，消費者に対してオレンジジュースのNBとPBを用いて以下のような実験を実施した。まず，どちらであるかを教えずにNBとPBそれぞれを試飲してもらい，そのおいしさについて評価してもらったところ，全体としてNBよりもPBの方が品質の評価は高いということが示された。次に，両者の中身を入れ替え，それぞれがPB及びNBであると告げた上で，すなわち一方について中身はPBであるのにNBであると知らせ，もう一方について中身はNBであるのにPBであると知らせた上で，それぞれを試飲した時の品質評価がどのようになるかを調べた。その結果，PBであると告げられたものの方がNBと告げられたものよりも品質が劣ると判断されたのである。つまり，PBであるかNBであるかを知らせない場合にはPBの方がおいしいと答えた人が多かったにもかかわらず，それがPBであると知らされた途端に品質評価が低くなったというわけである。

(4) 店舗の雰囲気

店舗が持つ雰囲気も消費者のPBに関する品質判断の手かがりとなり得ることが知られている。PBは店舗が消費者に与えるイメージの拡張と捉えられる。この点について，コリンズ-ドッド(Collins-Dodd, C.)とリンドレイ(Lindley, T.)は店舗のイメージに対する評価が高いほどPBのイメージも良くなること，また，PBのイメージはPBに対する態度(好き嫌い)と関連していることを見出している(Collins-Dodd and Lindley [2003])。同様の視点から，リチャードソン(Richardson, P.)らは，消費者に快楽の感情を抱かせるような店舗の美的側面(新しさ，明るさ，清潔さ，通路の広さ等)が高いほど，PBに対する品質評価が高くなることを見出している(Richardson, Jain and Dick [1996b])。更に，リー(Lee, D.)とハイマン(Hyman, M. R.)は，店舗とPBのイメージの一致が重要であることを指摘

している。彼らは，店舗及び商品が持つイメージを機能的(functional)であるか快楽的(hedonic)であるかに分けた上で，店舗とPBのイメージが一致した場合，そうでない場合よりもPBに対する好感度が高まることを見出している(Lee and Hyman〔2008〕)。

　以上のように，PBの成功にはPBの品質の高さやその特性に加え，消費者が持つ商品や店舗に対するイメージ等が関連する。こうした消費者によって主観的に判断される品質は知覚品質(perceived quality)と呼ばれ，客観的に測定される品質とは異なるものとして捉えられる。PBはNBに比して低価格で販売されることが殆どであり，時としてNBの模倣品や低級品として認識されてしまう。多くのPBの価格はNBのそれよりも低く，また価格を抑えるために簡素なパッケージであることが多いため，たとえ品質において優れていたとしても，知覚品質において劣っているとされてしまいがちである。つまり，消費者に「安かろう悪かろう」といったイメージを植えつけてしまう。従ってPB戦略を構築・展開する際には，商品開発における品質重視もさることながら，消費者の知覚品質を高めることを意識する必要がある。

第4節　既存のPB戦略の問題点

　第3節で取り上げた分析で示された通り，消費者のPBの品質に対する評価は低い。従って，シェアを伸ばすためには消費者の品質に対するイメージすなわち知覚品質を改善することが不可欠である。NBに比した知名度や価格の低さというPBの特徴それ自体が，品質への評価を下げてしまう。また，小売業者の安易なPB開発が品質を軽視してきたという状況もあるかもしれない。しかし，それだけでなく，PB開発における企業間関係によっても品質が損なわれてしまう可能性がある。従来のPB開発は大規模小売業者と中小メーカーとの間で行なわれることが多く，そこで開発されるPBは品質やその一貫性において限界があるのである。

ではなぜ,そのようなことになってしまうのであろうか。簡潔にいえば,小売業者がPB開発を頼み易かったのが,中小メーカーであり,またその規模故にその品質に限界があったのである,ということになる。以下ではその過程を解説していこう。

まず,小売業者はなぜパワーを行使しなければならないのかを考える必要がある。そもそも小売業者がPB開発を行なうということは,自らの目的のためにメーカーの自律性を阻害し,コントロールすることを意味している。また,PBのシェアが伸びるということは,そのメーカーのNBのシェアを低下させるということになる。このように,PB開発を巡っては小売業者とメーカーとの間に利害の対立が発生する。そこでPB開発に際しては小売業者側からチャネル・パワーを行使してメーカーをコントロールすることになる。そして大規模小売業者が最もパワーを行使し易い対象が,中小規模のメーカーなのである。

そして,そのようなパワー関係は次のような時に形成される。まず,あるメーカーの小売業者に対する販売依存度は,その小売業者の規模が増すほど仕入額が大きくなるために高くなる。それに対し,小売業者のメーカーに対する仕入依存度は,商品のブランド・ロイヤルティが低いほど,また多品目化が進むほど低くなる。つまり,小売業者のパワー優位性は,小売業者が大規模であるほど,メーカーの規模が小さいほど構築し易い。そして,このNB取引におけるパワー関係に基づいて,そのメーカーに対しPB開発を受け入れさせることができるようになる。なぜなら,このメーカーは販売依存度が高いため,その小売業者からの要求を呑まざるを得ないからである。もしPB開発を拒否すれば,NBの取扱いを停止させられてしまう可能性もある。

或いは,それまでにその小売業者との取引がない場合でも,①販売力という意味でその販路が重要であり,②PB開発を受け入れることによって自社のマーケティング努力では達成できない売上高が期待でき,③余剰生産能力の効率的活用が図れる,という条件のいずれかが当てはまれば,そのメーカーもPB開発を受け入れる可能性がある。そして,このことが小売業者への販売依存度を高め,パワー関係を形成させる。このような理由から,PB開発は中小規模のメーカーとの間で行なわれ易くなるのである。

ここで問題になるのが，PBの品質である。メーカーの規模が小さくなるほど，商品開発力や原材料の調達力，生産能力といった点で限界があり，このことが，PBの品質の高さやその一貫性の実現を難しくしてしまうのである。実際，多くのPBがこうした大規模小売業者と中小メーカーとのパワー関係に基づいて開発されたものであり，その品質の限界に直面している。

そこで小売業者は強力なNBを持つ大規模メーカーの知名度や高品質への期待からPB開発を行なおうとする。しかし，小売業者は大規模メーカーとの間で優位なパワーを形成することが難しいのである。なぜなら，小売業者にとってそのメーカーのNBは品揃えの上で重要であり，仕入依存度は高く，店頭から排除できないからである。

第5節　小売業者の商品開発力

1　小売業者の情報の増大

第4節での議論から，PBの品質改善をするためには大規模メーカーとの間でその開発を行なうことが有効な手段となり得ることが指摘できる。では，それを可能にする条件とは何であろうか。ここで重要となってくるのが，小売業者の情報の増大化である。ここでは，まず小売業者はそれをどのようにして高めることができるのについて述べ，その後，なぜそれが重要なのかを解説する。

小売業者の情報とはつまり，小売業者の仕入・販売業務において発生する情報のことであるが，小売業者は①チェーン・オペレーションの展開と②POSシステムに代表される情報技術の導入とその高度化によって情報を増大させてきた。

チェーン・オペレーションとは，本部が商品の仕入活動を集中・一括して担当し，個々の店舗は本部の経営方針に従い，販売活動に専念するという経営形態である。すなわち，チェーン・オペレーションとは卸売機能と小売機能とを

---
[10] 宮澤監修〔2007〕pp. 180-181（青木均稿「チェーン・オペレーション」「チェーン・ストア」）による。

一体化させたものということができる。小売業者はチェーン・オペレーションを展開することによって多くの情報を蓄積することができる。第1に，チェーン本部にはメーカーからの情報が縮約されるということがある。卸売たる本部は数多くの商品の仕入を担当するため，そこでの取引からメーカーの情報を集約的に把握することができる。取引先の情報，商品の情報，販促に関する情報等が集まってくる。更に，それらの情報を類推することによって，例えば，どのメーカーがどのような技術を得意としているのかといった情報，原材料を一番安く調達できるのはどこかといったコストに関わる情報をも得ることができる。これは開発先を選定する時の判断基準となる。第2に，チェーン本部には各店舗からの販売時点の情報が縮約されるということがある。本部では各店舗から集まってきた情報を基に，消費者の属性や地域の違いや特徴を把握することができ，そこから消費者の潜在的なニーズを探ることができる。

　チェーン・オペレーションではこのように，メーカーからの情報と消費者からの情報を縮約的に把握することができる。またそれはPOSシステム等の情報技術の開発・導入によって，更に強化されることになる。この情報システムは，①即時性（リアル・タイムでの情報の入手）や②詳細性（単品別，時間帯別，消費者属性別，地域別の情報の把握），③低コストでのデータ収集というメリットを持ち，これにより小売業者の情報量は飛躍的に増大する。

2　小売業者の販売情報の重要性

　では，なぜ小売業者の情報が重要となるのかといえば，それがメーカーの共同開発への期待を高めるからである。共同開発を行なう以上，メーカーにとっても何らかのメリットがなければならない。確かに，メーカーは小売業者との共同開発によって売上の確保や生産能力の効率化を図ることはできる。しかし，それがパワー関係に基づいたものであれば，小売業者の統制を受ける可能性がある。

　そこで，小売業者の販売情報を活用した共同開発が有効となる。実際，商品開発には多様な情報が必要で，その際には消費者の販売動向や生活シーンを正

確に把握できる小売業者の販売情報は貴重である。販売情報に基づく共同開発が行なわれれば，メーカーにとっても自社だけではなし得なかった商品の開発が期待できるのである。

販売情報がメーカーにとって貴重である理由は次の3つである[11]。このことが，小売業者との共同開発への動機となる。

(1) 購買時点情報であること

第1に，小売業者が蓄積する情報は購買時点の情報であり，またこのような情報をメーカーは集めることができないということである。小売業者は直接に消費者に接する主体であり，いつ，誰が，何を購入したかといった，購買時点での情報を蓄積することができる。この情報は購買実績に基づくものであり，正確性があり，客観的である。

それに対し，メーカーは，開発・製造技術に関する情報を保有・蓄積するが，消費者との接点は多くない。メーカーは自社商品についての出荷情報を持ってはいるが，そこから消費者の属性や購買時点を知ることはできない。また市場調査等によって商品や消費者に対して情報を集めることもあるが，そこには思い込みやバイアスが入り込み，不正確になる可能性がある。更に，例えメーカーが小売業者から販売情報を入手できたとしても，それが店頭からの生データであるとは限らない。小売業者が何らかの意図をもって情報を提供する時も，それは生のデータではなく，その意図に沿ったデータだけを加工して提供するということも考えられる。またそれが紙にプリント・アウトされたものであれば，再加工ですら難しくなる。従って，メーカーにとっては小売業者の販売情報と同等の情報を入手するのは困難なのである。

(2) カテゴリー横断的もしくはメーカー横断的な情報であること

第2に，小売業者の販売情報が，複数のカテゴリーやメーカーにまたがる情報であるということである。メーカーが小売業者との情報共有システムを構築

---

[11] 以下は，小川〔2000〕に依拠している。

し，そこから生データが得られたとしても，それは自社商品に限られる場合が多い。従って，複数商品間の競合度合いや消費者の同時購買といったカテゴリー間や商品間の比較・検討を行なうことが難しいのである。

(3) **解釈が困難であること**

第3に，小売業者の販売情報自体が大量・複雑で，そこから商品開発に有益な情報を引き出そうとしても，そこに至るまでには販売情報以外の知識も必要になることである。小売業者は販売情報を蓄積・分析するためにさまざまなデータベースや手法を開発している。とはいえ，販売情報を解釈するためには，情報の加工し，組み合わせるといった試行錯誤が必要である。従ってどんな情報を組み合わせたら良いか，どんな分析を行なえば良いのかといった知識も必要である。場合によっては店頭でのアンケートや実験をすることによって，有益な情報を得ることもある。メーカーにとってはたとえ生のデータを入手することができても，それを解釈することが難しいのである。

3 販売情報に基づく開発

このように，大規模小売業者の販売情報はメーカーが知り得なかったり，勘に頼らざるを得なかった情報であり，従って，これが小売業者固有の商品開発力となる。そして，この小売業者の商品開発力こそが大規模メーカーとの共同開発を可能にするのである。

小売業者は，大規模メーカーとはパワー関係を形成しにくいが，そのかわりに販売情報を提供することによって共同開発を行なうことができる。すなわち，大規模メーカーであっても小売業者からの情報の提供によって，例えばその業態の消費者が欲している商品の特徴は何かといった，商品開発における何らかのヒントが得られることを期待して共同開発に参加するようになる。更にメーカーにとってその販路が重要であればあるほど，その可能性は高まる。

小売業者の販売情報が固有の商品開発力になり得ることを指摘したが，今一つ重要なことは，情報の提供や共有が進めば，両者の間に安定的な関係が構築

されるということである。大規模メーカーとの共同開発には小売業者からの情報の提供が重要になってくるが，そこではコンセプトや商品の仕様に関するより密接なコミュニケーションが交わされる。このコミュニケーションを通じて信頼やコミットメントが醸成され安定的な関係が形成されるのである。[12]また，開発商品の成功や組織間学習による効果を実感できれば，それがまた関係を強化し，共同開発への意欲を高めることになる。更にはこの安定的な関係を基に，開発プロセスの迅速化・効率化や共同投資の可能性も期待できるのである。

第6節　小売業者のPB戦略の課題

　本章では小売業者のPB戦略について解説してきた。PBは小売業者が所有し，その販売網の中で独占的に取り扱われるものである。そのため，PBはNBへの拮抗力としてだけでなく，利益や差別化を創出する有力な手段となり得ることを確認してきた。

　流通業界は今，激しい競争に晒されている。長引く不況による影響や同一業態間から多業態間へ，また外資参入によるグローバルな展開へという競争メカニズムの変化の中でその生き残り策を模索している。このような競争状況においては，いかに競合他社と差別化を図り，顧客を創造・維持していくかが重要となる。現在，多くの小売業者が商品開発を重要な課題として認識し，他の小売業者にはない商品を開発することによって品揃えの差別化を図ろうとしている。しかし，PBが消費者のニーズに合わないものであったり，小売業者自身が商品開発力を高めることなく，単純に低価格だけを訴求するようになってしまえば，消費者の知覚品質を下げ，本来意図していた差別化は達成されず，そればかりか，かえって在庫を増やし，利益を圧迫することになりかねない。こうした失敗を避けるためには次のような点に気を付けて商品開発を行なう必要がある。

---

[12] この関係はMorgan and Hunt〔1994〕によって実証されている。

(1) **安易なPB開発を避けること**

　第1に，最も基礎的で，かつ重要なことであるが，小売業者が商品開発に真剣に取り組む姿勢を持ち，そのブランド管理を徹底することである。小売業者はこれまで安易なPB開発を行なうことが多かった。PBを本気で育てようしていたというよりは，大規模化したことへの証であるかのごとく，メーカー側からのPB供給の提案をただ受け入れるだけであったり，他社がやっているからわが社でも，といった安易な理由で導入することがあった。その結果，PBの大幅な見直しを迫られ，売れないPB，採算の悪いPB，品質の悪いPBは売場から排除されていったのである。

(2) **全体の品揃えとのバランスをとること**

　第2に，全体の品揃えの中でPBを位置づけることである。小売業者はメーカーとは異なり，PBのシェアのみを追求すれば良いという存在ではない。小売業者の競争優位の源泉は品揃えであり，NBを含めた全体の品揃えの中でどのようなPBを開発すべきか，またそれが全体の売上にどのように貢献するのかを考慮することが必要である。NBの知名度や品質への信頼度は高く，消費者にとって魅力のあるPBを開発しなければ，売場の吸引力は落ちてしまう。あるカテゴリーでPBを経験した消費者は，他のカテゴリーでもPBを利用し易いという分析結果も報告されているが，[13]安易なブランド拡張によって店舗全体の品揃えが不完全となる可能性もある。

　小売業者は消費者の特性やカテゴリー特性を考慮した上で，それらに適合する商品開発を行なうことが重要である。そして場合によっては，低価格型のPBが重要となることもある。品質改善することは重要だが，全てをプレミアムPBにすれば良いというわけではなく，品揃えの中で低価格ラインのPB，高価格ラインのPBといった複数のラインを揃えることも必要となってくる。更にまた高品質であるとはいってもそれがカテゴリーのリーダーを目指すのか，ニッチを目指すのか，或いは新しいカテゴリーを形成するようなPB開発をしていく

---

[13] 清水〔2002〕による。

のか，といった判断も必要である。

　特に複数のカテゴリーに渡って統一ブランドをつける場合は注意が必要である。なぜなら，同じブランドを付与されていても，あるカテゴリーでは最低価格ラインにあるが，別のカテゴリーでは高価格ラインに位置しているという状況が発生しかねないからである。小売業者はブランドの管理も行なわなければならない。

(3) 商品開発力を高めること

　第3に，商品開発力を高めることである。前節では小売業者の販売情報が，発注の適正化や売れ筋のカットのみならず商品開発にも有効であることを示してきた。小売業者はPOSシステムによる販売情報のみならず，ポイントカードを導入し，顧客一人ひとりの購買履歴まで把握しつつあり，その情報力と分析力を更に強化しつつある。

　更にまた，最近では仕様書発注の場合であっても，特定のメーカーに発注するという方法ではなく，インターネットを利用して複数のメーカーによる電子入札方式を採用する小売業者もある。中小メーカーとの商品開発においてもパワー関係や一方的な仕様書発注によるだけでなく，継続的な品質管理やニーズの把握，商品開発を専任に行なう担当者や組織の設置も必要である。印刷技術やパッケージ技術の向上によってPB全体としての品質は高くなってきている。それに加え，原材料調達や製造工程へも積極的に関与し，それを学習することで商品開発力は向上する。

(4) 消費者の知覚品質を高めること

　第4に，消費者の知覚品質を高めるために努力することである。こうした努力はメーカーのそれと同じである。すなわち，より魅力的なブランド・ネーム，パッケージを持つPBの開発や広告や各種のプロモーションの展開といったことが有効である。

　消費者はPBに対しても単に安いからという理由ではなく，むしろ価格に見合った価値があるかどうかで商品の購入を決める(Richardson, Jain and Dick〔1996a〕)。

安さを訴求するようなブランド・ネームやパッケージではなく，価値があるかどうか，高級感を演出できるかという視点からこれらを考えることが重要である。

　PBが低価格を実現できる最も大きな理由は宣伝広告費が少ないということであった。しかしながら，これは広告やセールス・プロモーションを行なわないということではない。PBは小売業者のブランドであるが故に，消費者の目に留まり易くするために陳列の量や場所を自由に変更することができるし，試食や試着を促すためのプロモーションも容易である。消費者がこうしたプロモーションによって購入経験を積み重ねれば，PBに対する知覚品質も高まる。

　メーカーのそれと異なる点があるとすれば，PBの知覚品質は，店舗のそれと密接に関連しているということである。店舗全体の品揃えにおける位置づけを考えることは，店舗全体の利益を確保するという意味で重要であるが，店舗全体のイメージがPBの知覚品質を高めるということも考慮しなければならない。例えば店舗がロー・コスト・オペレーションを実施するために少品種大量陳列を展開し，簡素な売場づくりをしているというような場合には，いくらPBが優れた外観を持っていたとしても知覚品質はそれほど高くはならないであろう。店舗がどのような特徴を持っており，消費者にどのように知覚されているかということを踏まえたPB展開が求められる。

　欧米に比べ日本のPBのシェアは低いといわれている。小売業者の商品開発は個々の企業の方針によって大きく異なるし，また商品開発を行なわなければ生き残れないというわけでもない。しかし，競争が激化し，その情報力を強化するにつれ，商品開発の意義は高まってくると考えられるし，その余地も十分にあるだろう。

【参考文献】

小川進〔2000〕『イノベーションの発生論理』千倉書房。
木綿良行〔1975〕「プライベイト・ブランドと"ツゥー・パラレル・システムズ"」『ビジネス・レビュー』第23巻第2号, pp. 25-35.
久保村隆祐・流通問題研究協会編〔1996〕『第二次流通革命：21世紀への課題』日本経済新聞社。
佐藤善信〔1994〕「米国ストア・ブランド事情(その1)」『流通情報』第298号, pp. 4-10.
清水聰〔2002〕「検証 消費者行動(Ⅵ)—プライベート・ブランドの研究」『流通情報』第401号, pp 36-47.
高嶋克義〔1986〕「PBとデュアル・ブランド政策」『六甲台論集』第32巻第4号, pp. 96-107.
田村正紀〔1986〕『日本型流通システム』千倉書房。
新田都志子〔2000〕「小売業者ブランドの発展段階と戦略課題」『マーケティングジャーナル』, 第20巻第1号, pp. 63-74.
日本経済新聞社〔2009〕『PB「格安・高品質」競争の最前線』日本経済新聞出版社。
根本重之〔1995〕『プライベート・ブランド：NBとPBの競争戦略』中央経済社。
宮澤永光監修〔2007〕『基本流通用語辞典改訂版』白桃書房。
流通問題研究協会編〔1975〕『流通問題研究会協会研究資料』流通問題研究協会。

American Marketing Association〔1990〕*Marketing Definitions：A Glossary of Marketing Terms*, Chicago.
Collins-Dodd, C. and T. Lindley〔2003〕"Store Brands and Retail Differentiation：the Influence of Store Image and Store Brand Attitude on Store Own Brand Perceptions," *Journal of Retailing and Consumer Services*, 10(6), pp. 345-352.
Galbraith, J. K.〔1952〕*American Capitalism：The Concept of Countervailing Power*, Boston：Houghton Mifflin.
Harris, B. F. and R. A. Strang〔1985〕"Marketing Strategies in the Age of Generics," *Journal of Marketing*, 49(4), pp. 70-81.
Hoch, S. J. and S. Banerji〔1993〕"When Do Private Labels Succeed?" *MIT Sloan Management Review*, 34(4), pp. 57-67.
Kumar, N. and J.-B. E. M. Steenkamp〔2007〕*Private Label Strategy：How to Meet the Store Brand Challenge*, Harvard Business School Press.
Kwon, K., M.-H. Lee and Y. J. Kwon〔2008〕"The Effect of Perceived Product Characteristics on Private Brand Purchases," *Journal of Consumer Marketing*, 25(2), pp. 105-114.
Lee, D. and M. R. Hyman〔2008〕"Hedonic/Functional Congruity between Stores and Private Label Brands," *Journal of Marketing Theory and Practice*, 16(3), pp.

219-232.
Morgan, R. M. and S. D. Hunt[1994] "The Commitment-Trust Theory of Relationship Marketing," *Journal of Marketing*, 58(3), pp. 20-38.
Richardson, P. S., A. S. Dick and A. K. Jain[1994] "Extrinsic and Intrinsic Cue Effects on Perceptions of Store Brand Quality," *Journal of Marketing*, 58(4), pp. 28-36.
Richardson, P. S., A. K. Jain and A. S. Dick [1996a] "Household Store Brand Proneness : A Framework," *Journal of Retailing*, 72(2), pp. 159-185.
Richardson, P. S., A. K. Jain and A. S. Dick[1996b] "The Influence of Store Aesthetics on Evaluation of Private Label Brands," *Journal of Product and Brand Management*, 5(1), pp. 19-27.
Stern, L. W., A. I. El-Ansary and A. T. Coughlan [1996] *Marketing Channels*, 5th ed., Upper Saddle River, NJ : Prentice Hall.

(大瀬良　伸)

第 11 章
小売業の販売・仕入・在庫管理

　小売業の役割は消費者の望む商品を最も早く，最も適切な価格で提供することである。そのためにメーカーや卸売業者といった商品の供給業者から，最も適切な原価で商品を仕入れ，最良の時期に店頭で販売しなければならない。販売に当たっては，売り逃しの防止のため品切れがないように十分検討し，また売れ残りがないように，過剰在庫が発生しないように，仕入と販売の両者のバランスを上手に取ることが要求される。そのためには「仕入－在庫管理－販売」の循環(サイクル)をいかに円滑に行なうかが重要になってくる。今日のように大量の商品が市場に溢れている時代には，消費者ニーズに対応したしっかりとした仕入計画を立てなければならない。

　一方，今や小売業は百貨店からスーパーマーケット，そしてCVS（コンビニエンスストア）という生活貢献型産業から，ドラックストア，ホームセンターのようなユーティリティー型産業へと業態が拡大している。そして，アパレルファッションを中心に拡大を続けているSPA[1]やリアルクローズ[2]，ファストファッション[3]

---

[1] SPA（specialty store retailer of private label apparel）は「プライベート・ブランドの商品群で構成された専門店を展開するアパレル製造小売業」の意味である。
[2] リアルクローズ(real clothes)は，直訳的には「現実性のある衣服」の意味。元々は「着回しのきく実用性の高い日常着」の意味で用いられていたが，近年は「流行を取り入れたお洒落なデザインでありながら日常でも安心して(浮き上がらずに)着ることのできる実用性のある衣服」の意味で用いられるようになった表現である。リアルクローズには，「流行を追求して現実味・日常性から外れてしまった実用性に欠けるデザインの衣服とは違う」という意味合いが込められている。
[3] ファストファッション(fast fashion)は，流行(モード)を取り入れてお洒落にデザインされているが，奇抜ではなく誰にでも着られる衣服を低価格で大量に素早く市場に提供すること，或いは，そのようなブランドやアパレル業態を指す。大衆市場を対象にした大量生産・大量販売を基調として，ファストの名に相応しく短いサイクルでアイテムを入れ替えていくことが特徴である。ファストファッションの呼び名は，外食のファースト・フード(fast food)からの連想と思われる。ユニクロを始め，GAP，H&M，ZARAなどの企業が代表例とされる。

へと注目が集まり，その形態が多様化の一途をたどっている。このことにより，小売業は大きな転換点を迎えているといっても過言ではない。小売業の形態が多様化するということは，その小売業に応じた仕入形態や在庫管理の方法が開発されてくることを意味する。

本章では，小売業で行なわれているこの「仕入－在庫管理－販売」という循環について，わが国の百貨店の事例を中心に説明する。

第1節　販売の意味

1　仕入の前に販売

小売業に関心のある人は，大きな仕事をするという意味で，最初から「バイヤー(buyer：仕入担当者)になりたい」等と言う人が多い。しかしながら，現実的な問題として，最初からバイヤーの仕事に就けるわけではない。小売業にとって，モノのない時代と異なり，モノが溢れている時代には「最初に商品がある＝仕入がある」というのは過去の発想である。商品の仕入に当たっては，顧客との接点にいる販売員の情報が極めて重要である。販売員が販売を通して顧客のニーズに触れることになる。販売員の持つ店頭情報を無視して商品を仕入れることはできない。

2　販売方法

顧客への販売には大きく分けて3つのアプローチがある。①百貨店や専門店が行なっているような対面販売方式，②スーパーマーケットやCVSに代表されるようなセントラル・キャッシング(central cashing)によるセルフ・サービス方式，③両者の合体方式である。以下，簡単に説明する。

(1) 対面販売方式

　対面販売は1人(1組)の顧客に1人の販売員が接客をすることを基本としている。比較的単価の高い商品や高級品のように説明が必要な商品に用いられる接客方法である。ここでは顧客の要望，例えば色・デザインなどの嗜好やサイズなどを事細かに聞き，顧客の満足度を中心とした販売を行なう。このことにより，顧客のリピート率の向上や固定客化につなげることができる。また，対面販売方式は，販売員が顧客から生の情報を得られるというメリットがある。例えば，ファッション商品のように流行の変化が激しい商品の場合は，過去の情報では顧客のニーズに対応できない。販売員が顧客と直接に接する対面販売方式は，顧客ニーズをリアルタイムで把握することが可能である(図表11-1を参照)。

(2) セルフ・サービス方式

　セルフ・サービス方式では通常，販売員を配置せず，セントラル・キャッシングで，POSレジスターが売場の中央や出入口に配してある。顧客と一対一で向かい合うのではなく，商品の選択は顧客に任せ，販売員はキャッシャーとして売場の中央や出口に設けられたPOSレジスターにおいて商品の精算のみを行なう方式である。日用品のように単価が比較的廉価な商品で，顧客が商品の選択に慣れている場合に用いられる。セルフ・サービスによる販売では販売動向がコンピュータによって集約され，販売員が商品情報や顧客情報を知ることはできず，常に結果だけが機械的にもたらされる(再び図表11-1を参照)。セルフ・サービス方式においては，精算時に包装をする「サッカー(sacker)」と称される袋詰め係りを配置する場合もあるが，袋詰めも顧客が行なうようになっていることも多い。小売業者にとってこの方法は人件費を抑えられるメリットがある。

(3) 合 体 方 式

　3つ目のアプローチは，対面販売方式とセルフ・サービス方式の合体方式である。例えば，ホームセンターのように絶えず顧客からの相談を受ける性格を

図表11-1 販売方法と仕入情報

	対面販売方式	セルフ・サービス方式
商　　品	流行商品や高級品が中心	定番商品中心
仕入情報	POS＋販売員	POS
特　　徴	POSによる後情報 販売員による生の情報	POS情報

出所：筆者作成。

持った商品を販売する場合は，単純に対面販売方式やセルフ・サービス方式のみでは対応できない。合体方式は，陳列商品の適時の補充をしつつ，顧客の相談にも応じる体制を整える必要のある売場で採用される。

3　販売動向の把握

販売動向の把握には，以下の2点が重要となる。

(1)　売れ筋商品の発見とその方法

売れ筋商品の発見とは，販売員がどのような商品を販売したのか，また，顧客がどのような商品を購入しているのかに注目し，チェックすることである。その為には，次の諸点が求められる。

① 販売員は顧客との会話から，売れ行きの好・不調商品の商品情報，売上動向を把握する。「今日はどのような商品が良く売れたのか，色・サイズ・型は？」「最近の売れ行きの良くない商品はどれなのか，その理由は？」等である。

② 販売員はPOSレジスターのフラッシュレポート（品名別の売上データ）を分析し，店頭情報と照合しながら確認をする。

③ 取引先の担当者から，自社商品について単品毎の売上状況をヒアリングする。

④　販売員は売場で「売上好調商品リスト」を作成し，日々の報告に役立てる。

(2) **商品動向・売上動向の把握と対策**

売れ筋商品の充実を図り，売れ行き不調商品に対する早期の対応を実施しなければならないが，そのためのポイントとしては次の諸点が考えられる。

① 売れ筋商品の品揃え（品揃え数量，納期時期，数量）の見直し，強化。
② 売れ行き不調商品の品揃えの再検討（バイヤーとの協議）。
③ プライスライン，素材，サイズ，色等の商品要素別の動向の把握と品揃えの再検討。
④ 売場構成（ゾーニング，フェイシング），ディスプレイの見直し。

4　ウオントスリップの活用と品切れ対策

販売には万全な品揃えと確かな商品知識が不可欠な要素である。「品切れ」や「取り扱っておりません」では，その売場だけではなく，店舗全体に悪影響を及ぼす。品切れ防止に当たっては，単に日々の商品動向・売上状況をデータで分析するだけではなく，更に一歩進んで売場の取扱いのない商品に関する情報を把握することも重要な販売戦略である。そのためには，毎日の接客を通して「顧客情報」を確実に収集し，バイヤーに情報発信する必要がある。

(1) **ウオントスリップ**

上記の情報発信のツールとして「ウオントスリップ（want slip）」を継続的・計画的に活用するシステムを徹底する必要がある（slipとは「紙片・伝票」の意味である）。ウオントスリップは接客時において，品切れ情報を収集し，適正な商品の在庫と品揃えにタイムリーに反映させることを目的とするメモである。適正な商品在庫を維持するためには，迅速な対応が必要となるが，更に売場での基本品揃えに関する情報も合わせて収集する場合は，図表11-2のような流れでその内容を正確に分析・分類し，バイヤーと協議をする必要がある。

図表 11-2　ウオントスリップの流れ

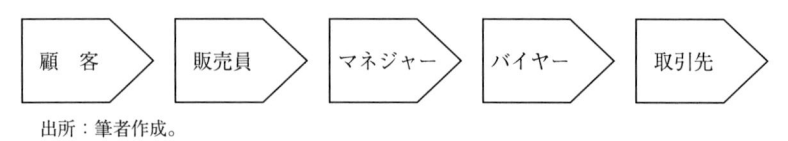

顧客 → 販売員 → マネジャー → バイヤー → 取引先

出所：筆者作成。

(2) 品切れ対策

直ちに補充できる商品は発注をする。特にシーズン終了時までの売上を予測して、具体的に何個といった発注が必要である。仕入先にも在庫切れの場合は、代替品を探してもらう。バイヤーはウオントスリップに基づいて商品情報の最終結果を発信した販売員にフィードバックする必要がある。

(3) 留意点として

上記に関わる留意点として以下の4点を挙げておく。

① ウオントスリップは毎日回収することを習慣づけておかなければならない。

② 情報はタイムリーさが重要であり、販売員とバイヤーとのコミュニケーションが重要である。

③ ウオントスリップ以外に、ボードやノート、売場のスタッフの会話などから直接情報を得ることも大切である。例えば「今日はこのセーターが売れた」「天候が不順であるが、季節商品の動きはどうか」などである。

④ 情報は収集するだけでは役に立たない。情報を活用し、具体的な対策に反映されて初めて効果を発揮するものである。

第2節　小売業の仕入形態

小売業の仕入形態は、①買取仕入、②委託仕入、③消化仕入の概ね3つに集約される。ここでは各仕入形態について百貨店を念頭に説明をする。

1　買取仕入

買取仕入は，納入業者（メーカーや卸売業者）から商品を買取る方法である（図表11-3参照）。買取仕入は，商品のリスクはもちろん，保管や販売に対しても全て買い取った小売業者側（百貨店）が責任を負わなければならない。商品に対する値引きや最終処分といった責任の重い反面，値入率は高く，商品利益率の向上のためには非常にメリットが大きい仕入方法である。買取仕入は，小売業の仕入形態として一般に理解されている方法でもある。

図表11-3　買取仕入

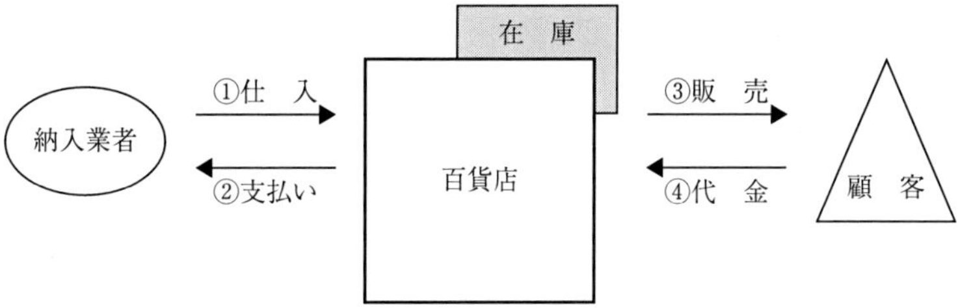

```
                ①仕　入        在　庫       ③販　売
  納入業者  ───────────→  ┌─────┐  ───────────→  顧　客
           ←───────────  │百貨店│  ←───────────
                ②支払い    └─────┘       ④代　金
```

出所：筆者作成。

また，買取仕入は更に2つの方式に分けられる。

① 買取仕入A

これは，仕入段階で，商品にキズやシミなどの欠陥があったり，注文した商品と違うなど納入業者側の責任となる瑕疵(かし)がない限り，小売業者は返品はできないというものである。いわゆる「完全買取仕入」と解されるものである。

② 買取仕入B

発注段階で納入業者との事前合意があり，正常な商習慣の範囲であれば，返品が許される仕入形態である。いわゆる「返品条件付き買取仕入」と解されるものである。西武百貨店ではこれを「本納委託(ほんのういたく)」と称しており，返品がなければ月末に100％支払う仕入形態を指している。

2 委託仕入

委託仕入については，さまざまな解釈がなされているが，本義的には主にシーズン商品・新規商品，催(もよおし)商品などに対して運用される仕入形態である。搬入された商品のうち実際に販売された商品の分だけ仕入を起こし，仕入代金を支払う方法であり，基本的に納品された段階で小売店側(百貨店)に所有権が移ると解されている[4](図表11-4参照)。

図表11-4 委託仕入

```
⑤返品(売れ残り)
⑥返金
                   ┌─一時在庫─┐
在庫    ①仕入 →   │          │   ③販売 →
納入業者 ← ②支払い │  百貨店  │   ← ④代金    顧客
                   └──────────┘
```

出所：筆者作成。

また，委託仕入は，棚卸(たなおろし)の時期によって次の2つの方式がある。
① 委託搬入仕入。月内一定期間に棚卸をする。
② 展示仕入。展示期間終了後，棚卸をする。

なお，棚卸とは，ある一定期間の伝票記録上の在庫高と実際の商品在高(ざいだか)を付き合わせる作業をいう。

三越では，かつては委託仕入について「未極仕入(みきまりしいれ)」と称し，仕入後，1カ月経っても売れない場合は返品する仕組みが用いられていたという。しかし，高度成長期以降は商品アイテム数の増加・展開方法も多様化し，次第に返品伝票を起票しない限り，翌月に全額支払いが発生するような仕組みに修正されていった。この仕組みは，現在では三越・高島屋・西武百貨店などでも同様に用い

---

[4] 委託仕入が「委託販売」と混同して用いられていることがある。委託仕入は検品というゲートを通過し，代金の支払いを想定しており，所有権は小売業者にある。しかし，単純に小売業者が販売を委託された商品を販売し，口銭(こうせん)(commission：手数料)を得るのみの場合は委託販売であり，搬入された商品の所有権は納入業者にある。

られており，この点で委託仕入は，既に上述の「買取仕入B」と同じものとなっている。従って，委託仕入は，百貨店業界では，買取仕入の一方式（買取仕入B）に組み込まれていると解される（これは，西武百貨店の「本納委託」の呼び名にも見て取れる）。

また，委託仕入は1回限りの取引には殆ど用いられない。なぜならば，シーズン終了後商品を返品するとなると，既に代金を支払った後からの返品となり，百貨店は納入業者から返品分の代金を回収しなければならない。しかし，実際のところ殆どの納入業者は百貨店から支払われた代金を次の商品の仕入に充当しており，回収は不可能である。従って，この方式での取引は連続的取引が可能な納入業者に限定されることになる。つまり，返品分の代金回収は，次の納入商品代金から「仕入差引」という方法によって決済されることになる。

なお，委託仕入をわが国固有の特殊なものとする意見があるが，現在，シンガポールや台湾に展開している日本の百貨店や現地の百貨店の納入業者との間でも「イタク」という取引用語が日常的に使用されている。また隣国の韓国の大手百貨店においても「イタク」という取引方法が用いられている。

3　消化仕入

消化仕入は，搬入された商品について，売れるつど仕入が起こされ，仕入代金を支払う仕入形態である（図表11-5参照）。図表11-3，図表11-4と比較すると，買取仕入・委託仕入の場合は，仕入が最初にあるのに対し，消化仕入は顧客に対する販売が最初にあることで，その特徴が良く分かるであろう。消化仕入は「売上仕入」ともいう。消化仕入は，顧客によって商品が購入されるまでは，商品の所有権は納入業者にあるが，消費者に販売が行なわれた後は買取や委託仕入商品と同様の支払いが起こされる。この方式が通常の社会通念とは馴染まないため，消化仕入はさまざまな誤解を招くようである。

消化仕入においては，納入業者が百貨店での展示期間中の資金負担や盗難などのリスクを負っていることから，百貨店側が月2回支払いを行なうなど納入業者にメリットを与えている。最近ではこの支払い条件は百貨店特有の煩雑な

図表11-5 消化仕入

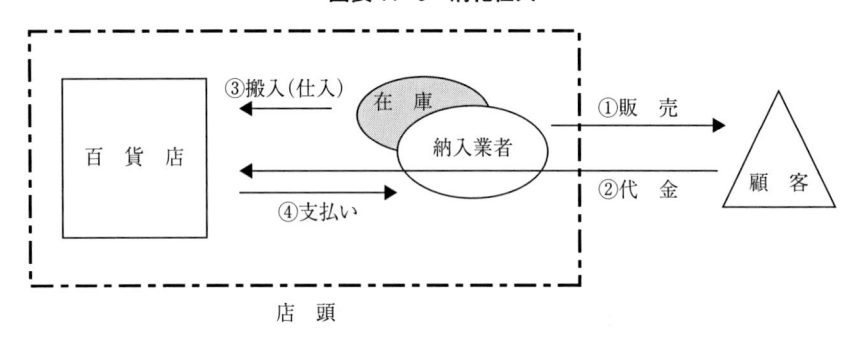

- ③搬入(仕入)
- ①販売
- ②代金
- ④支払い

百貨店　在庫　納入業者　顧客

店頭

出所：筆者作成。

納・返品手続きが省略でき，月2回払いということで，資金繰りにも便利なことから，むしろこの方式を積極的に選択する納入業者もある。なお，消化仕入方式は，現在ではガソリンスタンドや高速道路のパーキングエリアの売店でも頻繁に用いられている。

第3節　品揃え計画

1　品揃え計画

　商品経営においては，販売計画を基に仕入の方針が決められ，その方針の下に具体的な品揃えの計画が立てられる（図表11-6参照）。
　メイン・ターゲットとなる顧客層を定め，どんな商品をいつ，どのくらい揃えれば良いのかを，色々な角度から検討し，プランニングをしていかなくてはならない。どのような傾向の商品群を重点とするのか，どのようなスタイルの，どのようなデザインの，どのようなカラーの，どのサイズを強化し，より高い効果を上げるかが，あらかじめ予測・計画されなければならない。つまり，商品面から見た理想の売場像が具体的に描かれているものが品揃え計画なのである。

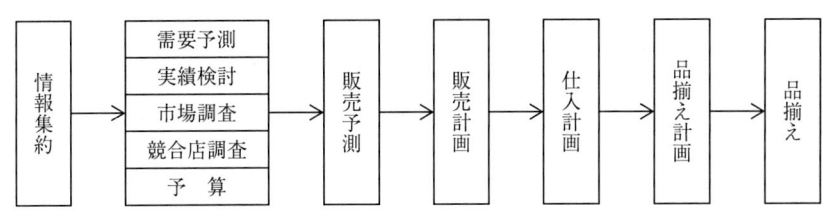

図表 11-6 品揃え計画に至る手順

情報集約 → 需要予測／実績検討／市場調査／競合店調査／予算 → 販売予測 → 販売計画 → 仕入計画 → 品揃え計画 → 品揃え

出所：筆者作成。

　品揃え計画の基にあるのが商品暦であり，商品暦の基になるのが歳時記である。歳時記とは四季はもとより，いろいろな記念日，暮らしの中の行事，地域社会固有の行事，店独自で展開するキャンペーンがあり，それが一体となって商品暦が練り上げられる。

　百貨店をはじめ小売業は全てこの歳時記に基づいた暦が必要である。それを形にして保持しなければならない。いつ頃から，どのような商品がどうウエイトを変化させながら時が過ぎていくのか，誰が見ても分かるようにその商品に適したスタイルで商品暦を作ることが，小売業の仕事の第一歩である。

　それを売場のフェイス (face) に最大の収穫が上がるように具体的に落とし込んだものが品揃え計画であり，売場の展開計画である。売場を畑に，商品を耕作物に例えるなら，自分の限られた畑で1年間にどのような作物を植え替えていくのか (商品暦)，畑には日当たりや水はけを考えてどういう形の畝(うね)をどの位作るのか (フェイスづくり＝売場の構造設計)，その畝にいつからいつまでどういう作物を作付けし，その収穫が終わったら次にどういう作物を作付けするか，1年で最大の収穫が上がるように計画を立てたものが品揃え計画である。外的条件が安定しているか，そうでないか (例えば猛暑) で作物の種類と作付け量と変更 (品揃え計画を調整) し，収穫量を落とさないようコントロールしていく。売場の担当する畝や作物を日々手入れし (フェイス管理)，与えられた収穫 (売上) 目標に向かって努力するのが売場の仕事の基本である。

　商品暦に基づいた品揃え計画の作成は週単位が基本である。多くの小売業では，期のスタートの週を第1週とし，1年間の最終週を第52週とする年度を通した週単位の品揃計画・売上目標管理が常識になっている。月単位管理では商

品暦の移り変わるピッチに対して大雑把過ぎる。例えば，ゴールデンウイークを取り上げると，4月の下旬から5月の上旬の3週間を通して見るべきものであって，4月30日を待って4月度，5月1日から5月度と途切れて商品暦が移っていくものではない。月で見ると前月に比べ日曜が多いとか，祭日が少ないとかの議論になりがちであるが，週単位であれば全体の調整が取れるのである。

2　商品分類とフェイス・プランニング

　作物と作物によっては隣り合って作付けされると相性が悪く，収穫が落ちる関係にあるものがある。売場でいうと商品連関である。商品連関は個々の売場の中でというより，フロア・ゾーニングの段階で連関効果のある配置が行なわれることが前提であるが，売場の中にあっても顧客の商品の見方には流れがある。つまり，この商品がここにあるのであれば，次に歩けばあの商品があるはずだと予想する流れがある。これは商品の分類の仕方を問われているわけである。担当する商品分類を大分類→中分類→小分類へと顧客の視点から正しく分類し，見易い配列をするのが，商品暦と等しく品揃計画の巧拙を決める重要なポイントとなる。

　商品の分類は，顧客がその売場に立ち寄って物を選ぶ基準を切り口とすべきで，常日頃から顧客の声を良く整理し，買い物の仕方を良く観察しておく必要がある。売場・商品によって物を選ぶ基準の順位は異なるが，ブランド，型，デザイン，機能，用途，素材，サイズ，色・柄，産地，製法，価格帯といった分類要素を「第一基準(大分類)」→「第二基準(中分類)」で整理した分類表を全ての売場で持っていなければならない。この商品分類を素直にコードリングしたものが品目コード体系である。

　なお，最近では価格問題がクローズアップされている。顧客の選択基準の中で，価格が他の基準要因より重視される度合いを強めているのであれば，分類上も売場のフェイシングでも「プライスライン別」の優先順位(プライオリティ)を上げなければならない。例を挙げると，この分野で優れた商品分類を成し遂げているのが東急ハンズ[5]である。あれだけ詳細な個別ニーズに対応する専門度の高い商品を，

大量の品種で品揃えをしながら，なおかつ非常に選び易いフェイス管理が行なわれている。加えて適切なPOPが顧客の買い物のし易さを補っている。良く観察をすると，第三者にも東急ハンズの商品分類基準が見えてくるし商品分類表が描ける。商品分類（品揃え計画）がフェイシングに直結しており，ダイレクトに売上入力されるので，品揃え商品毎の売上数量＝フェイシング毎の売上高がデータとして入力できるわけである。

3　仕 入 計 画

(1) 値入差額と値入率

売価とは店頭に並べられた商品に付けられた価格であり，原価とは納入業者が百貨店に納入する時の仕入値を指す。この売価から原価を引いた残り，すなわち，売価決定時に予定されている売価利益を値入差額といい，値入差額の売価に対する割合を値入率という。

$$値入率 = \frac{値入差額（値入売価 - 値入原価）}{値入売価} \times 100 \qquad \text{（参考）}\quad 原価率 = \frac{値入原価}{値入売価} \times 100$$

例えば，原価680円，売価1,000円の商品の値入率は，

$$値入率 = \frac{1,000円 - 680円}{1,000円} \times 100 = 32\%$$

(2) 商品利益・商品利益率

値入利益，値入率が販売を展開する前に計画された未販売状態の商品から得られるであろう利益，利益率であるのに対し，商品利益・商品利益率は仕入れた商品のうち販売された商品だけを対象に計算されたものである。

---

[5] 株式会社東急ハンズは，1976年に設立され，日用品や台所用品・日曜大工用品などの取扱いからスタートしたものである。2010年2月時点で全国に20店舗を展開している。取扱商品に電化製品やシーズン商品などを加え，品揃えの量と幅が小売業の中では突出している点が大きな特徴である。

当初計画で得られる利益はあくまで計算値であり，実際に顧客によって商品が購入されてみないと実際にどの程度，利益が上げられたかは分からない。従って，計画段階での利益と一定期間商いが行なわれた段階でその差異を確認する必要がある。

　なお，第2節で説明した消化仕入の場合は日々の売上があって初めて売上に相当する仕入が起こされ，契約原価率に乗じて仕入額が計上されるので，値入率＝商品利益率になる。

(3) 値下げと販売利益の流れ

　商品はキズ・シミや色あせなどにより商品そのものの価値が損なわれたり，新商品が出たためにデザインが古くなったり，季節商品などで時期が外れたために商品価値が下がることがある。こうした場合には売価を下げ，商品価値とのバランスを取る必要が生じる。これが値下げであるが，小売業の販売の中では，日常的に発生する事柄である。

　例えば，売価3,000円，値入率40％（原価1,800円）の商品(1000点)を例に挙げると，この商品の未販売利益額と未販売利益率は，次のようになる。

　〈未販売利益額〉＝（売価3,000円－原価1,800円）×1,000点＝1,200,000円

　〈総販売利益率〉＝未販売利益額1,200,0000円÷（売価3,000円×1,000点）×100＝40％

　また，この商品の販売を3段階に分けて値下げをして販売をすると，例えば，次のようになる。

① 正価3,000円で600点を販売
　〈販売利益額〉（売価3,000円－1,800円）×600点＝720,000円……a
② 残品400点を2,400円にて値下げ販売，200点を消化
　〈販売利益額〉（新売価2,400円－原価1,800円）×200点＝120,000円……b
③ 残々品200点を1,500円にて再値下げ販売，全品消化
　〈販売利益額〉（新々売価1,500円－原価1,800円）×200点＝－60,000円……c

図表 11-7　値下げと販売利益の流れ (例)

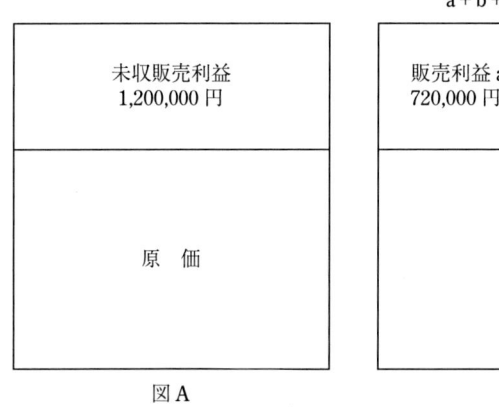

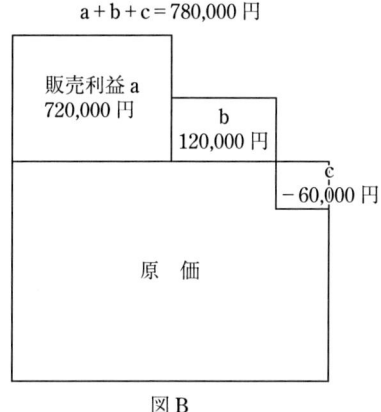

a + b + c = 780,000 円

未収販売利益
1,200,000 円

原　価

図 A

販売利益 a
720,000 円

b
120,000 円

c
−60,000 円

原　価

図 B

出所：筆者作成。

総販売利益額

　　a　　　　b　　　　c
720,000 円 + 120,000 円 + (−60,000 円) = 780,000 円

上記を図解で表すと図表 11-7 のようになる。

図表 11-7 に示されるように，仮にこの商品を一度も値下げをせずに消化できたとすれば，1,200,000 円 (利益率 40%) の販売利益を上げることができたわけであるが (図 A)，実際には 2 度の値下げにより完全消化を果たし，780,000 円 (利益率 26%) の販売利益しか上げることができなかったことになる (図 B)。言い換えれば実現利益額は，予定利益額に対し 65% しか達成できなかったといえる。

上記の計算は今日では全てコンピュータにプログラムされており，大半の百貨店は手元の PC 画面で確認できるようになっている。

4　商品の補充と発注

商品の補充と発注については，2 つの方式に分けることができる。

(1) 定期補充方式

時間軸により一定期間毎に商品を補充する方式である。発注量は売れ行きに応じて適宜変更していく。週単位に補充していくのが便利である。定期補充方式のやり方は，以下の通りである。

① 商品補充注文のサイクルを一週間間隔に固定する。例えば，木曜日を補充日と決め，他の曜日は一切補充しない。但し，このやり方をすると，検品所が混雑し，他の曜日は検品所がガラ空きといった事態が発生する。

② 一週間の売れ数を把握する。フェイス管理により平均の売上高を把握する。

③ 一番簡単な方法としては，値札に入荷した週を記号化して明記し，一定期間過ぎているものは自動的にカットしていく。

④ 発注単位を決め，発注の際はこの倍数で発注する。例えば，1箱1ダースのものは，最低発注単位を1ダースとし，それの倍数である2ダース，3ダースで発注する。

(2) 定量補充方式

陳列量があらかじめ決められた量(発注点)より少なくなったら，自動的にそのつど補充していく方式である(現在のスーパーマーケットやCVSで用いられている方式)。量を基準に目で見て補充する方法である。ハンガー陳列，ケース陳列の場合も，あらかじめ品目毎に最低陳列量を決めておき，これを発注点として，この発注点まで商品が減ったら自動的に発注するようにする。但し，発注日が定期的でないため，発注日から「納品日」まで日数がかかる場合があるので余裕を持った発注点の設定が必要である。オールシーズンの商品は良いが，流行商品の場合はシーズンの始まりと中・後では売れ行きが異なるのでこの点についての事前の設定も重要である。

良く売れる商品を品切れさせないためには，迅速性，正確性，省力化を基本に，誰でもできる容易なシステムが求められる。商品補充発注は，商品特性によって異なるため，それぞれの商品特性に合わせて各売場でそのシステムを確

立しなければならない。また，そのシステムを確立するためには，販売員とマネジャー，バイヤーが連携し，その段取りが販売員に徹底されていることが重要である。

第4節　在庫管理

1　適正在庫

　適正在庫とは最も効果的で経済的な在庫状態にあることをいう。顧客の欲求を最大限満足させ，かつ経費を最小限にするためには，在庫の構成を総量やフェイシング，価格帯などいろいろな面から検討をし，その結果を機敏に反映させなければならない。

　在庫は商品の「総量」「幅」「深さ」という3つの要素から成り立っているが，適正在庫にはこれらの3つの要素が完全に一致した状況が求められる（図表11-8参照）。

図表 11-8　在庫の3要素

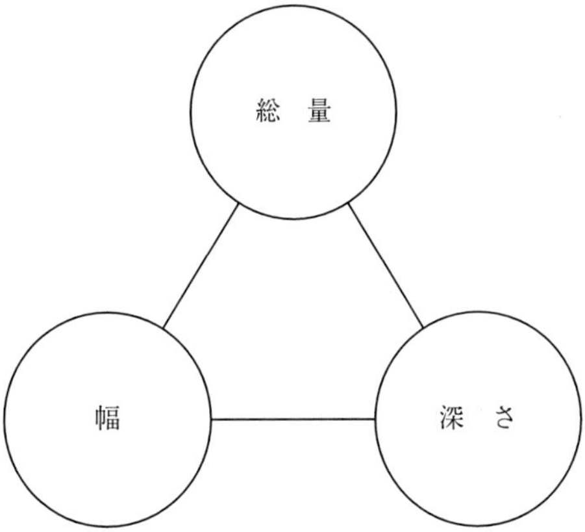

出所：筆者作成。

2 在庫管理の方法

在庫管理の方法は,大別して「ダラーコントロール(dollar control)」と「ユニットコントロール(unit control)」に分けられる。

(1) ダラーコントロール

個々の商品の動きを単品としてではなく金額で捉えて在庫管理をしていく方法をダラーコントロールという。商品在高が予算より少ない場合,その差額分だけ仕入余地があることになる。つまり,ダラーコントロールとは仕入・在庫・販売の流れの中で商品を金額(或いは数値)によって管理していこうとするものである。

しかし,金額による管理であるから,実際の商品在高や仕入商品の内容について管理の眼が行き届かず,既に過剰在庫になっている商品を再び仕入れたり,本当に補充したい商品以外の商品を仕入れてしまう危険がある。そこでダラーコントロールはいつも平均的に売上が上がる,あまり流行性のない商品の管理方法として使われる。

(2) ユニットコントロール

ダラーコントロールにより在庫の管理をすることは,現代の経営にあってはもはや欠くことのできない条件である。しかし,金額だけで捉えたのでは在庫管理の手段としては不十分であり,在庫の内容を絶えず明らかにする必要がある。

ユニットコントロールとは,適切な在庫量をもって最高の売上を達成するために,価格・色・柄・サイズなど異なる商品の単品毎の動きを金額ではなく商品の数量で管理するやり方である。単品毎に販売・在庫数量が把握できるので売れ筋商品,売れ行きの悪い商品などの商品情報が正確に分かり,品切れを防ぐと共に重点商品を仕入れて販売することが可能になる。また適切な値下げのタイミングをつかんで販売することにより,商品の「デッドストック(dead stock:死蔵品)」化を防ぐことができる。

ユニットコントロールは売りたい主力商品，良く売れる商品，ファッション商品及び季節商品の管理に向いている。種々の商品情報を販売時点で把握するPOSレジスターは単品管理の面でも大きな威力を発揮する。

3　検　　品

　発注後，納品された商品は検品係で仕入伝票と照合，点検し，仕入済みの商品はそれぞれ売場や倉庫へ移動する。検品係のチェック・ポイントとしては以下のようなものがある。
　① 商品：汚破損(シミ，キズ)・数量・品質など，全商品をチェック。
　② 値札：仕入別(買取仕入・委託仕入・消化仕入)，品名コード，単価，商品年齢，取引先符号，一般または特価品をチェック。
　③ 伝票照合：仕入伝票の証印手続・記載内容をチェック。
　④ 訂正手続：上記①～③の過程で発注事項と異なる個所があれば訂正する。
　小売業において，この検品という作業は華々しさに欠けるため注目され難いが，検品作業のミスは消費者からの信用を失い，財務会計上も大きなトラブルを引き起こすことになるので真剣に遂行する必要がある。
　検品の作業には商品のみならず，値札の取扱いも行なっている。値札には単に価格を表示しているだけでなく，仕入の種別，品名，商品年齢(仕入時期)，仕入先符号などあらゆる情報が盛り込まれているデータがあり，このデータがPOSのスキャナーで読み込まれて商品の売れ行きを知るための貴重な資料になる。
　これからの小売業では，どんな商品がどれだけ売れているかをできるだけ細かく分類された状態で，できるだけ早く情報として捉え，品揃えに活かしていかなければならない。そのために開発されたのがPOSシステムである。「POS(Point of sales)システム」とは，販売時点情報管理と訳され，従来のレジスターは客の売上金額をその場で早く計算することが主な役割であったが，POSシステムはPOSターミナル(コンピュータの端末機)とコンピュータを直結し，打ち込んだデータが即時にコンピュータに送られ，加工され，必要なと

きに，必要な人に，必要な情報を提供できるシステムが可能となっている。

4　商品回転率と適正在庫高

(1)　商品回転率

　商品回転率とは，ある一定期間に商品(売価数値)が何回転したかを示すもので，実質的には商品の平均在高期間を意味する。商品回転率が高いほど商品の動く機会があり，小売業にとって利点がある。商品回転率には，基準とする期間によって年回転率，月回転率があり，または商品の捉え方により売価回転率，数量回転率がある。更に商品在高をいつの時点で捉えるかにより平均在高回転率，月央在高回転率，月末在高回転率がある。通常は「年回転率・売価回転率・平均在高回転率」を用いている。

$$商品回転率 = \frac{年間売上高}{平均商品在高}$$

$$月平均在高 = \frac{毎日の商品在高の和}{月営業日数}$$

　例えば，月の売上高が600万円で，月平均の在高が720万円だとすると以下のようになる。

$$商品回転率 = \frac{600万円 \times 12カ月}{720万円} = 10回転$$

　商品回転率が高いと次のような特徴がある。
① 　資金効率が良い。同じ売上を上げるのに少ない在庫ですむ。
② 　売上が増加する。同じ在庫なら多くの売上高が上がる。
③ 　商品の在庫期間が短いので，商品の汚破損・流行遅れなどによる商品価値の低下が少なくてすむ。
④ 　品揃えの充実資金に余裕が生じ，必要商品の仕入が可能となり，品揃え

が充実する。

　百貨店に限らず小売業では「品揃えの30％で売上の70％をつくる」といわれている。或いは小売業においても「80対20の法則」[6]が当てはまるともいわれる。それ故，資金効率の観点から「ABC分析（ABC analysis）」を定期的に実施し，回転の悪い品揃えを整理し，在高をスリムにして回転率を上げる必要がある。

　在庫管理としてのABC分析は，商品（販売品目）を売上高の多い順に並べて，売上高の累積構成比を足し上げていくことで行なわれる。このようにして作成される図はABC分析図と呼ばれる[7]。ABC分析図においては，累積構成比70～80％を占める商品をAランク，70～80％から80～90％をBランク，残りをCランクとして全体の売上高に対する貢献度を位置づけるのが一般的である（どの％で区分するかは商品特性に応じて変えて良い）。貢献度の高い商品（Aランク）は数の上では多くはないが（先に挙げたように全体の品揃えの20％や30％など），これを重点的にケアすることで効率的な商品管理ができることになる。しかしながら，BランクやCランクの商品も品揃えの幅を広げ，Aランクの商品を補完することで品揃え全体の魅力度を上げることに貢献している点も十分に理解しておかなければならない（例えば，Cランクの商品が多数あっても，これら全てが直ちに不要とは限らない）。

(2) **適正在庫高**

　適正在庫高を維持するためには，在庫内容の確認と分析が必要になる。ここでは，店頭の在高をどのように分類するかが重要である。図表11-9に示される分類のうち，店頭の在高を圧迫する「C持越品」「Dデッドストック」「E品減（しなべり）」を正確に把握し，長期的に削減する姿勢を絶えず持たなければならない。この把握をしておかないと，毎月の毎月の場当たり的な在庫調整を余儀なくされることになる。

---

[6] 「現象の80％は現象を構成する20％の要素で説明できる」「全体成果の80％を20％の要因が決定づけている」といった経験則。イタリアの経済学者パレート（Pareto, V.）による「パレートの法則（Pareto's Law）」を社会一般の経験則に当てはめ（言わば雑駁に）利用しているもの。ここでいう「売上高の80％を扱い品目の20％が生み出している」はその1つである。

[7] ABC分析図は「パレート図」でもある。

図表 11-9　適正在庫の内訳

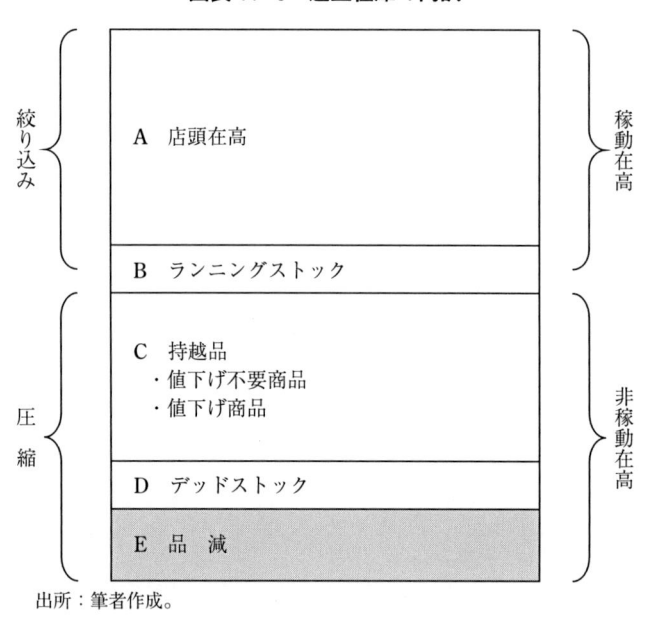

```
         ┌─────────────────────────┐
絞り込み  │  A  店頭在高              │  稼働在高
         │                          │
         ├─────────────────────────┤
         │  B  ランニングストック     │
         ├─────────────────────────┤
         │  C  持越品                │
         │     ・値下げ不要商品       │
圧縮      │     ・値下げ商品          │  非稼働在高
         ├─────────────────────────┤
         │  D  デッドストック         │
         ├─────────────────────────┤
         │  E  品減                  │
         └─────────────────────────┘
```

出所：筆者作成。

第5節　棚　卸

1　棚卸とは

　商品棚卸とは，実際の手持ち商品の全てを文字通り棚からおろし，一品一品その商品の価値を量り，その時点で商品在高を確定する作業である。棚卸は毎日或いは毎月末に行なうことは商品の総点数からいって不可能である。そこで利益を確定するために半期に1回程度，棚卸を実施する。その際，帳簿上の在高を使って商品管理を行なう。仕入れられた商品は仕入伝票により，品名・数量・単価がコンピュータにインプットされ，販売された商品はレジスターに品名・取引コード，数量，単価が打ち込まれ，同じくコンピュータにインプットされる。「商品在高＝繰越商品在高＋値入原価－売上高±値替高」であるから，このように伝票上から算出された在高を帳簿在高と呼ぶ。

帳簿在高と実際の手持ち在高とは一致するのが理想的であるが，何らかの理由で両者の誤差が生ずるのが現実である。実際の手持ち商品の品番，品名，数量，単価，金額を売場，倉庫の全てに渡ってチェックし，帳簿在高との差異を算出する。帳簿在高が実際の手持ち在高より多い場合を「品耗(或いは減耗)」と呼び，その逆を「品増え」と呼ぶ。品耗は帳簿上あるべき商品がないわけであるから，営業努力の結晶である純利益のマイナス要素になる。逆の品増えの場合は，純利益のプラスの要素となるが，それは顧客或いは取引先の損失になるわけであるからこれらも正しい商品管理があったとはいえなくなる。[8]

2 棚卸の意義

棚卸の第1の意義は会社の利益の確定にある。すなわち平月は帳簿在高から商品利益を算出しているが，半期に1回程度の棚卸により品増え，品耗分だけ商品利益を増減するわけである。

第2の意義は，デッドストックの防止にある。売場内外の全ての商品をチェックすることにより，実際の手持ち在高を金額面だけでなく単品単位で知ることができる。その結果，倉庫にしまわれたままの商品や次期シーズンに持ち越された商品を確認することができる。それらの商品は値下げなり，販売展開の検討が加えられ販売機会が与えられることになる。早め早めの手当てをし，シーズン越え商品(通常，「キャリア商品」という)，デッドストックの発生を防がねばならない。

第3の意義は，実際の手持ち在高を単品単位で知ることにある。すなわち担当品番の商品構成(単価幾らのどんな商品がどれだけあるか)を一目瞭然に知ることができ，今後の商品経営と販売体勢を計画的に行なうための資料にできる。

以上のように，棚卸は会社の利益を確定し，同時に商品内容を把握し，今後の商品計画に役立たせる重要な業務といえる。

---

[8] 品増えは，納・返品時の伝票の記入ミスによる場合，取引先の損失となる。また，実際には少ない量・数で顧客に販売されてしまったことによる品増えもある(例えば，生地の切り売りや味噌などの量り売り等)。この場合は，顧客に不利益を与えてしまった結果として品増えが発生していることになる。

3　品耗の原因

品耗が発生する場合，以下の原因が考えられる。

(1) 原因が仕入時点にある場合

これには以下のケースがある。
① 商品の数量が仕入伝票記載より少ない場合。
② 商品の値札が仕入伝票記載より低い場合。
③ 他の品群の仕入伝票が品番違いで計上されたままである場合。
④ 商品振替に誤りがあった場合。商品振替とは，商品を他店より受け入れ，或いは他店に振り替えることをいう。商品を受け入れる際に伝票上，受け入れ品番を間違えた時に品耗が発生する。また，該当品番で他店に振り替えるべきところを誤って他品番で振り替えたときにも同様に品耗が発生する。

(2) 原因が販売時点にある場合

これには以下のケースがある。
① レジスターへの登録を誤って売価以下で打ち込んだ場合。
② 正規の値下げ手続きをとらずに値下げ販売した場合。例えば，売価10,000円の商品について値下げ伝票を入れずに9,000円で販売すれば1,000円の品耗が発生する。
③ 品番を間違えて販売した場合。当該品番で間違えた場合，その売場で売上分だけ品耗が発生する。もちろん間違えられた売上を計上された売場ではこの分だけ品増えが発生することになる。
④ 貸出商品，移動商品の未整理。
⑤ 汚破損等した商品を正規の手続きをとらずに処分した場合。この場合，帳簿上ではいまだに在高となっている。
⑥ 盗難にあった場合。

(3) 原因が棚卸時点にある場合

これは，棚卸時に付け上げ数量，単価を間違え，少なく記入した場合である。

以上のような原因で品耗が発生するわけであるが，担当者が売場，商品に対する認識を深め，正しい伝票・商品・値札の点検をすることにより，かなりの部分の防止が可能である。

また，一般的には品耗は，売上高に対する比率で表され，これを品耗率と呼ぶ。品耗率は次の式で表される。

$$売価品耗率 = \frac{売価品耗高（帳簿在高 - 実際手持ち在高）}{売上高}$$

第6節　収支の仕組み

企業は企業活動によって利益を上げ，株主に配当を行なうと共に従業員の福利厚生，そして地域社会への貢献をすることを大きな目標の1つとしている。そのためには，活動内容を数量化し，事実を客観的に捉える必要がある。そして，現代の情報化社会においては，数量化されたデータを整理・分析し，今後の合理的・効率的な経営につなげていくことが求められることになる。

1　売上と利益の構造

図表11-10は，小売業の一般的な売上と利益の構造を示したものである。以下，図表11-10を順に見ていく。
① 商品利益＝売上高－売上原価

商品利益は，これは「もうけ」ではなく，「かせぎ」であることに留意する必要がある。
② 営業利益＝商品利益－営業費

図表 11-10　売上と利益の構造

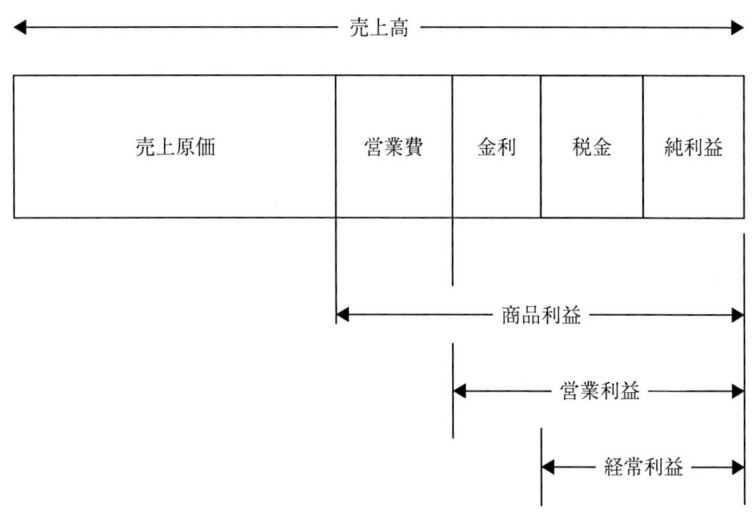

売上原価	営業費	金利	税金	純利益

売上高 = 売上原価 + 営業費 + 金利 + 税金 + 純利益
商品利益 = 営業費 + 金利 + 税金 + 純利益
営業利益 = 金利 + 税金 + 純利益
経常利益 = 税金 + 純利益

出所：筆者作成。

営業費とは商品を販売するためにかかった経費を指す。営業費には以下が含まれる。

　　人件費：基準内外給与，賞与，年末手当て，退職金，教育費，厚生費，等
　　総務費：旅費，贈答費，交際費，調査研究費，給食費，等
　　宣伝費：広告費(掲載・電波・掲示)，装飾費，催事費，等
　　庶務費：補修費，電力料，水道代，燃料，包装材料，被服費，郵便・電話料，等
　　経理費：地代家賃，保険料，租税(固定資産税・自動車税)，等
　　引当金：償却引当金(当期建設計画分等)，税金引当金(事業所税等)

③　経常利益＝営業利益－金利

　金利＝営業外費用－営業外収益である。営業外収益とは投資不動産による家賃収入，仕入先からのリベート，預金などの利息を指す。営業外費用とは借入金に対する利息等である。

④　純利益＝経常利益－税金

　純利益が本当の「もうけ」である。目安としては，通常，経常利益の半分が

税金として課せられる。小売業は大きな売上を上げたとしても，さまざまな経費を引いていくと，最終的に得られる純利益は大きなものではないのが通常である。また，小売業は，時代の変化に対応して店舗のリニューアルなどの新しい投資が必ず必要になってくる。この投資ができなくなれば，その小売業はいずれ魅力を失い，衰退の道をたどっていくことになる。

2　売上高のアップの方途

ここで，小売業の売上高を増加させる方途についても整理しておく。売上高は以下のようにさまざまに捉えることができる。

① 売上高＝客数×客単価
② 売上高＝品目売上×品目数
③ 売上高＝時間当たり売上×営業時間
④ 売上高＝在庫×回転率
⑤ 売上高＝面積当たり売上×面積
⑥ 売上高＝マーケットサイズ×商圏人口×シェア

①の公式で考えると，「客数」か「客単価」をアップすれば売上高は上がることになる。しかし，「客単価」アップの対策として品揃えの価格帯を上げると，これまでの購買客層に合わなくなり，客数が減ってしまう恐れがある。まして，デフレ経済下にあって客単価を上げることは難しい。従って「客数」と「客単価」のバランスを考えて対策を立てる必要がある。

④の公式で考えると，売れ筋商品は回転率が早いため，いかに売れ筋商品の在庫を確保しておくかがポイントになる。売れ筋商品の在庫が多いほど売上高のアップにつながる。しかし，商品のライフサイクルが早くなり，定番商品のような売れ筋と流行品では時間幅が異なるので事前の検討が必要である。

3　計画上の利益と実際の利益

小売業においては，仕入れた商品の全てが顧客の手に渡るわけではない。例

図表 11-11　計画上の利益と実際の利益

〈計画上の商品売価・見込み利益〉

商品売価(購入客が買う見込み金額)	
商品原価(取引先から仕入れた金額)	値入高(予定した見込み利益)

〈実際の商品売価・利益〉

商品売価(購入客が実際に買った金額)		品耗・商品ロス
商品原価(取引先から仕入れた金額)	粗利高(実際の利益)	値引きロス

出所：筆者作成。

えば，図表11-11に見るように，ある期間，販売をした後では品耗，瑕疵(かし)，汚損，返品などによるロスが生じている。また，第3節「品揃え計画」で見てきたように値引きを全くしないで商品を売り切ることができることは殆どあり得ない。従って，計画上の利益と最終利益とではかなりの乖離があると見ておかなければならない。それだけ，商品管理をしっかり行なって無駄な値引きを防ぎ，いかに「品耗」を抑えるかが利益を確保する上で重要である。

第7節　ま　と　め

　小売業は小売業者の提供する商品という財と，消費者が支払う貨幣の交換によって成り立っている。しかし，第2次産業の自動化工場などとは異なり，スイッチを入れれば後は自動的に生産が行なわれるといった性質のものではない。商品の受け渡しには何らかの形で消費者と販売員が関与しており，この関係は絶えず不規則な或いは不安定な要素が絡んでいる。特に本章で取り上げた百貨店の「仕入－在庫管理－販売」の循環(サイクル)は，小売業自身が絶えず意図的にマネジメントしておかないと，「売上が上がって利益なし」ということになりかねない。
　特に第2節で説明した仕入形態は，相手方である取引業者とどの方法で取引をするのか，その場合のメリット，デメリットやどのような問題が生じ得るの

かを把握しておかなければならない。また，在庫管理にしてもどのような商品をどの段階で展開できるのかを考慮しつつ，在庫の量と補充のタイミングを図らなければならない。今日では最寄品は十分に充足しており，消費者が日々の生活の中で必要なものはさほど不足しているわけではない。従って，良い商品を消費者に提供するというのは何も商品のクオリティだけの話ではない。消費者がシーズンに先がけて手に入れられるということも小売業としての重要な意味がある。ところが，このシーズンに対応した品揃えは，天候や流行によって思わぬ在庫（＝売れ残り）が発生しかねない。だから絶えず当初計画で策定した商品暦も小刻みに修正をする必要が出てくる。また，そうなると，在庫管理は「売り逃しをしないように，かつ売れ残りがないように」とまさに二律背反する課題を絶えず求められることになる。従って第2次産業の自動化工場とは異なる細かな対応が求められるのである。

それは目で見えることばかりとは限らない。仕入と在庫管理に留まらず，手持ちの商品は状況によって値下げをして，翌シーズンに商品を持ち越さないようにする注意が必要である。商品はモノであるが実際には現金と同様であり，この商品という現金を寝かしておくことは経営に重大な影響を与える。特に買取をした商品は商品の劣化，金利負担，倉庫代を含め膨大な経費が発生していることに注意しなければならない。シーズン中に売り切る覚悟がないと倉庫には歴年の商品が山積みになってしまうのである。

小売業には，本章で見たような内なるマネジメント以外にもさまざまな業種・業態との競争があり，絶えまぬ日々の努力が求められるのである。

【参考文献】
清水滋〔1973〕『百貨店のマーチャンダイジング』デパートニューズ社。
多田應幹〔2003〕「百貨店の取引慣行の形成メカニズムの研究—隠れた資源としての「派遣店員制」—」『CUC Policy Studies Review』第3号，千葉商科大学大学院政策研究科，pp. 23-33.
多田應幹〔2003〕「百貨店とアパレルメーカーの取引慣行」『流通』vol. 16，日本流通学会，pp. 58-64.
多田應幹〔2005〕「小売業の仕入形態と在庫管理」（小宮路雅博編著『現代の小売流通』同文舘出版，第5章所収，pp. 77-98）。

宮澤永光・亀井昭宏監修〔2003〕『マーケティング辞典改訂版』同文舘出版。

＊他に百貨店各社資料(高島屋, 伊勢丹, 三越, 大丸, 西武百貨店)を参照している。

(多田　應幹)

ed
第 12 章
販売員の現状と管理

　明るい照明に心躍る音楽，ボリュームとバリエーションに富んだ商品，そして，明るく元気な笑顔と親切で丁寧な販売員の態度―。小売店舗に立ち寄った人なら，誰もが経験する一幕である。顧客は，こうした店頭でのさまざまな要素によって購買意欲を持つが，小売業を営む現場においては，商品やサービスそのものの良さと同時に，販売員一人ひとりの資質や仕事に対する姿勢が業績を大きく左右する。

　ところが，小売業の店頭で販売に従事している人は，必ずしもその業者の「正社員」であるわけではない。そこには，パートやアルバイト等さまざまな「非正社員」[1]が勤務しており，業態によっては，店舗で働く従業員のほぼ全員が非正社員である場合もある。現代の小売業の多くにとって，小売店舗とは，こうした非正社員の雇用と活用によって初めて成り立つものである。

　特に近年，これまで補助的労働力と見なされてきた非正社員の「基幹労働力化」が進んでおり，小売業やサービス業の現場等では，正社員と非正社員との役割の違いが曖昧になりつつあり，仕事内容の境界線がなくなってきている。これに伴い，非正社員をどのように処遇し，育成していくかが，小売業にとっては死活問題となっている。

第 1 節　小売業における販売員とは

　小売業にとっては「売上」を上げることが最も重要であり，小売業における販売員の仕事の中心は当然のことながら商品の販売となる。しかし，販売員の役割とは，単に「顧客に商品を渡して，代金を受け取る」ことではない。実際

の販売員の主な実務項目は，①接客，②顧客管理，③販売促進，④店内作業（商品の整理，清掃等），⑤商品の補充，⑥売上管理，⑦クレーム処理，⑧商品知識及びその周辺知識の習得や情報収集等である。[2] 特に直接，顧客と接する「①接客」こそ，売上に大きな影響を及ぼす。自分が買い物をする時を想起すれば，理解できよう。気持ち良く，楽しく買い物ができた時には，商品や価格だけでなく，販売員の接客にも満足していることが多い。一方的に売りつけようとされたのではなく，感じ良く接し，円滑なコミュニケーションの中で，お客の立場になって買い物を支援してくれた場合に顧客の満足度も高まる。

そのためには，豊富な商品知識をもって顧客に接し，ニーズにぴったり合った商品を探し出し，時にはその顧客自身が気づいていない潜在的ニーズや，本当に求めているウォンツを引き出してあげることが重要である。そのような意味では，販売する商品やサービスに関する「プロフェッショナル」になる必要があり，これまで以上にコミュニケーション能力，アドバイス能力，コンサルティング能力が問われるようになっている。

一方，実際の小売店頭では，顧客から見ると一律に「店員さん」や「販売員」であっても，雇用の形態や給与の出所が異なる人々が渾然一体となって働いている。百貨店，GMS，CVS（コンビニエンスストア），スーパーでは，パート，アルバイト，契約社員，派遣店員，マネキン，嘱託，手伝店員等，さまざまな雇用形態があり，それぞれが役割を果たしながら店舗運営がなされている。そのような非正社員は，小売業やサービス業の現場を支える不可欠の存在であり，業態や売場によってはむしろ彼ら（彼女ら）が主役で，正社員の方が補助的存在の場合もある。

以下では，小売業におけるさまざまな呼称の販売員について，その成り立ちや制度的違い，雇用関係，根拠法令等によって分類しながら，どのような役割を果たしているのかを見てみたい。

---

[1] いわゆる「正社員」でない形態で働く者をいう場合の総称。米国では，このような労働者を「コンティンジェント・ワーカー（contingent worker）」と称し，佐藤・藤村・八代〔1999〕は「企業が労働サービス需用の発生に応じて活用する労働者」と規定している（p. 170 による）。

[2] 船井総合研究所編〔1990〕pp. 23-24 による。

図表 12-1　正社員と非正社員の違い

雇用関係あり		
①雇用期間の定めなし　→　正社員		
②雇用期間の定めあり　→　非正社員		
ア）短時間勤務で 1 カ月以上の雇用期間	→	パート社員，等
イ）フルタイム勤務で 1 カ月以上の雇用期間	→	契約社員，等
ウ）臨時的雇用者(1 カ月未満の雇用期間)	→	アルバイト社員，等

雇用関係なし（外部人材）		
①受け入れ企業からの指揮・命令関係あり	→	派遣社員
②受け入れ企業からの指揮・命令関係なし	→	職場内請負社員（業務委託契約に基づく）

出所：今野・佐藤〔2009〕p. 306 を参照し筆者作成。

1　正　社　員

　正社員とは，わが国の雇用慣行上，期間の定めのない労働契約，いわゆる終身雇用制を前提に雇用した従業員を意味し，会社が不景気で赤字になっても，それだけで直ちに指名解雇できるものではなく，相当の解雇回避の努力を尽くさなければならないという，強い雇用保障を約している地位にある労働者のことである。長期雇用を前提にしているため，社員教育と人事異動を通してキャリアを形成していく。本章では，「正社員」を「期間の定めのない労働契約を締結し，長期雇用を前提に社員教育と人事異動を通してキャリアを形成させていく労働者」と定義し，それ以外の労働者を「非正社員」と呼んでいる。

　なお，正社員と非正社員との違いについては，図表 12-1 のように分類できる。

　また，厚生労働省「平成 19 年就業形態の多様化に関する総合実態調査報告」によれば，各就業形態の定義は図表 12-2 のようになっている。

　さて，小売業における正社員は，小売業の王道たるマーチャンダイジング，すなわち営業部門を通じてキャリアを形成する。一般には，現場であるさまざまな売場の販売員（スタッフ）として販売業務（オペレーション）を経験した後，売場長やフロア・マネジャー，更には店長となりマネジメントを経験する。幾つかの売場や店舗を経験した後，数店舗または地域の統括マネジャーを経て，

図表 12-2　就業形態による社員の区分

ア．正社員
　　雇用している労働者で雇用期間の定めのない者のうち，パートタイム労働者や他企業への出向者等を除いた，いわゆる正社員。
イ．契約社員
　　特定職種に従事し，専門的能力の発揮を目的として雇用期間を定めて契約する者。
ウ．嘱託社員
　　定年退職者等を一定期間再雇用する目的で契約し，雇用する者。
エ．出向社員
　　他企業より出向契約に基づき出向してきている者。出向元に籍を置いているかどうかは問わない。
オ．派遣労働者
　　「労働者派遣法[注1]」に基づき派遣元事業所[注2]から派遣されてきている者。なお，調査対象事業所が労働者派遣事業を行っている場合，派遣労働者として雇用している労働者についてはその事業所での調査対象としない。
　　「登録型」とは，派遣会社に派遣スタッフとして登録しておく形態をいう。「常用雇用型」とは，派遣会社に常用労働者として雇用されている形態をいう。
カ．臨時的雇用者
　　臨時的に又は日々雇用している労働者で，雇用期間が1カ月以内の者。
キ．パートタイム労働者
　　正社員より1日の所定労働時間が短いか，1週の所定労働日数が少ない労働者で，雇用期間が1カ月を超えるか，又は定めがない者。
ク．その他
　　ア〜キ以外の労働者で雇用している者。

注1：「労働者派遣法」(1986年7月施行)とは，「労働者派遣事業の適正な運営の確保及び派遣労働者の就業条件の整備等に関する法律」をいう。
注2：派遣元事業所とは，「労働者派遣法」に基づき厚生労働大臣の許可を受け，または厚生労働大臣に届出を行なっている事業所をいう。

出所：厚生労働省〔2008〕「平成19年就業形態の多様化に関する総合実態調査報告」。

本社(本部)機能における経営者層に昇進していく。これが，営業部門における一般的なキャリア形成である。

　一方，営業部門でも，仕入や商品企画，販売促進，或いは物流等，実際の売場をバックステージで支える部門や，インターネットやDM・カタログ等を通じた通信販売部門，百貨店等では有力個人顧客や法人顧客に直接営業を行なう「外商」部門等，店頭販売ではない「店外販売」部門に従事することも多い。或いは，しばらくの営業部門を経て，本社(本部)機能の管理部門(経営企画・総務・人事・経理，等)を中心にキャリアを形成する場合もある。

いずれにしても正社員は，さまざまな職務・職種を経験しながら育成と能力開発が行なわれ，当該企業固有の企業内特殊技能を有するゼネラリスト(総合職・管理職)，エキスパート(専任職)，スペシャリスト(専門職)としてキャリアを形成している。

2　パート社員

　パート社員(パートタイム労働者)とは，自社の正社員と比べて週の所定労働時間が短い短時間勤務の労働者のことであり，いわゆる「パート」と「アルバイト」の両者を総称して呼ばれる。非正社員のうち最も多くを占めるのが，このパート社員であり，雇用契約は企業・店舗に直接雇用される。小売業においては，主に店頭販売を担い，かつては正社員の補助的業務が中心だったが，今日では主戦力の販売員として従事しており，売場長や店長等のマネジメントを担う例も多くなってきている。

　小売業においても，パートは，正社員を除くと，最も多く活用されている雇用形態であり，その中心は既婚女性層である。アルバイトの中心は学生やフリーター等の若年層である。また，労働時間の長短にかかわらず，フルタイムで働いていても勤め先での呼称が"パート"という販売員も少なくなく，その

---

[3] その企業内だけで通用するスキルやノウハウのこと。
[4] パートタイム労働法では，パートタイム労働者とは，「一週間の所定労働時間が同一の事業所に雇用される通常の労働者の一週間の所定労働時間に比し短い労働者をいう」(同法2条)と定義されている(安西〔2002〕pp. 19-20による)。厚生労働省「パートタイム労働法の改正について　パートタイム労働者とは」によると，例えば，「パート」「アルバイト」「嘱託」「契約社員」「臨時社員」「準社員」等，呼び方は異なっても，この条件に当てはまる労働者であれば，「パートタイム労働者」としてパートタイム労働法の対象となる。またここでいう，「通常の労働者」とは，事業所において社会通念に従い「通常」と判断される労働者を指す。この「通常」の判断は，業務の種類毎に行い，「正社員」「正職員」等，いわゆる正規型の労働者がいれば，その労働者を指し，例えば，労働契約の期間の定めがない，長期雇用を前提とした待遇を受ける賃金体系である等，雇用形態，賃金体系等を総合的に勘案して判断することになる。事業所に同種の業務に従事するいわゆる正規型の労働者がいない場合は，フルタイムの基幹的な働き方をしている労働者がいれば，その労働者が通常の労働者となり，その労働者より1週間の所定労働時間が短い労働者がパートタイム労働者となる。なお，パートタイム労働法は，直近で2008年4月1日に改正施行された。
[5] 「アルバイト」は法律で定義された呼称ではなく，1993年に制定された「短時間労働者の雇用管理の改善等に関する法律」(俗に"パート労働法"と呼ばれる)では「パートタイマー」に該当する。語源であるドイツ語の Arbeit (労働，業績の意味)から転じて，本業とは別に収入を得るための仕事の意味で使われている。学生が学業の傍らに行なうアルバイトが代表的な例である(日経連事務局編〔2001〕p. 29を参照)。

場合は「正社員でない者」という意味で用いられているのが実態である。

百貨店では，日本百貨店協会が実施した2005年の「労働実態調査」（全会員98社中，回答86社）によると，直接雇用契約を結ぶ社員の58.4％は正社員，41.6％は非正社員であり，全体の29.6％はパートとなっている[7]。また，非正社員の比率が高い業態にCVS（コンビニエンスストア）がある。そこで働く店舗スタッフは，オーナー店長とその家族を除けば，ほぼ100％がパートやアルバイトである[8]。CVSの店舗は少人数経営が基本であり，正社員を多く雇うことはできないからである。このためスタッフの定着率が低く，雇用期間が短いケースが多く，スタッフの確保が重大な課題となっている。さらに，マクドナルドや吉野家等のファースト・フードをはじめ，各種飲食チェーン等の外食産業の店舗の多くは，その概ね8割がパートやアルバイトによって支えられている[9]。

3 契約社員

契約社員は，小売企業・店舗との有期の雇用契約の下，フルタイムで働く社員であり，「契約社員」「準社員」「嘱託」等と呼ばれている。パート社員等の短時間勤務では対応が難しい業務に就き，要員を柔軟に調整していくのに適している等の理由から，小売業を含むあらゆる業種・業態で，「契約」という雇用形態を導入する企業が増えている。

この契約社員は，担当する業務の内容によって，大きく2つに分けることができる。1つは，専門的な知識や技能が求められる「専門職型」であり，もう1つは，正社員が従事していた業務のうち，定型的な業務に近いものに従事す

---

[6] 労働省（現：厚生労働省）〔2000〕では，フリーターを以下のように定義している（pp. 150-152）。①年齢は15〜34歳と限定。②現在就業しているものについては，勤め先における呼称が「アルバイト」又は「パート」である雇用者。③男性の場合，継続就業年数が1〜5年未満の者。女性の場合，未婚で仕事を主としている者。④現在無業の者については，家事も通学もしておらず，「アルバイト・パート」の仕事を希望する者。つまり，15〜34歳で，学生や主婦ではなく，アルバイトで働いて5年未満の人と，アルバイトを探している人をフリーターと称している。

[7] 厚生労働省HP資料「日本百貨店協会提出資料　百貨店業界におけるパート労働者の現状」。同調査では，全会員店の推計で非正社員5.5万人，うちパート労働者が4万，契約社員が1.5万となっている。

[8] 木下〔2002〕pp. 158-167による。

[9] 総務省「平成18年事業所・企業統計調査」の表Ⅰ-25産業小分類別「正社員・正職員以外」従業者数を参照。

る「一般職型」である。

　前者の専門職型の活用例としては，企業の特定部門，例えば経営企画，法務，財務といったスタッフ部門，IT関連のサービス業務，設計や編集等に即戦力として専門能力を要する外部の人材を一定期間雇用する場合が挙げられる。

　小売業における販売員の場合は，後者の「一般職型」に多くみられる。社員やパート社員等が従事していた業務のうち，それほど長期に渡る能力開発を必要としないもので，かつフルタイム勤務が求められるものに活用されるケースが多い。例えば先の日本百貨店協会の調査によると，全社員の12.0%が契約社員である。また，定年を迎えた正社員で専門的知識や技能，習熟・精通した技術やノウハウを有する人材を再雇用する場合は，「嘱託」という形で有期雇用契約を結び，現場に活用されることもある。

4　派遣店員

　「派遣店員」とは，納入業者(メーカーや卸売業者)に雇用される人材が，その費用負担で百貨店等の大規模小売店の店頭に派遣され，自社商品の商品説明や販売業務を行なう店員のことであり，「手伝い店員」ともいう[10]。ファッション衣料や化粧品，電気製品等，販売時点に専門的な商品説明やコンサルティング販売を要するもの，季節品や流行品のため売れ行き等の店頭情報の迅速なフィードバックを必要とするものにおいては，小売業の店員だけでは商品知識や販売ノウハウの点で対応しきれないことがある。このため納入業者は店員を派遣し，小売業の販売業務を肩代わりしている。

　これは「派遣店員制[11]」と呼ばれる。小売業界では，百貨店や総合スーパー等で顕著にみられ，化粧品や衣料・アパレル，雑貨売場等で常態化している[12]。派遣店員制は，小売業側からすれば費用をかけずに販売力を強化でき，派遣側(納入業者側)からしても自社商品を強力に推奨販売したり店頭情報を迅速に入手

---

[10] 宮澤・亀井監修〔2003〕p. 211〔小宮路雅博稿「派遣店員」〕を参照。
[11] 宮澤監修〔2007〕p. 232〔菊池宏之稿「派遣店員制」〕を参照。
[12] 家電量販店においても派遣店員制は常態化しているが，新製品発売時や繁忙期に派遣される「手伝い店員」「応援店員」等は，短期間に限定された臨時的な販売員である。

できる等，双方にとってメリットがある。[13]

特に百貨店における「派遣店員」は，雇用形態によって次の3種類に分類される（多田〔2003〕）。①納入業者が直接雇用する社員[14]（正社員・嘱託社員・契約社員・パート社員），②マネキンクラブより斡旋されたマネキン販売員（後述），③臨時のアルバイト販売員,[15]である。納入業者側は，このような販売員を商品の特性や売上規模を勘案しながら派遣店員として運用している。

なお，ここで挙げた派遣店員はいずれも雇用主は納入業者であり，自社の商品を販売するため，派遣元（納入業者）に雇用され，派遣元の指揮・命令により，派遣先事業所（小売店舗）で就業するため，雇用主が派遣会社である派遣社員[16]（労働者派遣法上の派遣労働者）とは異なる。

5 マネキン

商品のプロモーションのために，商品説明や実演宣伝をする人を「デモンス

---

[13] 多田〔2003〕は，派遣店員制度を百貨店経営の苦境を救う「隠れた資源」とし，百貨店にとってなくてはならない存在として組み込まれていったと分析する。百貨店は典型的な労働集約型産業であり，売上を伸ばそうとすると経費すなわち人件費もそれに伴って増加する。また，売場は年間を通して繁閑差が大きく，労働力供給の柔軟な調整弁が必要だった。そのような大きな問題を，人件費を一切負担せず，要員管理も全く必要のないという派遣店員が，店頭における販売から担当商品の在庫管理まで百貨店の販売員に代わって遂行してくれることによって，解決してくれたのである。なお，派遣店員制においては，小売業側からバイイング・パワーを背景に派遣を強要されたり，派遣店員が自社商品の販売とは無関係の店頭業務をやらされたりするケースもあり，この場合は小売業の取引上の優越的地位の濫用として独占禁止法の不公正な取引方法に該当するおそれがあるので留意すべきである。

[14] 多田〔2003〕によると，（派遣される）納入業者の社員は，ジョブ・ローテーションの一環として派遣店員を体験しながらキャリアを目指す社員，特定区域内の小売業で販売専門に従事するノンキャリアの社員に別れる。前者は，たいてい，納入業者の本社採用で，将来を見越してリテール・サポートのノウハウを吸収すべく2〜3年で百貨店間の異動を繰り返し，やがて納入業者の中枢の業務に就く。また，大手アパレルにみられるように，百貨店の増床・新規出店計画等の動きを察知し，同業他社に先駆けて新規の商品計画やショップの提案をする等，積極的な役割を担う目的もある。後者は概ね嘱託員として雇用されることが多く，最近では有期雇用を前提とした契約型社員が急速に増加している。この契約型社員はインポートブランドの日本法人のショップに多く見られ，賃金や職掌が固定的で，納入業者の本社に転属することはまずない。

[15] 多田〔2003〕によると，アルバイト販売員の大半は大学生で，主に繁忙期の補助要員として活用されてきた。最近では営業時間の拡大もあり，一部フリーターを加えて断続勤務ながら長期に渡って雇用している納入業者が多い。

[16] 労働者派遣法によれば，労働者派遣とは「自己の雇用する労働者を，当該雇用関係の下に，かつ，他人の指揮命令を受けて，当該他人のために労働に従事させることをいい」（二条一号），派遣労働者とは，「事業主が雇用する労働者であって，労働者派遣の対象となるものをいう」（二条二号）となっている。

トレーター」と呼び，その中でもファッション衣料や服飾品，化粧品において，それらを身に着けたり，使用することによって，商品の特性等を買い手に訴求する人を「マネキン」と呼ぶ[17]。

マネキンの大部分は，メーカーや卸業者等の納入業者に雇われ，百貨店に派遣されているが，スーパーマーケットや専門店，小売店に派遣される場合もある。前項の「派遣店員」の一形態であり[18]，百貨店では，衣料・アパレルを中心に，食品，化粧品や宝飾品，雑貨売場等で販売のプロフェショナルとして接客している。近年流行となった「デパ地下」（百貨店地下食品売場）がクローズアップされた背景には，マネキンの活躍も大きいといわれている。

マネキン販売員は，職業安定法第32条で認められている民営職業紹介事業であるマネキンクラブを通して斡旋された宣伝や実演をする販売員で[19]，戦後急速に発展してきたシステムである[20]。このシステムは，労働者派遣法の定める「派遣」とは異なり，求職者であるマネキン販売員と求人者である納入業者に介在し，紹介・斡旋することで両者の雇用関係を結びつけている（図表12-3参照）。

多田〔2003〕によると，納入業者にとってのマネキン販売員活用のメリットとして，①繁閑の度合いに応じて随時採用できる自在な労働力であること，②販売力に応じた賃金であり，かつ，景気動向にスライドした利用料金であること，③マネキン販売員は事前に教育がなされ，商品の特性に応じたキャリア形成をしていることが挙げられる。何より気軽に労働力が調達でき，不景気には人件費を圧縮できることが大きなメリットである。一方，マネキン販売員にと

---

[17] 宮澤・亀井監修〔2003〕pp. 183-185（篠原一壽稿「デモンストレーター」）を参照。なお，厳密には，マネキンは販売員ではないが，実態として商品のデモンストレーター（販売促進）と販売そのものは明確に分離できないため，マネキンは販売員として括られることが多い。
[18] 多田〔2003〕の調査によれば，派遣店員のうち，マネキン販売員の構成比は常備売場で50～60%，催事場では90%以上を占めている。
[19] 全国民営職業紹介事業協会には全国で2700紹介事業所がある。職業別では看護士が1152ヵ所で一番多く，その他にマネキン，調理，芸能，配膳人が主要な職種である。パート・アルバイト比率の高い「飲食業」においても，多くの配膳人がプロフェッショナルとして給仕している。
[20] 多田〔2003〕p. 24 による。マネキン販売員については，戦前は三越・高島屋といった百貨店の新作呉服のマネキンモデル（マネキンガール）から始まって，更に化粧品や呉服のデモンストレーターとして発展していくもので，当時は時代の先端を行く女性の職業としてもやされた。戦後は，宣伝販売員として百貨店の化粧品や洋酒販売の店頭が，彼女らの主たる活躍の場であった。やがて新聞・ラジオ・週刊誌等によるプロモーションが活発になると，客寄せを目的とした各種のデモンストレーターとしての役割は終わり，商品の販売に比重をおいた宣伝販売係へと変わっていった。

図表 12-3　職業紹介事業としてのマネキンと一般派遣社員の違い

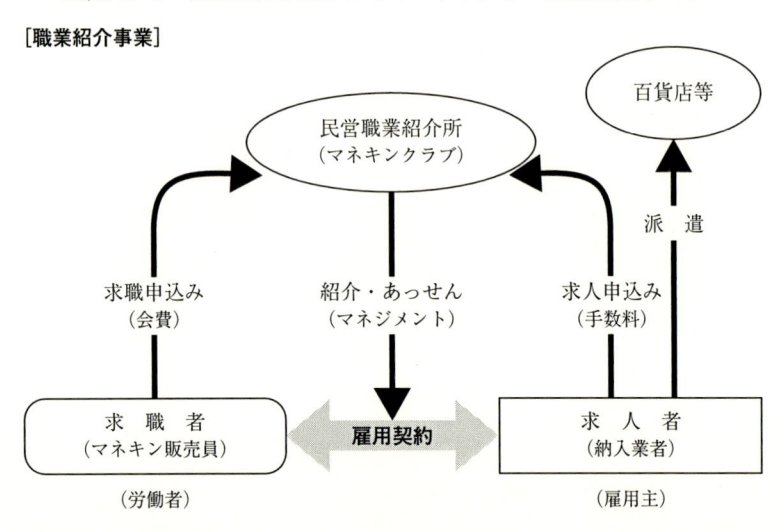

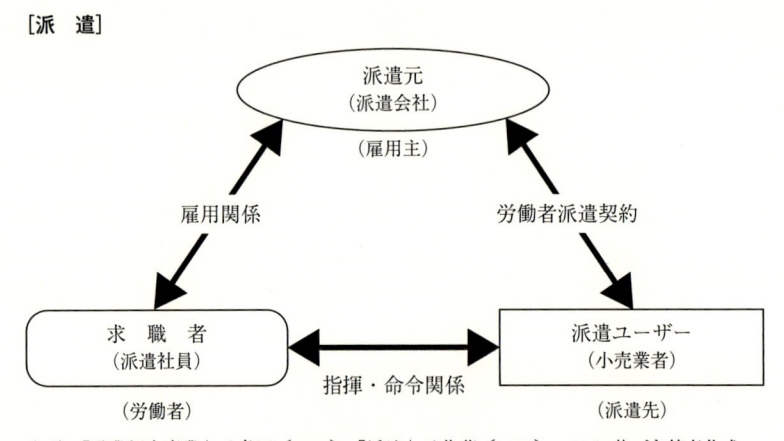

[職業紹介事業]

```
                    民営職業紹介所              百貨店等
                    (マネキンクラブ)
                                                  ↑
                                                  │派遣
      求職申込み    紹介・あっせん   求人申込み
      (会費)       (マネジメント)   (手数料)

      求 職 者      ⇔ 雇用契約 ⇔    求 人 者
     (マネキン販売員)                (納入業者)
      (労働者)                        (雇用主)
```

[派　遣]

```
                    派遣元
                   (派遣会社)
                    (雇用主)
         雇用関係              労働者派遣契約
           ↓                       ↓
      求 職 者      ←→           派遣ユーザー
      (派遣社員)   指揮・命令関係   (小売業者)
      (労働者)                     (派遣先)
```

出所：「職業紹介事業」は多田〔2003〕,「派遣」は佐藤〔2008〕p.73 に基づき筆者作成。

っても，①求人者に拘束されることなく自由に職場と時間を選択でき，②自身のキャリアを生かせる，というメリットがあるため，その活用は急速に増大した。

第2節　非正社員の雇用環境

1　厳しい雇用環境と増加する非正社員

　1980年代から90年代前半は平均しても2％台だった完全失業率は[21]，90年代後半からの景気後退期に急速に上昇し，2002年8月には5.5％まで上昇した。その後緩やかな景気回復に伴い，失業率は徐々に低下したが，08年9月の「リーマンショック[22]」から再び急上昇し，09年7月には5.7％（過去最高）を記録する等，厳しい雇用情勢が続いている。
　一方，このような雇用情勢の中で，企業の雇用形態や労働者の就業形態も変化しており，大きなトレンドでは，いわゆる正社員は減少の一途をたどり，パート社員や契約社員といった非正社員は，増加の一途をたどっている。総務省「労働力調査[23]」によれば，2008年平均の雇用者（役員を除く）5,159万人中，パート社員，契約社員，派遣社員等の「非正社員」は1,760万人，役員を除く全雇用者に占める割合は34.1％となっている（図表12-4参照）[24]。また，非正社員のうちパート・アルバイトが65.5％を占め，その中の約8割は女性が占めている。
　このように，近年の一般雇用者の3人に1人が非正社員であり，2000年（平

---

[21] 就業者と失業者の合計（労働力人口）に対する失業者の比率。失業者の定義は，毎月末一週間中に，①全く仕事がなく，②仕事にすぐに就ける状態で，③仕事を探していた，という条件を全て満たす人である（総務省「労働力調査」の定義を要約）。
[22] 2008年9月，アメリカの大手投資銀行・証券会社である「リーマン・ブラザーズ社（Lehman Brothers Holdings Inc.）」が経営破綻し，世界的な金融危機の引き金となった。
[23] 総務省統計局HP資料「労働力調査（詳細集計）」p.1による。
[24] 「労働力調査」は雇用者（就労者）の調査統計であるが，雇用主側（事業所側）の調査統計は総務省「事業所・企業統計調査」で分かる。2006年のそれによれば，全雇用者の34.2％が非正社員であり，前回調査（2001年）から実数で11.1％増加している。

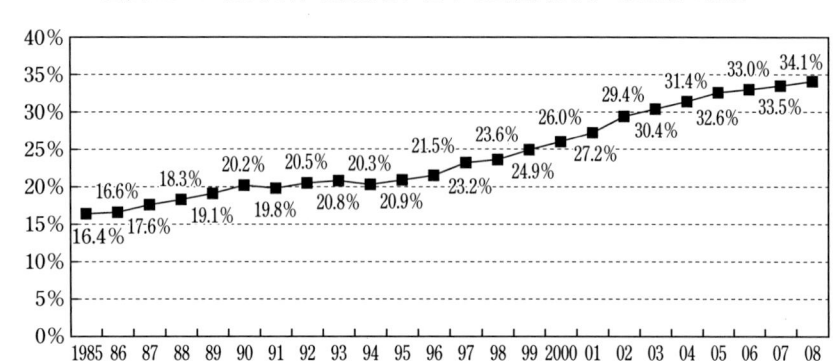

図表12-4 役員を除く雇用者に占める正社員以外の雇用者の割合

年	割合
1985	16.4%
86	16.6%
87	17.6%
88	18.3%
89	19.1%
90	20.2%
91	19.8%
92	20.5%
93	20.8%
94	20.3%
95	20.9%
96	21.5%
97	23.2%
98	23.6%
99	24.9%
2000	26.0%
01	27.2%
02	29.4%
03	30.4%
04	31.4%
05	32.6%
06	33.0%
07	33.5%
08	34.1%

出所：総務省統計局「労働力調査特別調査」及び「労働力調査(詳細集計)」。1985～2001年は各年2月，2002年～2008年は年平均。

均)と2008年(平均)とを比較すると約487万人も増加しているが，正社員は同期間に約231万人も減少しており，正社員の雇用数が減少する中で，非正社員の雇用が拡大を続けているといえる。なお，リーマンショック以降，社会問題化した非正社員のいわゆる「派遣切り」[25]により約25万人が失職したといわれるが，製造業を中心に行われたこともあり，ここでは詳しく述べない。[26]

2　非正社員増加の背景と就業意識の多様化

パート社員を中心とした非正社員の雇用がなぜ増大しているのか，その理由や背景を考えてみよう。大きく分ければ，雇用を生み出している企業側からの理由と，雇用される労働者側の就業意識の多様化といった背景が挙げられる。

まず，企業側からみた非正社員増加の直接的な要因は，主に以下の3点である。以下，順に説明する。

---

[25] 非正規雇用労働者を対象に，企業が人員削減を行なうこと。労働契約法違反で解雇権の濫用に当たる「契約の中途解除」と，契約期間満了と同時に契約更新を打ち切る「雇い止め」の二種類がある。
[26] 厚生労働省HP資料(プレスリリース)「非正規労働者の雇止め等の状況について」(2009年12月25日発表)。派遣又は請負契約の期間満了，中途解除による雇用調整及び有期契約の非正規労働者の期間満了，解雇による雇用調整について，08年10月から10年3月までに実施済み又は実施予定として，全国で4,537事業所，約25万人となっている。なお，就業形態別の対象人数の割合を見ると，「派遣」が58.0%，「契約(期間工等)」が23.0%，請負が7.8%等となっている。

① 人件費の節約
② 募集・採用・育成コストの低減
③ IT化の進展による業務の標準化

(1) **人件費の節約**

企業側からみた非正社員増加の直接的な要因は，①の「人件費の節約」が最も大きなものである。

売上が伸びずデフレが長期化する状況においては，フルタイム労働者(正社員)のパートタイム化，すなわち人件費という「固定費」を圧縮し変動費化することによって収益力を高めざるを得ない。今後ますます企業間競争はグローバルに激化し，経済の先行きも不透明なため，人件費が低く抑えられ，景気変動に応じて雇用調整を行い易い非正社員(パート社員等)の割合を高めたいという企業側のニーズは，いっそう高まっている。[27]

(2) **募集・採用・育成コストの低減**

②の募集・採用・育成のコストの低減については，専門的人材，即戦力として能力を有する人材を確保したいというニーズも含めて，非正社員の積極的な活用につながっている。就業形態別に近年の状況を見ると，パート(短時間)やアルバイトでは業務の繁閑に対応するために雇用されている面が強く，また，サービス経済化の進展に伴う夜間営業や営業時間の長時間化等への対応が求められており，パート社員の増加を後押ししている。[28]一方，契約社員，派遣社員，出向社員，嘱託においては専門的業務への対応や即戦力としての人材確保といった面から活用されている。[29]これらの非正社員の募集・採用・育成に関する金銭的・時間的コストは，新卒を募集・採用し，時間をかけて育成する正社員に比べて低く抑えられる。

---

[27] 厚生労働省「パートタイム労働者総合実態調査」1995年調査ならびに2001年調査より。
[28] 厚生労働省〔2002〕p.57による。
[29] 厚生労働省「パートタイム労働者総合実態調査」1995年調査ならびに2001年調査より。

(3) IT化の進展による業務の標準化

③のIT化の進展による業務の標準化については，以下のように説明できる。小売業の現場での業務に必要な情報・知識，ノウハウ等は，従来，その現場を担当する人の能力や経験に委ねられる部分が大きかった。しかし，近年はITを活用することによってそのような現場の一人ひとりが持つ情報や知識，ノウハウをストックし，それをマニュアル化すること等によって共有できるようになった。これにより属人的で特殊性を帯びていた業務が標準化し，正社員しか行なえなかった業務は減少しているのである。

以上のような企業側の直接的な理由に関連して，労働者側，特に若年層において"非自発的"な理由から非正社員が増加していることも背景として大きい。企業がこれまで生産調整，労働調整を行なう場合，残業を減らすと共に新規学卒者の採用を絞り込むことによって対応することが多かった。そのため，景気停滞時には若年層の「正社員」の入職機会が狭められ，非自発的に非正社員として働かざるを得ない者が増えたという面もある。[30] 更に，近年は景気が低迷しているにもかかわらず，若年層の離職率が高くなっており，[31] 景気の低迷等により学卒時の就職環境が厳しく，希望する会社に入れなかった者は，後に離職する傾向が高い。正社員であった者が，離職後に再び正社員の職に就けないケースも多く，フリーター等のパート社員の増加要因となっている。[32]

一方で，労働者側が"自発的"にさまざまな就業形態を選択するといった就

---

[30] 特に1971～1981年生まれの年齢層は，学卒時に就職氷河期に直面し，フリーターやニートという言葉が定着した世代である。この世代を「ロストジェネレーション」（ロスジェネ世代）といわれている。厚生労働省〔2007〕「就業形態の多様化に関する総合実態調査」によると，非正社員の中で「正社員として働ける会社がなかったから」現在の就業形態を選択した割合を年齢階級別に見ると，25～29歳の層が33.8％で最も高く，次いで30～34歳の層の23.8％となっている。このような若年層がいわゆる「フリーター」を選択せざるを得ず，パートタイム労働者の増加に影響を与えている。玄田〔2001〕は，最近のフリーターの増加は，非自発的な要因が大きいとし，中高年の雇用維持の代償として新規学卒者の採用を抑制した結果であると分析している。また，厚生労働省「若年就業実態調査」では，「新卒者の就業意識が低下あるいは多様化したため，若年層が正社員として長期雇用のチャンスを自発的に逸している」とは必ずしも言えないと分析している。

[31] 近年，新卒転職の「七・五・三」現象が危惧されている。この現象は，新規学卒就職者のうち，三年以内に会社を辞める割合が，中学卒で七割，高校卒で五割，大学卒で三割に達する状況をいう。玄田〔2001〕pp.91-96に詳しい。

[32] 厚生労働省〔2002〕p.45による。

業意識の多様化も背景にある。90年代のリストラの横行やいわゆる日本的雇用慣行の崩壊が叫ばれたことから，年功賃金や長期継続雇用にこだわらない志向が高まり，一つの会社に依存しない働き方を求める労働者も増えている。厚生労働省〔2007〕「就業形態の多様化に関する総合実態調査」を見ると，契約社員や嘱託社員，派遣労働者という就業形態の選択理由(複数回答)については，「正社員として働ける会社がなかったから」(契約 31.5％，嘱託 19.2％，派遣 37.3％)という回答がみられる一方で，「専門的な資格・技能が活かされるから」(契約 37.0％，嘱託 40.3％，派遣 18.5％)，「より収入の多い仕事に従事したかったから」(契約 17.0％，派遣 21.2％)といった回答も多く，契約社員や派遣労働者という就業形態を自発的に選択している者も相当数存在していることがうかがえる。なお，同設問に対するパートタイム労働者の回答は，「自分の都合のよい時間に働けるから」(55.9％)，「家計の補助，学費等を得たいから」(42.4％)を理由にしており，生活と仕事とのバランスを図りながら自発的にパートに就いている者が多いことを示している。[33]

以上のように，非正社員増加の背景には，厳しい経済環境における人件費削減や雇用調整の行ない易さという企業側のニーズと，労働者側の就業意識の多様化があり，両者の思惑が相まって雇用形態が多様化していると考えられる。

3　小売業で拡がる非正社員

さて，このような非正社員の増加を産業別に見るとどうであろうか。総務省「労働力調査」(2008年平均)によると，全産業において非正社員の雇用比率が高まっているが，最も高いのは，「飲食店・宿泊業」で67.9％，次いで「サービス業」の50.8％，「卸売・小売業」の44.7％となっている。また，厚生労働省〔2008〕「毎月勤労統計調査」によると，小売業(30人以上規模)におけるパー

---

[33] 厚生労働省「パートタイム労働者総合実態調査」(2006年)を見ると，「パート等労働者としての働き方を選んだ理由(複数回答)」は，「パート」(短時間の非正社員)では，「自分の都合のよい時間(日)に働きたいから」とする労働者の割合が最も多く50.3％，次いで「勤務時間・日数が短いから」38.1％，「正社員として働ける会社がないから」23.8％の順となっている。「その他」(フルタイム等の非正社員)では，「正社員として働ける会社がないから」とする割合が最も多く44.2％，次いで「自分の都合のよい時間(日)に働きたいから」17.0％となっている。

ト比率は 62.6％ と高水準にあり，時系列でも年々上昇傾向にあることを示している[34]。

特に小売業界では，90 年代後半から正社員として一定時間勤務するフルタイム労働者の業務を，パートタイム労働者で代替する動きが顕著である。販売単価の下落に歯止めがかからないといったデフレが長期化する中，消費低迷や競合激化によって販売不振に陥っている小売業も多い。そのような企業では，人件費等の固定費を削減することによって収益力を高めざるを得ず，その有効な手立てとしてパート社員の活用を積極的に進めている。中でも大手スーパーが最も顕著であろう。スーパー業界は，店舗網を拡大し始めた 1960 年代頃から，パート採用に積極的だったが，従来は正社員の仕事を補佐する役割だった。その後，90 年代以降の消費低迷で一段とコスト削減が求められ，パート採用が増加の一途をたどった。日本チェーンストア協会によれば，1990 年 (会員数 135 社) には全従業員のうち 40％ 程度だったパート社員の比率が，2002 年 (102 社) に 60％ を超え，08 年 (71 社) には 72.1％ を占めるに至っている[35]。一方で正社員の総数は減少の一途をたどっている (図表 12-5 参照)。

また，コスト削減圧力という消極的な理由というより，非正社員の活用に積極的に取り組み，成長してきた小売業もある。カジュアル衣料店を展開する㈱ユニクロである[36]。同社が 20 年間で飛躍的に成長した理由として，SPA[37] という

---

[34] 厚生労働省 HP 資料「労働統計要覧～パートタイム労働者の企業規模・産業別構成比と全労働者に占める割合」による。

[35] 日本チェーンストア協会 HP によると，2008 年末の同会員企業の従業員総数は 449 千人，うち正社員は 126 千人，パート社員は 324 千人である。近年の具体的な企業の取り組みを見てみると (日本経済新聞 (朝刊) 2003 年 11 月 16 日)，イオン㈱では，03 年度より薬剤師を除く正社員の採用を原則停止し，不足分をパートで補充し，パート比率 (同年 8 月末 77.9％) を 80％ に引き上げた。これは，当時 13.1％ と高止まりしていた売上高人件費比率を 9％ 以下に抑えるためである。㈱イトーヨーカ堂では，04 年以降毎年 10 店近く出店してきたが，04 年の新卒採用を前年並みに抑え，07 年を目処にパート比率 (03 年 8 月末 70.6％) を 80％ にすることで補った。更に，ユニー㈱もパート比率 (03 年 8 月末 78.1％) を早期に 80％ にするほか，㈱西友は正社員を削減し，パート等に現場を任せる体制づくりを進め，07 年を目処にパート比率 (03 年 8 月末 70.9％) を 85％ にする計画である。更に，百貨店業界を見ると (週刊「日経ビジネス」2001 年 11 月 12 日号，p.29)，㈱伊勢丹では，1998 年 9 月から 2001 年 9 月までに正社員が約 600 人減り，総数 4700 人となったが，他方で 98 年より契約社員の採用を始めた。勤務時間は正社員に近いが，雇用契約を 1 年毎に結び直すという形態で，3 年間で 340 人を採用した。

[36] ㈱ユニクロは 2005 年 11 月に，㈱ファーストリテイリングが持株会社体制に移行したことにより，国内ユニクロ事業を担う完全子会社として設立された。この 20 年間とは，1991 年に㈱ファーストリテイリングが設立されてからの国内ユニクロ事業を含めた期間のことである。

図表 12-5　スーパーの正社員とパートの比率の推移

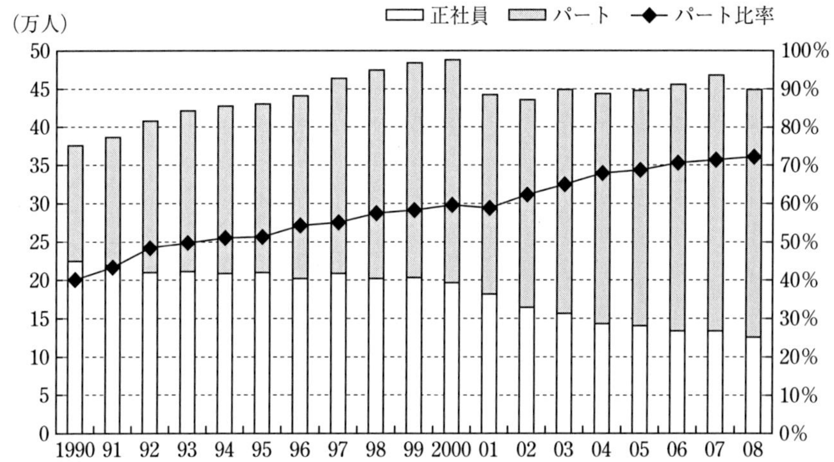

出所：日本チェーンストア協会 HP 資料「販売統計(年間統計)規模推移」を基に筆者作成。

　新業態や中国生産にいち早く目をつけたことがしばしば指摘されるが，アルバイトの徹底した戦力化が大きな理由として挙げられる。同社会長兼社長の柳井正氏は「社長よりもアルバイトの方がよく知っていることはある。私が黒いと言っても，現場が白いと言えるような民主主義的な雰囲気がなくなったら，会社はたちどころにダメになる」と力説し，現場のアルバイトの意見を徹底して吸い上げる努力をしてきた。[38] 2006 年 3 月時点で同社の正社員数は約 2,100 人だが，契約社員やアルバイト等の非正社員はその 10 倍に当たる 2 万人もいる。[39] 標準的な店舗では，店長を含めた正社員 2 人に対し，契約社員やアルバイトが 30～40 人働いているのである。また，米国に本社を置く衣料品流通最大手 Gap Inc. の日本法人(ギャップジャパン㈱)でも，現在の従業員数は 5,000 人だが，[40] そ

---

[37] SPA (specialty store retailer of private label apparel) は「プライベート・ブランドの商品群で構成された専門店を展開するアパレル製造小売業」の意味である。素材調達，企画，開発，生産，物流，在庫管理，販売等，製造から販売までの全ての工程を一貫して行なう。
[38] 週刊「日経ビジネス」2001 年 11 月 12 日号，p.38 による。
[39] 同社は，2007 年 4 月より「地域限定正社員」制度を導入し，その後 2 年間で非正社員の約 2 割 5,000 人を(条件付き)正社員として登用する計画を発表した。その結果，09 年 8 月末の従業員構成比は，正社員 4,280 人，非正社員 11,317 人となり，正社員の比率は大幅に高まった。

の9割以上が店舗販売員であり，その全員が1年を上限とする有期雇用契約を結んだ非正社員である。[41]

4 小売業における非正社員の浸透

　ここで，現代の小売業において，なぜ非正社員の活用が浸透し，それに依存するようになったのか付記しておきたい。

　その典型が，百貨店における派遣店員制の浸透と拡大に見られる。戦後の高度経済成長期，本格的な消費社会の到来によって，百貨店は新規出店や増床を繰り返し，販売員の絶対数が不足したことから外部人材への需要が高まった。また，品揃えが急速に豊富になり，商品に精通した人材の不足から，納入業者からの派遣店員への依存が高まっていった。

　多田〔2003〕は，百貨店における派遣店員制の拡大について以下の理由を挙げている。

　第1は，経営資源の配分の問題である。百貨店の業態特性はその名のごとく，総合品揃え性であり，一つの店で全ての買い物，サービスをすませられるという「ワン・ストップ・ショッピング」に応えることであった。そのため品揃えの総合化と増床によって規模を追求し，拡大を図った。言わば店舗面積という"面"と顧客動員という"量"にその経営資源を優先して配分したため，販売員の充足は二義的にならざるを得なかったのである。それを補完するかのように納入業者は積極的に販売員を派遣していった。

　第2に，労働力の確保が追いつかなかったことがある。人的販売を中心におく百貨店は，典型的な労働集約型産業である。多様化，専門化，高度化する商品知識，新たな消費環境に対応するためのノウハウ等は，本来，企業内部の人材（正社員）を採用，育成して対応すべきであるが，専門的人材の確保が追いつかなかった。特に高度成長期後半の好景気には，全産業が労働力不足にあり，人件費の高騰も相まって，販売員の補充は困難を極め，派遣店員が急拡大して

---

[40] 2009年12月末の同社HPによる。
[41] 中島〔2003b〕p.1による。

いった。

　第3に，百貨店の売場は年間を通して繁閑の差が激しく，店頭要員を閑散期(2月・8月)である下限の員数で配置し，繁忙期や繁忙時間帯の販売員を充足する場合，納入業者からの応援によって凌ごうとする風潮が強かった。その後も百貨店は人件費抑制を図るため，新規で出店しても「増員なき増床」を行ない，その解決策として派遣店員の活用を積極的に織り込んでいった。

　第4に，先の節で挙げたマネキン販売員という良質かつ必要な人材を適宜，安定して供給し続けた職業紹介事業所としてのマネキンクラブの存在が大きかった。高度成長期には，納入業者側においても，自社が派遣する販売員の確保・補充が困難となり，不足分を臨時の労働力で賄わざるを得なくなった。この臨時労働力の補給を側面から支えたのがマネキンクラブであり，納入業者側の人材供給システムとして需要に合わせて適宜，人材を供給してきた。

　以上のように，百貨店にとっては新規商品の拡大や増床に伴う資源配分の問題や要員不足の問題を解決してくれ，他方，納入業者とっては百貨店の要員不足を補完することによるメリットを追求できるという両者の相互補完がある。更に，納入業者には適宜に労働力を供給するマネキンクラブという補助システムが有効に機能していったことが背景にある。多田〔2003〕は，このような相互補完システムである派遣店員制を百貨店経営の「隠れた資源」と呼んでいる。

第3節　非正社員の処遇と育成・管理

1　非正社員の基幹労働力化

　前節で見てきた通り，非正社員増加の背景には，企業側のコスト削減，特に経費の中心である人件費の圧縮・変動費化という圧力が強く働いており，パート社員等の非正社員の活用は不可欠である。小売業における非正社員の活用は，日本のみならず海外においても広く浸透しており，また，サービス業や製造業等のさまざまな業種にも浸透している。更に，非正社員の活用は量的な増大だ

けでなく，活用業務が補助的なものから基幹的なものへと拡大しており，質的にも変化してきている。つまり非正社員の戦力化や「基幹労働力化」(以下，基幹化)である。今後の企業の人材活用においては，正社員のみならず，非正社員のあり方や活用が，企業の競争力を左右する状況になっている。

　非正社員を基幹化するためには，従来のような採用や定着に関わる施策だけでなく，組織に対するコミットメント[42]，人材育成やモラールの維持・向上のための施策が求められるようになっている。既にこれに取り組んでいる企業では，パート社員に対する適切な人的資源投資を行い，能力向上を評価し，それを処遇する仕組みを導入している。また，近年，非正社員の割合の上昇と共に職場における役割の重要度も増している一方で，非正社員の処遇に関する問題も顕在化しおり，その処遇の改善が求められている。[43] 2008年4月には，改正パートタイム労働法が施行され，パート社員に対して，①正社員との処遇の均衡(努力義務)，②同一労働に対する同一賃金(努力義務)，③教育訓練や福利厚生等の差別的取扱いの禁止，④労働条件の文書での明示義務と説明義務，⑤正社員への転換機会の措置義務等が企業側に課されており，非正社員の処遇改善を後押ししている。

　以下では，そのような処遇改善の状況も含めながら，小売の現場で顧客と直接，接している販売員である非正社員，特にその典型であるパート社員の基幹化に必要な取り組みについて述べていく。

---

[42] 個人が所属する組織に対して強い一体感を持ち，深く関わること。「忠誠心」と訳されることが多いが，目標達成に向けて自分のエネルギーを投入する「意欲と責任」，また，その組織との「心理的契約」という意味も含まれる。

[43] 厚生労働省〔2008〕pp. 54-55 による。正規従業員以外の雇用者については，その割合の上昇と共に職場における役割の重要度も増している一方で，処遇に関する問題も顕在化している。パートタイム労働者の職場における役割について見てみると，基幹的役割を担う者の割合の増加がみられ，厚生労働省「平成18年パートタイム労働者総合実態調査」によると，事業主の51.9%が「職務が正社員とほとんど同じパート等労働者がいる」と回答しており，2001 (平成13)年の同調査での40.7%から増加しているほか，財団法人21世紀職業財団「平成17年パートタイム労働者実態調査」によると，責任ある地位へパートタイム労働者を登用している事業所が10.7%に達している。他方，そのようなパートタイム労働者の処遇については，その働き・貢献に見合ったものとは必ずしもなっておらず，同調査によると，全ての「職務と人材活用の仕組みが正社員とほとんど同じパート」の賃金の決定方法が正社員と同じであるとした事業所は14.4%にとどまっており，実際の賃金水準についても，ほぼ同額とする事業所が18.0%である一方で，6割程度以下という事業所も10.7%存在している(財団法人21世紀職業財団「平成17年パートタイム労働者実態調査」による数値については，「無回答」を除いて再集計したものである)。

(1) 経営理念や価値観の浸透

 企業経営においては，企業の目的，使命と役割を明確にし，それを実現・達成していくために事業が推進される。企業の目的，使命と役割とは，経営理念或いは社是・社訓等のことであり，国家でいえば憲法のようなものである。それは，その企業が何を大切にしているのか，何を実現していくのか，という価値観の表明といっても良い。企業にとっては，このような価値観，つまり経営理念を明示し，これを社員に浸透させることが必要である。従来は正社員において徹底されてきた経営理念の浸透は，今後，パート社員の基幹化においても，まず徹底されるべきである。

 そもそもパート社員は，所属する組織との雇用契約の制約上，組織に対するコミットメントが低い。そこで，パート社員がコミットメントを持ち続けるようになるには，金銭的契約や処遇の問題以上に，彼ら（彼女ら）が所属する企業や組織に対して愛着を感じていることが重要となる。つまり，自身が働く企業・組織の目的や価値観に共感し，それを受け入れるようになることである。近年，小売業で成功している企業では，正社員からパート社員に至るまで自社の経営理念等の価値観を教育し，それを実践できる人材を登用する場合が多い。

 また小売業においては，こうした取り組みによって副次的な効果も生む。優れたカスタマー・サービスは一人ひとりの従業員の現場での判断によることが大きいため，マニュアル等の指示では個別状況に対応できない。そこで経営理念や価値観をそれぞれの従業員が理解し，指針とすることで，自立的に状況を判断して行動できるようになるのである。

 このように，パート社員の基幹化には，まず，自社の経営理念や価値観を教育し，浸透させることによって，組織に対するコミットメントを持たせるような努力が必要である。

(2) 人事理念の確立と浸透

 次に，先の経営理念や企業の価値観に基づいた人事理念を確立し，それを浸透させることである。人事マネジメントにおいては，具体的にどのような原則で採用され，配置され，評価され，育成されるのか，雇用形態が正規・非正規

を問わず，従業員にとって重要な問題である。そのような処遇の原則が人事理念であり，従業員にきちんと明示され，それを浸透させる必要がある。

例えば，ギャップジャパン㈱では，日本での展開当初より，これに取り組んでいる。[44]

同社では労働力の大半が非正社員であり，直接顧客と接する販売員である。非正社員を「補助的な労働力」として雇用するのではなく，「職場の戦力」として活用し，社員全体のモチベーションを高めている。その人事マネジメントは以下，4つの原則を正規・非正規にかかわらず繰り返し実践している。その概略は，以下の通りである。

【原則1】 職務主義を採用し，正社員とパート社員が同じ職務に就くことはない。

【原則2】 適性のある人材を前例にとらわれないやり方―売場で行なう選考・面接等―で採用し，考えさせるトレーニング教育を行なう。

【原則3】 目標達成を評価し，評価の結果を次の目標にする。人材育成―どれだけ人を育てたか―に対する評価を重視し，ほめる文化を定着させる。

【原則4】 同社の店舗は，店長を頂点としたピラミッド型の階層組織である。パート社員も店長になれる(確立は1/10)。なお，パート社員全員が必ずしも正社員を望んでいないため，本人がキャリアを選択し，競争原理によって切磋琢磨させている。

---

[44] ギャップジャパン㈱は，米国のGap Inc.の100%子会社として1994年12月に創設され，95年に銀座に一号店をオープン後，2009年11月には全国に121店舗，従業員約5,000人を構えるSPAである。ギャップジャパンの従業員のうち約9割がフルタイム，パートタイムの契約で働くSA(セールスアソシエイト＝販売員)である(顧客が日頃接する社員の殆どがSAということになる)。採用の入り口では，全員が非正社員として採用される(新規学卒者であっても，まずは非正社員)。正社員であるマネジャーには原則SAから採用される(内部昇進である)。ギャップジャパンにおいては，非正社員は補助的労働に携わる社員ではなく，企業業績に直結する戦力として，企業が力を傾注する対象であるとしている。そのため，非正社員のコミットメントを重視している。ギャップジャパンの非正社員雇用のベースとなるコンセプトは，「自分の意思で，非正規労働を選択する人々のコミットメントをいかに高めるか」であり，ターゲットにしているのは，「達成感と自分の居場所を求める人々」である。そのような人たちをマネジメントする原則として，ゲーム感覚という"面白さ"を核に，以下4つの原則に則って具体的な施策を展開している。【組織コミットメントを生み出す4つの原則】①目指す方向を明らかにする，②トレーニングと教育を行なう，③継続的に成果を評価しフィードバックする，④競争原理を導入する，である。

このような人事理念(社員にとっては処遇の原則)が明示され，それを正規・非正規にかかわらず組織内で共有し浸透させていくことが，今後のパート社員の管理においても必要である。

(3) 社員区分の再構築

社員区分の再構築もまた，非正社員の基幹化に必要である。企業では，短時間のパート社員だけでなく，フルタイムの有期契約社員等，多様な社員区分の労働力を活用している。短時間のパート社員に関しても，その主たる担い手は既婚女性のため，生活と仕事の調和を重視する者や課税限度内で働くことを希望する者等が多く，こうした多様な就業ニーズを充足するために複数の社員区分が導入されている。そして，それぞれの社員区分毎に異なるキャリアや処遇を設けているのが一般的である。

具体的な事例を見ると，社員区分には，①1日の勤務時間や週の勤務日数による区分，②社会保険や雇用保険の適用の有無による区分，③年収制限の有無による区分，④業務や職種や勤務時間数による区分，⑤上記の組み合わせによる区分等がある。週の労働時間は，社会保険や雇用保険の適用と関係し，更に勤務時間数が年収総額を規定するため，①～③の社員区分は相互に関係する。例えば，課税限度内で就業する社員区分では，週の勤務時間は非課税限度を超える社員区分よりも短くなる。

また，正社員・非正社員という区分については，そもそも企業の内部では使用されておらず，外部に対して使用されてきた呼称であり，この二元的な区分はなくなりつつある。小売業においては，例えば「正社員的パート」や「パート的正社員」が出現する等，正社員も非正社員も区分が多元化していく傾向にある。このような傾向に伴い，企業は仕事・職務の内容，社員のキャリアの実態に基づいて社員区分を再編成し，正社員・非正社員を統合した人事制度の構築を模索している。[45]

例えば，イオン㈱(2008年よりイオンリテール㈱)では，パート社員の職域拡

---

[45] 佐藤〔2008〕pp. 169-172 による。

大に伴い社員区分を括り直しており，2004年には「コミュニティ社員制度」を導入して社員区分に関わりなく働き方やキャリアを選べる制度を構築した。これは，待遇と機会の均等を図るため，正社員・非正社員といった社員区分に関わらず，能力・成果・意欲で役割や仕事を決め，その役割・仕事に応じて待遇を決定する。併せて，教育の機会，資格登用の機会を平等とし，パート社員も正社員と同様の教育を受け，登用試験を受けることができるようにしたものである。意欲，能力がある社員であれば誰でも，ステップアップすることを可能にした制度である[46]。

(4) 勤務日や勤務時間の柔軟化と労働時間数の選択

先の複数の社員区分の設定に合わせて，勤務日や勤務時間を柔軟に選択できる仕組みが必要である。パート社員として働く場合は，生活と仕事の調和を実現し易い働き方を希望する者が多く，こうした就業ニーズを充足するために，勤務する時間帯や曜日を選択できる制度や多様な勤務パターンを用意する企業が増えている。とりわけ既婚女性が多い短時間パート社員には，こうした仕組みの整備が人材確保や定着のために有効な施策となる[47]。

また，パート社員の都合に合わせて，労働時間数を選択できる仕組みも必要である。パート社員の中心である既婚女性層の中には，社会保険制度や税制等を考慮して，一定の労働時間や年収の範囲で勤務しようとする者も少なくない。

---

[46] イオンのコミュニティ社員制度の基本的な理念は，国籍・年齢・性別・従業員区分を廃し，能力と成果に貫かれた仕組みという点である。従来は，「社員」「契約社員」「パートタイマー」「アルバイト」の区分毎に人事制度が存在していたが，同制度では従業員区分自体をリセットし，転居転勤の範囲によって，全国の事業所に転居転勤がある「N（ナショナル）社員」，一定範囲内で転居転勤がある「R（リージョナル）社員」，転居を伴う転勤がない「コミュニティ社員」の3区分とした。「コミュニティ社員」には日給月給制（フルタイマー）と，時給制（パートタイマー）の2種類があり，いずれも有期雇用契約。契約更新に合わせて，6ヵ月単位で人事考課が行われる。また，時給制コミュニティ社員から日給月給制コミュニティ社員に転換するためには試験に合格しなければならない。「N社員」「R社員」は無期雇用契約である。日給月給制の「コミュニティ社員」の給与・賞与は，「N社員」に対して80～85％，「R社員」に対して85～90％になるよう設定されている。これは転居転勤の有無を反映させた，言わば「転勤プレミアム」である。また，全ての区分で同一の資格制度，役割・仕事を基準とする均衡待遇，登用・教育機会の均等が貫かれている。これにより各区分間の転換が可能となった(以上，財団法人21世紀職業財団HP資料「パートタイム労働者雇用管理事例 2008年度版 1.イオンリテール株式会社」より)。なお，実際の資格・賃金体系については章末の【付表】を参照。

[47] 注33を参照されたい。

こうした行動は「就業調整」と呼ばれ，企業にとってパート社員の採用や定着にはやむを得ないものとなっているが，他方で，パート社員の能力開発や基幹化，賃金等の労働条件の改善の足かせにもなっている。

(5) パート社員のための職能資格制度の導入

職能資格制度は，仕事の困難度や責任度等をベースとした職能資格区分を設け，各職能資格区分に該当する職務遂行能力（職務遂行に必要となる技能の水準）の種類や程度を明確にした職能資格基準を設定し，この基準に基づいて人事処遇を行なう制度である。この職能資格制度は，1970年代中頃から大企業を中心に採用され始め，現在でも多くの企業が採用している最も普及した人事制度であり，主に正社員を対象に設計され運用されてきた。これをパート社員にも導入・拡大していくことが，非正社員の基幹化に必要である。

パート社員をその技能水準に応じて幾つかの職能資格等級に格付けし，その結果を処遇に反映させることは，パート社員の仕事や技能向上への意欲を高める手段となるからである。また，職能資格等級毎に求められる能力要件を明確にすることによって，パート社員の技能習得のための目標を段階的に設定することができ，実際の技能向上を促すことが期待できる。そのためには，実際の業務や職務別に能力開発目標を具体的に提示する必要がある。例えば，スーパーマーケットの鮮魚加工部門において，「小魚の刺身や盛り付け等の基本調理ができる」「あらゆる魚種の姿づくり及び商品の原価計算ができる」という具体的な基準や要件の設定である。

また，このようなパート社員への職能資格制度の導入に際して，パート社員用の制度と正社員用の制度を統合し，一元化している企業も出てきている。先のイオン㈱もそうだが，生活雑貨専門店の㈱ロフトが好例である。[48] 1996年，西武百貨店から分離独立した同社は，店舗のオペレーションを契約・パート等の非正社員を中心に据えて出店を続け，2007年には正社員約440人に対し，非正社員約3,200人を活用するまでに至った。ところが，一年度内に非正社員1,700

---

[48] 独立行政法人労働政策研究・研修機構〔2009〕pp. 34-37による。

人が退職する(契約更新しない)という事態に陥り,慢性的な人材不足と採用・育成にコストがかさむことに悩んでいた。そこで同社は,08年4月から従来の雇用形態による社員区分を撤廃し,週20時間以上の勤務者は全員同じ"ロフト社員"として位置づけ,非正社員の「無期雇用化」に踏み切った。

　この新しい「ロフト社員制度」では,業務内容,キャリア,働き方による社員区分を設け,マネジメント職務や専門職務のキャリアを積み上げる「専門職層」と,店舗の最前線で働く「フロント層」の二つに分けた(図表12-6)。特にフロント層の待遇が大きく見直され,まず労働時間は週20〜40時間の範囲内で選択できることになった。また,基本賃金は,新たに体系化された職能資格制度の導入によって,それぞれの資格区分に応じた基本時給が支給されるようになり,「リーダー」という資格区分では職務給(月給制)も支給されるようになった。更に,これまで無縁だった賞与が全員に支払われるようになり,フロント層の上の専門職層(マネジメント職・専門職)へのステップアップの道も開かれるようになった。

　このような処遇改善を伴う制度改革によって,同社の退職率が半減して人材の定着率は高まり,フルタイム社員が増える等のモチベーションの向上が図られている。

(6) 賃金制度の工夫と改革

　最後に,賃金制度の工夫と改革が挙げられる。近年,パート社員が賃金格差に納得できず,パート労働組合を組織して企業と交渉するケースが増えている。パートが納得できないのは,賃金格差の大きさに加え,パート社員と正社員の間で仕事内容や条件に明確な差異がないからである。特に,職務上の責任度や勤務時間の自由度等が正社員と変わらない場合,格差への納得度は著しく低下する。逆に,非自発的にパート労働に就いた者であっても,仕事の責任が正社員よりも軽減されているならば,納得度は大幅に改善している。[49]

　このように賃金制度のあり方は,社員の納得性を左右すると同時に,その働

---

[49] パートが正社員との賃金格差に納得しない理由については,篠崎・石原・塩川・玄田〔2003〕が詳しい分析を行なっている。

第12章 販売員の現状と管理　219

図表12-6　ロフトの社員体系

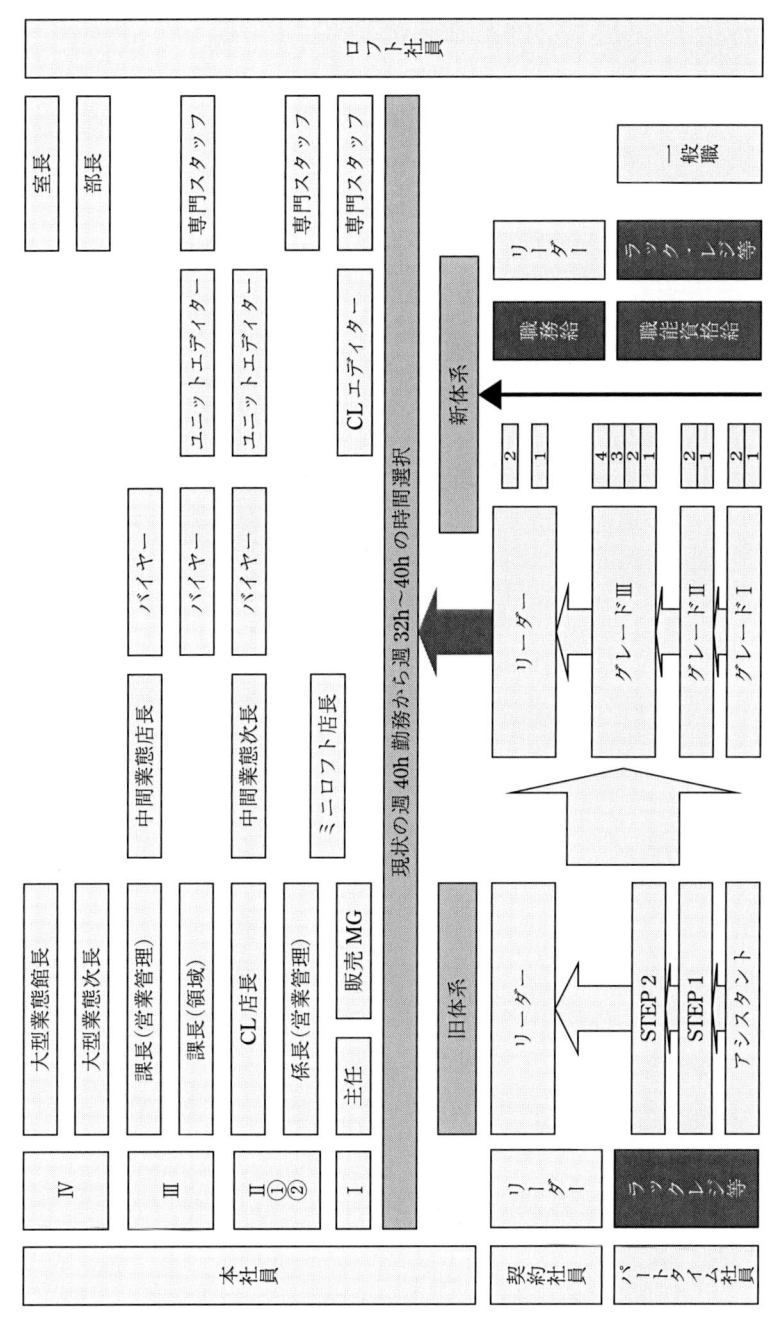

						ロフト社員
IV	大型業態館長			室長		
	大型業態次長			部長		
III	課長（営業管理）	中間業態店長	バイヤー	専門スタッフ	ユニットエディター	
II ①②	課長（領域）	中間業態次長	バイヤー	専門スタッフ	ユニットエディター	一般職
	CL店長					
I	係長（営業管理）	ミニロフト店長	バイヤー	専門スタッフ	CLエディター	
	主任					
	販売MG					

本社員

現状の週40h勤務から週32h〜40hの時間選択

旧体系	新体系
リーダー	リーダー リーダー／ランク・レンジ等
STEP 2	グレードIII　4／3／2／1　職務給
STEP 1	グレードII　2／1　職能資格給
アシスタント	グレードI　2／1

契約社員
パートタイム社員

出所：独立行政法人労働政策研究・研修機構〔2009〕p. 35.

きぶりやモチベーションを左右し，ひいては組織全体のモラールまで影響を及ぼす。例えば，従事している仕事のみで賃金が決まり，本人の能力や働きぶりは賃金に反映されない仕組みであれば，従業員の能力向上意欲や，担当以外の仕事も助け合う等の職場のチームワークを維持することは難しい。パート社員の賃金は従事している仕事で決まる部分が大きいため，基幹化を進めるには，保有している技能等，職務遂行能力を評価することが求められる。先のイオンやロフトの事例のように，職能資格制度の導入を含めた包括的な賃金制度改革が望まれる。

また，曜日や時間帯等，パート社員の労働時間選好が異なるため，それらを賃金水準に反映させることや，パート社員に対しても，成果配分制を導入したり，或いは賞与と退職金の選択制を導入する企業も出ている等，それぞれの企業において取り組みはさまざまである。但し，非正社員の賃金制度の工夫と改善の方向性は，正社員と同様に仕事や職務をきちんと評価し，同一労働に対しては同一賃金で報いるといった，納得性を重視した「均衡処遇」或いは「公正処遇」であることは間違いない。例えば，百貨店の㈱高島屋では，2005年5月に人事制度を刷新し，非正社員の賃金を底上げし，より高い役割や処遇が得られる道を開いたと共に，雇用形態間の処遇の合理的なバランスを図った。[50]

2 管理監督職への登用機会や正社員への転換制度の導入

本章の終わりにパート社員の管理監督職への登用機会や正社員への転換制度の導入について触れておく。これは，パート社員の中にリーダーや部門責任者等，管理監督のための階層を作り，責任や権限の大きい管理的職位への昇進機会を設け，登用する仕組みのことである。そのような機会をパート社員に開き，社内でのキャリア形成の機会を広げることで，パート社員の能力開発や技能向上への意欲，勤労意欲の向上にインセンティブを与えることができる。しかしながら，パート社員の中には，重い責任を伴う仕事を望まない者も少なくなく，

---

[50] 詳しくは，独立行政法人労働政策研究・研修機構〔2006〕pp. 30-33 を参照。

そうした層を管理的職位に配置することはかえって仕事への意欲を低下させることになるため，あくまでパート社員のキャリア志向等，本人の意思を反映する形で実施すべきである。

　また，パート社員として働く人材を，その働きぶりや技能に応じて正社員へと転換する制度の設定が挙げられる。先の管理監督職への登用機会と同様に，正社員は雇用の安定性や処遇水準がパート社員と比べて相対的に高く，正社員への転換機会を設けることで，勤労意欲や技能向上への意欲を高める効果が期待できる。既に導入している企業を見ると，正社員転換制度の対象となる層は，職能資格制度がパート社員に導入されている場合は上位の資格者が，パート社員の中に管理監督の階層がある場合は管理監督者が，勤務時間による社員区分がある場合は勤務時間の長い者等が対象となる。ただし，この転換制度も，正社員になれば残業を伴うフルタイム勤務が求められたり，全国に転勤が求められる等，パート社員の中には必ずしもその登用を望まない層も多い。そうした層には，短時間勤務のまま社員へと転換できる制度や転勤について地域が限定される社員区分の設定等の工夫が必要である。

　例えば第2節において，非正社員の積極的活用事例として挙げた㈱ユニクロでは，2007年3月に「地域限定正社員」への登用制度を実施し，09年までの2年間で同社の非正社員約2万人のうちの5千人を正社員化する施策を行なっている。制度導入・実施の狙いは，一つは，優秀な人材を長期的に囲い込み，店舗の安定的運営に貢献してもらうことであり，もう一つは，フリーターの処遇が社会問題化する中で，契約社員の約8割がフリーターである同社において，その長期・安定雇用に貢献したいというものであった。この地域限定正社員制度は，店舗の販売スタッフから店長代行までの非正社員の中で，長期に安定して地域に根ざした働き方を望む人を対象に，地域限定勤務(転居を伴う異動がない)で正社員になれる道を開いた制度である。元々，同社には，店長クラスになれば正社員になれる制度があったが，正社員になれば全国への転勤を受け入れざるを得ず，実力がありながら正社員になれない非正社員も多かった。しかし，この制度導入によって，女性のパート社員でも正社員として，また店長クラスとして長く働いてもらうことが可能になったのである。[51]

以上，パート社員の「基幹化」における，その主な施策と運用，処遇改善等について述べてきたが，基本的な潮流は，施策においては，多用な就業ニーズに対応するために「選択肢」を用意すること，また，処遇においては，正社員との壁を低くし，賃金や登用は正社員の制度との融合を図っていくことに収斂していくと考えられる。特に賃金においては，「同一労働・同一賃金」の方向で進展していくと予想される。

【参考文献】
安西愈〔2002〕『パートタイマーの雇用と法律実務』NOMA総研。
安西愈〔2008〕『人事の法律常識〈第7版〉』日経文庫。
今野浩一郎・佐藤博樹〔2009〕『人事管理入門(第2版)』日本経済新聞社。
玄田有史〔2001〕『仕事のなかの曖昧な不安―揺れる若者の現在』中央公論新社。
玄田有史・中田善文〔2002〕『リストラと転職のメカニズム―労働移動の経済学』東洋経済新報社。
木下安司〔2002〕『コンビニエンスストアの知識』日経文庫。
厚生労働省〔2002〕『平成14年版厚生労働白書』ぎょうせい。
厚生労働省〔2008〕『平成20年版厚生労働白書』ぎょうせい。
小山周三〔1997〕『現代の百貨店〈第4版〉』日経文庫。
佐藤博樹・藤村博之・八代充史〔1999〕『新しい人事労務管理』有斐閣。
佐藤博樹〔2008〕『パート・契約・派遣・請負の人材活用〈第2版〉』日経文庫。
篠崎武久・石原真三子・塩川崇年・玄田有史〔2003〕「パートが正社員との賃金格差に納得しない理由は何か」『日本労働研究雑誌』No. 512, pp. 58-73.
多田應幹〔2003〕「百貨店の取引慣行の形成メカニズムの研究―隠れた資源としての「派遣店員制」―」『CUC Policy Studies Review』第3号, 千葉商科大学大学院政策研究科, pp. 23-33.
独立行政法人労働政策研究・研修機構『ビジネス・レーバー・トレンド』2003年12月号, 同2005年1月号, 同2006年7月号, 同2007年6月号, 同2009年4月号。
中島豊〔2003a〕『非正規社員を活かす人材マネジメント』日本経団連出版。
中島豊〔2003b〕「非定型労働と能力開発のジレンマ」『日本労働研究雑誌』日本労働研究機構, 第518号, p. 1.
日経連事務局編〔2001〕『人事労務用語辞典〈第6版〉』日経連出版部。
船井総合研究所編〔1990〕『新入社員のための販売員入門』日経文庫。
宮澤永光・亀井昭宏監修〔2003〕『マーケティング辞典改訂版』同文館出版。

---

[51] 詳しくは独立行政法人労働政策研究・研修機構〔2007〕pp. 17-20 を参照。

宮澤永光監修〔2007〕『基本流通用語辞典改訂版』白桃書房。
労働省〔2000〕『平成12年版労働白書』日本労働研究機構。
柳原一夫〔1994〕「デパートにおける派遣店員制度のシステム分析」『慶應経営論集』第11巻第2号，慶應経営管理学会，pp. 19-42.

ギャップジャパン株式会社HP（http://gap.co.jp/company/）
厚生労働省HP資料「日本百貨店協会提出資料　百貨店業界におけるパート労働者の現状」（http://www.mhlw.go.jp/shingi/2007/01/dl/s0122-8c.pdf）
厚生労働省HP資料「平成18年パートタイム労働者総合実態調査」（http://www.mhlw.go.jp/toukei/list/132-18.html）
厚生労働省HP資料「パートタイム労働法の改正について　パートタイム労働者とは」（http://www.mhlw.go.jp/topics/2007/06/tp0605-1e.html）
厚生労働省HP資料（プレスリリース）「非正規労働者の雇止め等の状況について」（2009年12月25日発表）（http://www.mhlw.go.jp/stf/houdou/2r985200000039dg-img/2r985200000039ey.pdf）
厚生労働省HP資料「労働統計要覧～パートタイム労働者の企業規模・産業別構成比と全労働者に占める割合」
（http://www.mhlw.go.jp/toukei/youran/indexyr_c_4.html）
財団法人21世紀職業財団HP資料「パートタイム労働者雇用管理事例　2008年度版1．イオンリテール株式会社」（http://www.jiwe.or.jp/part/pdf/kanri/ion.pdf）
財団法人21世紀職業財団HP資料「平成17年パートタイム労働者実態調査」
（http://www.jiwe.or.jp/part/parttime_1709.html）
総務省統計局HP資料「労働力調査（詳細集計）」
（http://www.stat.go.jp/data/roudou/sokuhou/nen/dt/pdf/index1.pdf）
日本チェーンストア協会HP（http://www.jcsa.gr.jp/）
日本チェーンストア協会HP資料「販売統計（年間統計）規模推移」
（http://www.jcsa.gr.jp/figures/data/kibosuii_rekinen.pdf）

（藤井　大拙）

【付表】イオン㈱の資格・賃金体系（2004年、コミュニティ社員制度導入後）

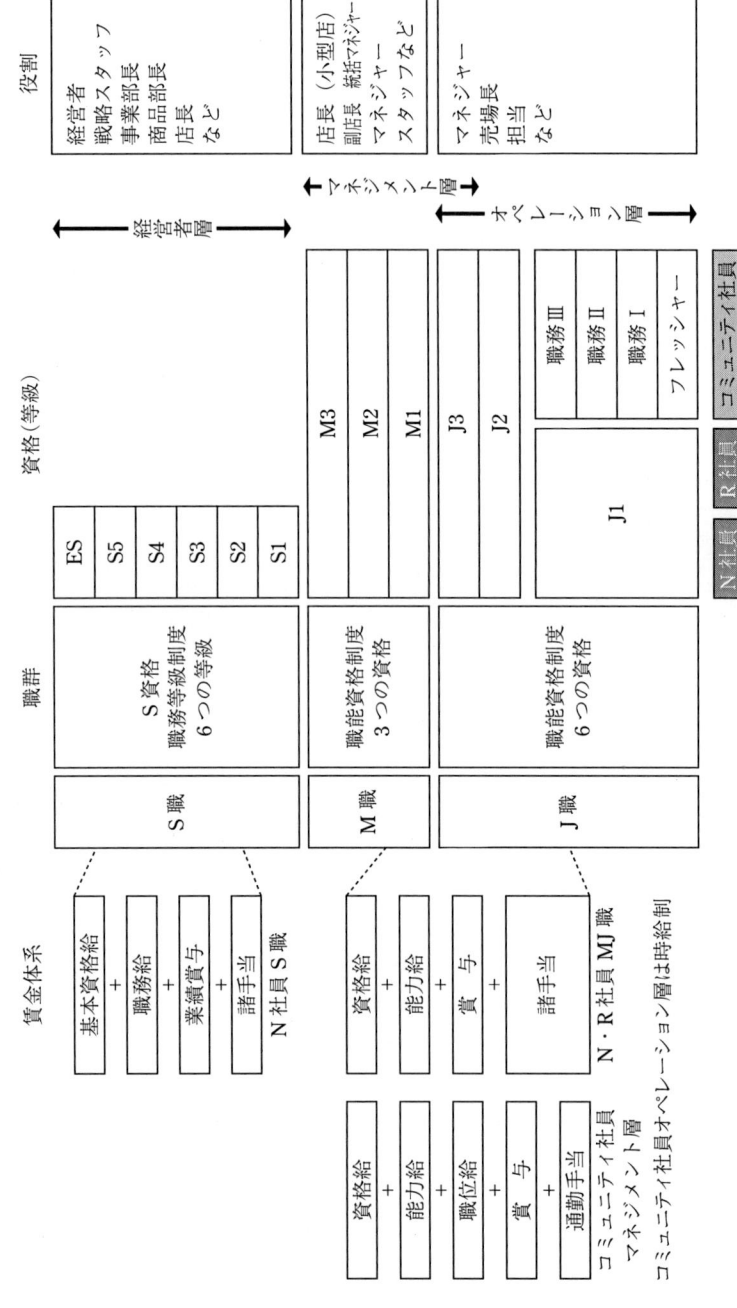

賃金体系	職群	資格（等級）		役割
基本資格給＋職務給＋業績賞与＋諸手当 （N社員S職）	S職	S資格等級制度 職務等級制度 6つの等級	ES S5 S4 S3 S2 S1	経営者層：経営者、戦略スタッフ、事業部部長、商品部部長、店長など
資格給＋能力給＋賞与＋諸手当 （N・R社員MJ職） コミュニティ社員マネジメント層	M職	職能資格制度 3つの資格	M3 M2 M1	マネジメント層：店長（小型店）、副店長、統括マネジャー、マネジャー、スタッフなど
資格給＋能力給＋職位給＋賞与＋通勤手当 （コミュニティ社員オペレーション層は時給制）	J職	職能資格制度 6つの資格	J3 J2 J1	オペレーション層：マネジャー、売場長、担当など 職務Ⅲ／職務Ⅱ／職務Ⅰ／フレッシャー

N社員 約8,000人　R社員 約4,000人　コミュニティ社員 約79,000人

出所：独立行政法人労働政策研究・研修機構［2005］p. 7.

第13章
消費者取引

第1節　消費者取引とは[1]

　消費者取引とは最終消費者が自ら行なう取引をいう。取引は，有形の商品であれば売り手と買い手の間，無形のサービスであれば提供者と利用者の間に取引契約が結ばれ成立する。売り手と買い手，提供者と利用者といった場合，事業者間の取引 (Business to Business：B to B) と事業者と(最終)消費者の取引 (Business to Consumer：B to C) との2つに分類することができる。本章では買い手，利用者を最終消費者 (B to C) に限定し，消費者取引として説明していく。

　消費者は「生産者→流通業者→消費者」という流通経路の末端に位置しており，生産者，流通業者から見れば，顧客或いは商品の使用者(＝消費者)となっている。「生産は消費のためにある」と言われるように，消費は商品の生産，流通の目的であり，消費者が商品を購入しなければ，商品は売れないことになる。しかしながら，消費者は，単に提供された商品を「買うか買わないか」[2]以上の意思決定を行なっている。メーカー・流通業者，更には消費者自身も，流通経路の末端に位置する消費者を単に受動的な存在と捉えるべきではない。消費者を「商品を生み出す発信者」や「購買の選択権を持つ選択者」，すなわち能動的な存在として位置づけ，本章では説明していく。

　さて，「生産者→卸売業者→小売業者→消費者」という伝統的な流通経路の中

---

[1] 本節は，清水〔2000〕第1節を一部加筆したものである。
[2] Bonnice and Bannister〔1990〕では，今日の消費者の意思決定には，自分自身の価値観，目標，資源，選択についての理解が必要であり，更に，経済的，社会的，環境的諸要素によってその輪郭が決まると説明している(訳書，p.9による)。

では,消費者は小売業者の店頭で売買契約を締結すると同時に代金の全額を支払い,商品を持ち帰る。この店頭販売による現金取引を現実売買[3]と呼ぶ。現実売買は最も基本的で単純な消費者取引の形態である。しかし,今日では消費者のライフ・スタイルの変化や情報通信技術の発展に伴い,クレジットカードや電子マネー等,現実売買以外の取引が増加し,消費者の決済の方法は多様化している。

消費者取引は,特定の施設や店舗を利用するかしないかで「有店舗販売取引」と「無店舗販売取引」の2つに大別される。有店舗販売取引は,百貨店,スーパー,CVS(コンビニエンスストア),ディスカウント・ストア等の小売業者の店舗で購入することをいい,無店舗販売取引は店舗以外で購入することをいう。無店舗販売の方式には①訪問販売,②通信販売,等がある。訪問販売や通信販売は企業と消費者との直接的な取引関係からダイレクト・マーケティング(direct marketing)という呼称で表現されることがある。

(1) 訪問販売

訪問販売は,典型的には販売員が商品を携行して各家庭等を訪問し,商品説明のうえ直接,消費者に販売する方式である。店舗を設置する必要がない無店舗販売の1つである訪問販売には固定費を軽減できる長所がある。しかし,仕入率が高いと販売価格が高くなる。また移動費用等の変動費がかさむ短所がある。更に1日当たりの訪問件数や顧客との販売契約の成約率等にも自ずと限界がある。核家族化や単身世帯,女性の社会進出の増加による在宅比率の低下は訪問販売にとって逆風である。しかし家事の省力化に関係する商品やサービスを提供する企業,例えばケータリング・サービス等,新たな商品やサービスを提供する企業への消費者の関心は高まっている。

ここでは健全な訪問販売についての記述にとどめたが,訪問販売方式を利用した悪質・問題商法もあり,社会問題としてクローズアップされている。[4]

---

[3] 江頭〔1999〕p. 87に基づく。
[4] 例えば,訪問販売の不意打ち性等を利用し,消費者は強引かつ執拗に勧誘され,契約の即断を迫られて良く考えることもできずに契約をさせられてしまう場合がある。

(2) 通信販売

　通信販売は，新聞や雑誌の広告欄，カタログ，テレビでの商品紹介等，消費者にメディアを通して，商品やサービスの情報を提供し，注文を獲得する無店舗販売である。注文は郵便（封書・はがき），電話，ファックス等で受け，代金の払込は郵便為替，銀行振込等を利用し，商品の配送については郵便または宅配便を利用して消費者へ届ける方式である。通信販売は女性の社会進出の増加による買い物時間の制約，通話料無料制度や宅配便の利便性向上，クレジットカードの普及，通信販売用オリジナル商品の導入等によって注目されてきた。[5] しかし，消費者の商品選択は厳しさを増し，個人消費の落ち込みと共に売上高が減少する企業も出てきている。

　一方，インターネットによるショッピングは急速に拡大している。また大手メーカーも通信販売に参入し始めている。[6] 成長が著しいインターネット通販市場であるが，プライバシーやセキュリティ等，未だ多くの課題も残されている。[7]

　訪問販売同様，ここでは健全な通信販売についての記述にとどめたが，通信販売方式を利用した悪質・問題商法もあり，社会問題としてクローズアップされている。[8]

第2節　契約と約款[9]

　消費者は生活用品等の必要な商品を購入し，さまざまなサービスを利用する。この時，消費者は商品やサービスを提供する企業との間で「契約(contract)」を結ぶ。例えば，店舗で商品を購入するには売買契約，鉄道やバスを利用するに

---

[5] 宮澤監修〔2007〕p.193（田口冬樹稿「通信販売」）を参照。
[6] 日本経済新聞(2009年11月8日)ではサントリーウエルネス，ハウス食品，カゴメといった主な大手メーカーの通信販売事例が紹介されている。
[7] インターネットによる消費者トラブルについては，消費者庁HP「インターネットをめぐる消費者トラブルについて」，警察庁HP「インターネット安全・安心相談」等を参照されたい。
[8] 例えば，悪質・問題商法の一例である資格商法は「受講するだけで資格が取れる」等，公的資格や民間資格を取得するための講座を受けるように強引かつ執拗に勧誘する商法である。
[9] 本節は，清水〔2000〕第2節を一部加筆したものである。

は旅客運送契約，マンションを借りるには賃貸契約，銀行へ預金するには消費寄託契約[10]，ホテルに宿泊するには宿泊契約，電気やガスを供給してもらうためには供給契約，美容院で髪をカットしてもらうには請負契約を結ぶことになる。上記から消費者は，多数の契約や契約関係を継続することによって生活していることがわかるだろう。

　ここでは売買契約を例に説明する。売買契約は「諾成契約(consensual contract)」の一種で，売り手或いは買い手の一方が申込み，相手がこれに対し承諾した場合に成立するものである[11]。売買の申込み(offer)や承諾(acceptance)は，売買当事者が直接行なっても良いし，仲介人を通しても差し支えない。また，申込みや承諾は，本人や仲介人が，口頭で行なっても，電話でも，書面の手渡し或いは郵送等でも構わない。しかし，一般に取引内容を明示し，事故が発生した場合のさまざまな紛争を最小限に食い止めるため，できるだけ文書を用いることが望ましい。従って，取引の敏速化をはかるため，一応は，口頭・電話・電報等で申込み，承諾をした場合にも，できるだけ速やかに，その内容を文書にまとめ，条件確認のためこれを相手方に送付すべきである。

　簡単に言えば，商品を売りたいという売り手の意思と，消費者の買いたいという買い手の意思の合致によって売買契約は成立する。売り手は商品を引き渡し，消費者は代金を支払うという給付義務を伴う双務契約(bilateral contract)である。そのため贈与のような片務契約(unilateral contract)とは異なる。また，契約当事者の合意があれば成立する諾成契約であるので，保管貨物寄託契約のように，保管貨物を倉庫に持ち込まないと契約が成立しない要物契約(real contract)とも異なる。

　契約を締結するかしないかは個人の自由であり，他人から強制されることはないというのが原則である。これを契約自由の原則という。そのため契約の内容をどうするか，様式をどうするか，といった契約書等の作成も契約する当事者同士が自由に話し合って決めることになっている。

---

[10] 銀行口座を開設するのは口座契約によるものである。預金するたびに消費寄託契約が結ばれると解される。
[11] 原田・原田〔1990〕p. 151 による。

しかしながら、消費者取引において企業は不特定多数の消費者と契約を結ぶことが多い。そのため契約内容をあらかじめ定型的に定めた「約款(clause)」が用いられる。消費者取引における約款は「普通契約約款(普通取引約款)」の意味である。消費者取引に用いられる約款とは「1)大量・反復的な取引を簡易・迅速・合理的に処理できる、2)給付内容等の情報を消費者に提供する、3)事業者・消費者双方の権利・義務を具体的に明示することで、円滑な取引を可能にするとともに、紛争の防止を図る、4)消費者間の平等な取扱いを確保する、等の機能を果たしうるもの[12]」である。元々、契約内容は当事者同士である企業と消費者の間の話し合い決めることができるのであるが、上記の1)から4)といった機能を優先させるため企業側が約款を作成することが一般的になっている。そのため実際には、消費者は契約内容について事実上交渉する余地はなく、この点では「契約するか、しないか」の選択が与えられているにすぎない。こうした契約を附合契約(contract of adhesion)または附従契約[13]といい、消費者取引における消費者の契約の自由や選択の自由を制限する側面を持つものとなっている。

第3節　消費者取引と法

1　消費者基本法

アメリカのケネディ(Kennedy, J. F.)大統領は1962年に「消費者利益の保護に関する特別教書(Special Message on Protecting the Consumer Interest)」において消費者保護の必要性を訴え、消費者の権利として、①安全である権利、②知らされる権利、③選ぶ権利、④意見を反映される権利の4つを提起したことが知られている。その後、フォード(Ford, G. R.)大統領が1975年に5つ目の消費者の権利として⑤消費者教育を受ける権利を追加している。上記の権利に加え、

---

[12] 経済企画庁国民生活局編〔1999〕pp. 72-73 による。
[13] 付合契約、付従契約とも表記する。

図表13-1　国際消費者機構が提唱する消費者の8つの権利

①生活の基本的ニーズが保障される権利 (The right to satisfaction of basic needs)	十分な食料，衣服，住まい，医療，教育，公益事業，水道，公衆衛生といった基本的かつ重要な製品・サービスを得ることができること。
②安全である権利 (The right to safety)	健康や生命に危険な製品，製造過程，サービスから守られること。
③知らされる権利 (The right to be informed)	情報に基づいて選択をする上で必要となる事実を与えられることや，不実または誤認させる広告や表示から守られること。
④選ぶ権利 (The right to choose)	十分な品質を保証する競争的な価格で提供される製品やサービスの幅の中から選択できること。
⑤意見を反映される権利 (The right to be heard)	政策の企画や実行，或いは製品やサービスの開発には，代弁された消費者の権益を含むこと。
⑥救済を受ける権利 (The right to redress)	不当表示，偽物，或いは不満足なサービスの補償を含めた正当な請求が適切に救済されること。
⑦消費者教育を受ける権利 (The right to consumer education)	基本的な消費者の権利，責任といかに行動するかを知ることと共に，情報を与えられ，自信を持って製品やサービスを選ぶのに要する知識と能力を取得すること。
⑧健全な環境の中で働き生活する権利 (The right to a healthy environment)	現代及び次世代にとって，脅かされない環境で働き生活すること。

出所：国際消費者機構HPより筆者作成。

国際的な消費者団体連合組織である「国際消費者機構(Consumers International：CI)」は，⑥生活の基本的なニーズが保障される権利，⑦救済を受ける権利，⑧健全な環境の中で働き生活する権利を加え，8つの消費者の権利を提唱している(図表13-1参照)。[14]

日本では，ケネディ大統領によるアメリカでの消費者の権利提唱に影響を受け，1968年に「消費者保護基本法」が制定された。同法は「消費者の利益の擁護及び増進に関する対策の総合的推進を図り，もって国民の消費生活の安定及

---

[14] 国際消費者機構HPを参照。

び向上を確保すること」を目的としたが(第1条)，消費者の権利は明記されなかった。

　2004年，消費者保護基本法は36年ぶりに全面的に改正され，「消費者基本法」と名称を改め，更に2008年に改正が行われた。今までの消費者保護から消費者自立支援へと変更し，第2条(基本理念)において，「国民の消費生活における基本的な需要が満たされ，その健全な生活環境が確保される中で，消費者の安全が確保され，商品および役務について消費者の自主的かつ合理的な選択の機会が確保され，消費者に対し必要な情報および教育の機会が提供され，消費者の意見が消費者政策に反映され，並びに消費者に被害が生じた場合には適切かつ迅速に救済されることが消費者の権利である」(第2条第1項)と消費者の権利が明記された。また，同法は「消費者の自立支援に当たっては，消費者の安全の確保等に関して事業者による適切な事業活動の確保が図られるとともに，消費者の年齢その他の特性に配慮」(第2条第2項)されなければならず，高度情報通信社会や国際化の進展に的確に対応し，環境の保全に配慮を求めている(第2条第3項〜第5項)。

　なお，消費者基本法と関連する他の法律については以下の通りである。
① 消費者基本法の基本的施策である安全の確保に関連する法としては，製造物責任法(1994年)，食品安全基本法(2003年)，薬事法(1960年)等が挙げられる。
② 消費者契約の適正化に関連する法としては，消費者契約法(2000年)，特定商取引法(特定商取引法に関する法律) (2000年)が挙げられる。
③ 公正自由な競争の促進に関連する法として独占禁止法(私的独占の禁止及び公正取引の確保に関する法律，1947年)が挙げられる。
④ その他に景品表示法(不当景品類及び不当表示防止法，1962年)，割賦販売法(1961年)や貸金業法(貸金業の規制等に関する法律，1983年)，個人情報保護法(個人情報の保護に関する法律，2003年)等が挙げられる。

　以下では，上記のうち，消費者契約法，特定商取引法を取り上げ解説する。

2 消費者契約法

消費者契約法は,「消費者と事業者との間の情報の質及び量並びに交渉力の格差」[15]を消費者保護の観点から是正するために2000年に制定されたものである。2006年改正で消費者団体訴訟制度が導入され,2008年にも法改正が行なわれている。

(1) 消費者契約法の目的

契約は,一旦成立すると,法律上それを解消できる理由がない限り,当事者が一方的に解消することはできないのが民法上の原則(契約の拘束力)である。そのため,契約の締結の際に不当な勧誘があったり,契約条項が消費者にとって不当と思われる場合でも,契約の拘束力を否定することは難しく,[16]消費者保護の観点で多くの問題が発生していた。

消費者契約法は,「事業者の一定の行為により消費者が誤認し,又は困惑した場合について契約の申込み又はその承諾の意思表示を取り消すことができることとするとともに,事業者の損害賠償の責任を免除する条項その他の消費者の利益を不当に害することとなる条項の全部または一部を無効とするほか,消費者の被害の発生または拡大を防止するため適格消費者団体が事業者等に対し,差止請求をすることができることとすることにより,消費者の利益の擁護を図り,もって国民生活の安定向上と国民経済の健全な発展に寄与することを目的」として成立したものである(第1条)。

(2) 消費者契約法の諸規定

消費者契約法では,消費者,事業者,消費者契約を以下のように規定している(第2条)。

① 「消費者」とは個人(事業としてまたは事業のために契約の当事者となる場合におけるものを除く)をいう(第2条第1項)。

---

[15] 消費者契約法第1条にこの文言がある。
[16] 佐々木・斎藤・安藤編〔2008〕p.16を参照。

② 「事業者」とは，法人その他の団体及び事業として又は事業のために契約の当事者となる場合における個人をいう(同第2項)。

③ 「消費者契約」とは，消費者と事業者との間で締結される契約をいう(同第3項)。

　事業者が消費者契約の締結について勧誘する際に，重要事項について事実と異なることを告げること(不実告知)や断定的判断の提供，不利益事実の不告知によって，消費者が誤認して契約を申込み又はその承諾の意思表示をした時は，申し込みや意志表示を取り消すことができる(第4条第1項，第2項)。

　また，消費者の住居や職場から退去すべき旨の意思を示したにもかかわらず，退去しないこと(不退去)や消費者が退去する旨の意思を示しているにもかかわらず，退去させないこと(退去妨害)によって，消費者が困惑して契約を申込み又はその承諾の意思表示をした時も，申し込みや意志表示を取り消すことができる(第4条第3項)。上記の取消権については，追認をすることができる時から6カ月間行わない時は時効によって消滅し，消費者契約の締結の時から5年を経過した時も消滅するとしている(第7条第1項)。

　消費者契約法には，消費者契約の条項について以下のものを無効とする諸規定がある。第8条～10条の各規定について説明する。

① 「事業者の損害賠償の責任を免除する条項の無効」の規定(第8条)

　　事業者の債務不履行や不法行為などにより，消費者に損害が生じた場合，その損害を事業者が賠償する責任の全部または一部を免除する条項が契約に盛り込まれていても，これを無効とすることができる。

② 「消費者が支払う損害賠償額を予定する条項等の無効」の規定(第9条)

　　事業者が消費者契約において，契約の解除に伴う損害賠償額の予定等を定めたときは，消費者契約の解除に伴い当該事業者に生ずべき平均的な損害を超える損害賠償を消費者に請求することができない。

③ 「消費者の利益を一方的に害する条項の無効」の規定(第10条)

　　消費者の権利を制限し，または消費者の義務を加重する消費者契約の条項であって，消費者の利益を一方的に害するものについては，これを無効とすることができる。

上記のように，消費者契約法は消費者契約の取消しと無効によって，消費者契約の適正化を図り，消費者保護の観点から消費者の利益を擁護する役割を担っている。

3　特定商取引法

　1976年に制定された「訪問販売等に関する法律」（訪問販売法）は，当時トラブルが多かった訪問販売，通信販売，連鎖販売取引，ネガティブ・オプションが規制対象となっていた。訪問販売法は，その後も消費者被害の増加に対応して改正され，電話勧誘販売（1996年），特定継続的役務提供（1999年），業務提供誘引販売取引（2000年）がそれぞれ規制対象に追加され，多様な消費者取引を含む法律として「特定商取引に関する法律」（特定商取引法）に名称変更されたものである（2000年）。更に2008年，政令指定商品・政令指定役務の廃止，訪問販売における再勧誘の禁止，過量販売規制（「次々販売」に関する規制）[18]，迷惑メール規制，通信販売の返品制度の法制化，日本訪問販売協会への規制の強化等の改正が行われた。

　特定商取引法の目的は，特定商取引（訪問販売，通信販売，電話勧誘販売，連鎖販売取引，特定継続的役務提供，業務提供誘引販売）を「公正にし，及び購入者等が受けることのある損害の防止を図ることにより，購入者等の利益を保護し，あわせて商品等の流通及び役務の提供を適正かつ円滑にし，もって国民経済の健全な発展に寄与すること」とされる（第1条）。

　消費者契約法が消費者契約を消費者と事業者との間で締結される契約と定義し，消費者を厳格に規定している（消費者契約法第2条第1項）のに対し，特定商取引法は保護対象者を購入者等として，消費者に限定していない[19]点が大きな特徴である。しかし，購入者は一般消費者が多く，特定商取引法も消費者保護の

---

[17] 吉田編〔2006〕p.39を一部加筆。
[18] 次々販売は，悪質事業者（同一事業者の場合もあり，異なる複数の事業者の場合もある）が同じ消費者に対し次々と複数の契約を結ばせ，悪質・問題商法の多重被害者とすることをいう。独り暮らしの高齢者等が被害を受け易い。次々商法とも呼ばれる。
[19] 東京弁護士会弁護士研修センター運営委員会編〔2009〕p.119を参照。

観点から非常に重要な法律といえる。

　特定商取引法では，取引・契約上のトラブルや消費者被害を生じ易い6つの取引類型を対象に，事業者が守るべきルールとクーリング・オフ等の消費者保護のためのルールを定めている。これにより，事業者による違法・悪質な勧誘行為等を防止し，消費者の利益を守るための法律である。以下，6つの取引類型とネガティブ・オプションについて特定商取引法の規定を簡単に説明する。

(1) 訪問販売

　特定商取引法では訪問販売を「販売業者又は役務の提供の事業を営む者(以下「役務提供事業者」という。)が「営業所，代理店その他の経済産業省令で定める場所(以下，営業所等という。)以外の場所において，売買契約の申込みを受け，若しくは売買契約を締結して行う商品若しくは指定権利の販売又は役務を有償で提供する契約(以下「役務提供契約」)の申込みを受け，若しくは役務提供契約を締結して行う役務の提供」と定義している(第2条第1項)。また，特定商取引法では営業所等以外の場所において呼び止めて営業所等に同行させた場合等も訪問販売に当たるとしている(第2条第2項)。

　訪問販売をする販売業者又は役務提供事業者は，勧誘に先立って，相手方に対し，販売業者又は役務提供事業者の氏名・名称等と共に勧誘する目的である旨，勧誘する商品や役務の種類を明示せねばならない(第3条)。また，契約に際しては書面の交付が義務付けられている(第4条・第5条)。他に不実告知や威迫・困惑行為等の禁止行為についての規定(第6条)，主務大臣による事業者に対する指示や業務停止命令についての規定(第7条，第8条)，契約の申込みの撤回等(クーリング・オフ)についての規定(第9条)等がある。

(2) 通信販売

　特定商取引法では通信販売を「販売業者又は役務提供事業者が郵便その他の経済産業省令で定める方法(以下「郵便等」という。)により売買契約又は役務提供契約の申込みを受けて行う指定商品若しくは指定権利の販売又は指定役務の提供であって電話勧誘販売に該当しないものをいう」と定義している(第2条第

2項)。

　通信販売では第11条第1項で，以下の広告表示が義務付けられている。
　① 商品若しくは権利の販売価格又は役務の対価(販売価格に商品の送料が含まれない場合には，販売価格及び商品の送料)。
　② 商品若しくは権利の代金又は役務の対価の支払の時期及び方法。
　③ 商品の引渡時期若しくは権利の移転時期又は役務の提供時期。
　④ 商品の引渡し又は権利の移転後におけるその引取り又は返還についての特約に関する事項(その特約がない場合には，その旨)。
　⑤ 前各号に掲げるもののほか，経済産業省令で定める事項。
　他に誇大広告等の禁止(第12条)，未承諾者に対する電磁的方法による広告(電子メール広告)の提供の禁止等(第12条の3)，消費者からの申し込みに対する承諾等の通知義務(第13条)についての規定，主務大臣による事業者に対する指示や業務停止命令についての規定(第14条，第15条)，等がある。

(3) 電話勧誘販売

　電話勧誘販売は「販売業者又は役務提供事業者が，電話をかけ又は政令で定める方法により電話をかけさせ，その電話において行う売買契約又は役務提供契約の締結についての勧誘(以下「電話勧誘行為」という。)により，その相手方(以下「電話勧誘顧客」という。)から当該売買契約の申込みを郵便等により受け，若しくは電話勧誘顧客と当該売買契約を郵便等により締結して行う指定商品若しくは指定権利の販売又は電話勧誘顧客から当該役務提供契約の申込みを郵便等により受け，若しくは電話勧誘顧客と当該役務提供契約を郵便等により締結して行う指定役務の提供をいう。」と定義される(第2条第3項)。

　電話勧誘販売をする販売業者又は役務提供事業者は，勧誘に先立って，相手方に対し，販売業者又は役務提供事業者の氏名・名称等と共に勧誘する目的の電話である旨，勧誘する商品や役務の種類を明示せねばならない(第16条)。また，契約に際しては書面の交付が義務付けられている(第18条・第19条)。他に拒否者(契約を締結しない旨の意思を表明した者)に対する勧誘の禁止(第18条)，他に不実告知や威迫・困惑行為等の禁止行為についての規定(第21条)，主務大

臣による事業者に対する指示や業務停止命令についての規定(第22条,第23条),契約の申込みの撤回等(クーリング・オフ)についての規定(第24条)等がある。

(4) 連鎖販売取引

　連鎖販売取引は,一般に「マルチ商法」[20]と呼ばれる販売方法である。連鎖販売取引は特定商取引法では第33条第1項に定義がある。連鎖販売取引とは,物品の販売や役務(サービス)の提供の事業であって,商品や役務の販売・提供等を行なう者を「特定利益」を得られるとして誘引して,その者と「特定負担」を伴う商品や役務の販売・提供等の取引をすることをいう。商品販売のマルチ商法として説明すれば,以下のようになる。[21]一般の消費者に商品を買わせたり入会金を出させたりして(ここでは,商品の購入代金や入会金が「特定負担」に当たる),商品の販売組織に販売員として加入させ,その加入者も儲けるために同じ方法で家族,友人・知人を誘い連鎖的に販売組織に引き込んでいく商法である。加入者は,「販売組織の上位者は自身の下位に広がる構成員(加入者)の入会金や売上の一部を受け取ることができるので,次々と加入者を勧誘・獲得して販売組織を拡大することでいずれは労せずして高収入が得られるようになる」等と勧誘される(商品の再販売から得られる利益と共に上記の下位者からの受取金が「特定利益」に当たる)。マルチ商法は,このように一般の消費者が販売員・加入者勧誘員となって次々に組織を拡大していくところに特徴がある。

　連鎖販売取引(マルチ商法)は,歴史的に消費者被害が多発している販売方法でもあり,特定商取引法上も以下のようにさまざまな規制がかけられている。

　まず,連鎖販売取引を行なう者(連鎖販売取引の統括者,勧誘者,その他の一般連鎖販売業者)は,勧誘に先立って相手方に対し,連鎖販売取引を行なう者の氏名・名称等と共に勧誘する目的である旨,勧誘する商品や役務の種類を明示せねばならない(第33条の2)。また,契約に際しては書面の交付が義務付けられている(第37条)。

---

[20] マルチ商法は,悪質・問題商法として一般に消費者被害の文脈で言及されることが多いため,事業者自身は「マルチレベル・マーケティング(multi-level marketing : MLM)」や「ネットワーク・ビジネス」「ネットワーク・マーケティング」等と表現していることがある。

[21] 小宮路〔2006〕問題編 pp. 144-145 及び解答編 p. 46 による。

広告については，第35条第1項で以下の項目の表示が義務付けられている。
① 商品又は役務の種類。
② 当該連鎖販売取引に伴う特定負担に関する事項。
③ その連鎖販売業に係る特定利益について広告をするときはその計算方法。
④ 前3号に掲げるもののほか，経済産業省令で定める事項。

他に不実告知や威迫・困惑行為等の禁止行為(第34条)，誇大広告等の禁止等(第36条)，未承諾者に対する電磁的方法による広告(電子メール広告)の提供の禁止等(第36条の3)，主務大臣による事業者に対する指示や業務停止命令(第38条，第39条)について各規定がある。また，契約の申込みの撤回等(クーリング・オフ)については第40条，第40条の2に定めがあり，連鎖販売契約の申込み又はその承諾の意思表示の取消し(第40条の3)についても規定されている。

(5) 特定継続的役務提供

特定継続的役務提供は，「役務提供事業者が，特定継続的役務をそれぞれの特定継続的役務ごとに政令で定める期間を超える期間にわたり提供することを約し，相手方がこれに応じて政令で定める金額を超える金銭を支払うことを約する契約という」と定義される(第41条第1項第1号)。また，特定継続的役務の提供を受ける権利を販売する販売業者が主体となる場合も特定継続的役務提供として扱われる(同第1項第2号)。

特定商取引法では，特定継続的役務を国民の日常生活に係る取引において有償で継続的に提供される役務であり，以下の①②の各号のいずれにも該当するものとして，政令で定めるものをいうとしている(第41条第2項)。
① 役務の提供を受ける者の身体の美化又は知識若しくは技能の向上その他のその者の心身又は身上に関する目的を実現させることをもつて誘引が行われるもの。
② 役務の性質上，前号に規定する目的が実現するかどうかが確実でないもの。

例えば，エステティック・サロン，語学学校等が特定商取引法上の特定継続的役務に当たる。

特定継続的役務提供についての規定としては，特定継続的役務提供を行なう

役務提供事業者・販売業者は，定継続的役務提供等契約を締結するまでに，経済産業省令で定めるところにより，当該特定継続的役務提供等契約の概要について記載した書面を取引相手に交付しなければならない（第42条）ことが挙げられる。他に誇大広告等の禁止（第43条），不実告知や威迫・困惑行為等の禁止行為（第44条），主務大臣による事業者に対する指示や業務停止命令（第38条，第39条）について各規定がある。また，契約の解除等（クーリング・オフ）については第48条，第49条に定めがあり，特定継続的役務提供契約の申込み又はその承諾の意思表示の取消し（第49条の2）についても規定されている。

(6) 業務提供誘引販売取引

業務提供誘引販売取引は，悪質・問題商法の文脈では「内職商法」「モニター商法」等と呼ばれる販売方法である。業務提供誘引販売取引は特定商取引法では第51条第1項に定義がある。物品の販売や役務（サービス）の提供の事業であって，商品や役務を利用する業務に従事することにより「業務提供利益」を得られるとして相手方を誘引して，その者と「特定負担」を伴う商品や役務の販売・提供等の取引をすることをいう。商品販売の内職商法として説明すれば，以下のようになる。商品を利用して行なう業務を事業者が買い手に提供することを約束して（「良い内職（在宅ワーク）になり，収入が得られる」等と説明される），商品を購入させるが，実際には事業者から業務は提供されず，結局は商品を購入させられただけになる。[22] この場合，購入した商品を利用して行なう業務から得られるとされる収入が「業務提供利益」に当たり，商品の購入代金が「特定負担」に当たる。

業務提供誘引販売取引についての規定としては，勧誘に先立って相手方に対

---

[22] 理解のために内職商法の仮設例を示せば，例えば以下のようになる。①事業者から「この「人形作りセット」を購入すれば，制作した人形を買い取るので良い収入になる。」と説明されるが，実際には，人形は（できが悪い等として）買い取られることはなく，消費者には購入代金の支払いのみが残る，②事業者から「この「ホームページ作成講座」を受講すれば，ホームページ作成の仕事を提供するので自宅でできる良い内職（在宅ワーク）になる。」と説明されるが，実際には，仕事は提供されず，消費者には受講代金の支払いのみが残る，というものである。また，モニター商法の仮設例を示せば，例えば以下のようになる。事業者から「浄水器を購入して，モニターになりませんか。毎月，簡単なアンケートに答えてもらうだけで，モニター料が支払われるので，浄水器の代金はすぐに取り戻せます。」と説明されるが，実際には，モニター料は支払われず，消費者には購入代金の支払いのみが残る，というものである。

し，業務提供誘引販売取引を行なう者の氏名・名称等と共に勧誘する目的である旨，勧誘する商品や役務の種類を明示せねばならない(第51条の2)。また，契約に際しては書面の交付が義務付けられている(第55条)。

また，業務提供誘引販売取引では第53条第1項で，以下の広告表示が義務付けられている。

① 商品又は役務の種類。
② 当該業務提供誘引販売取引に伴う特定負担に関する事項。
③ その業務提供誘引販売業に関して提供し，又はあっせんする業務について広告をするときは，その業務の提供条件。
④ 前3号に掲げるもののほか，経済産業省令で定める事項。

他に不実告知や威迫・困惑行為等の禁止行為(第52条)，誇大広告等の禁止(第54条)，未承諾者に対する電磁的方法による広告(電子メール広告)の提供の禁止等(第54条の3)，主務大臣による事業者に対する指示や業務停止命令についての規定(第56条，第57条)，等がある。また，契約の解除等(クーリング・オフ)については第58条に定めがあり，業務提供誘引販売契約の申込み又はその承諾の意思表示の取消し(第58条の2)についても規定されている。

(7) ネガティブ・オプション

特定商取引法の第6章雑則の中に，「売買契約に基づかないで送付された商品」の規定がある(第59条)。これは，悪質・問題商法の1つである「ネガティブ・オプション(negative option：送り付け商法)」についての規定である。

ネガティブ・オプションとは消費者が申し込みをしていないのに，事業者から消費者に一方的に商品が送付されて，支払いを要求されるものである。代金引換郵便を使って，消費者の勘違いによる支払いを狙う場合もある。

特定商取引法第59条では「販売業者は，売買契約の申込みを受けた場合における申込みをした者及び売買契約を締結した場合におけるその購入者(以下この項において「申込者等」という。)以外の者に対して売買契約の申込みをし，かつ，その申込みに係る商品を送付した場合または申込者等に対してその売買契約に係る商品以外の商品につき売買契約の申込みをし，かつ，その申込みに

係る商品を送付した場合において，その商品の送付があった日から起算して14日を経過する日（その日が，その商品の送付を受けた者が販売業者に対してその商品の引き取りの請求をした場合におけるその請求の日から起算して7日を経過する日後であるときは，その7日を経過する日）までに，その商品の送付を受けた者がその申込みにつき承諾せず，かつ販売業者がその商品の引取りしないときは，その送付した商品の返還を請求することができない。」としている。

図表13-2は，上記の6つの取引類型とネガティブ・オプションを悪質・問題商法との関連において示したものである。

第4節　消費者取引の諸課題

消費者取引に関係する消費者被害は年々，増加している。例えば，高齢者等を狙った悪質な訪問販売の一例として不必要な住宅リフォームによる「次々販売」被害の増加が挙げられる。時代のスピードが増し，多くの新商品やサービスが市場に投入されるが，消費者被害が広がって社会問題になってから，法整備に動くという状態では完全な後追いになってしまう。また，消費者保護の観点からさまざまな法律が整備されるが，これまでは法律によって監督官庁が異なり，一元的に消費者問題に対応することができなかった。

2009年9月，消費者庁が発足し，消費生活に関連するさまざまな法律を所管する各省庁に対して，勧告，省庁横断的な政策の企画，新法の立案等，消費者行政の司令塔としての役割を担うようになった。また，都道府県，市町村は重大事故の情報を把握した場合は直ちに消費者庁へ通知することが義務付けられ，消費生活センター，市町村相談窓口，保健所，警察，消防，病院等から消費者被害情報が消費者庁に集まることになった。消費者庁は消費者被害の再発・拡大防止のため国民に情報を速やかに提供し注意喚起を図るとしている。[23]

---

[23] 長野県では，『くらし得情報』〔2009年12月〕が回覧され，消費者庁のスタートと消費者の安全を守る消費者安全法の施行が伝えられた。また，松本市では長野県と協働で，悪質商法被害防止ステッカーを配布している。

図表 13-2　特定商取引法における取引類型と悪質・問題商法

訪問販売	自宅等へ訪問して行なう取引。特定商取引法では，営業所等へ呼び込む(呼び出す)場合も含む。悪質・問題商法としては，路上等で呼び止めた後，営業所等に連れ込み，執拗に契約を迫る「キャッチ・セールス」，電話等で販売目的を明確に告げずに事務所や喫茶店等に呼び出し，執拗に契約を迫る「アポイントメント・セールス注1」等がある。
通信販売	新聞，雑誌，インターネット等で広告し，郵便，電話等の通信手段により申し込みを受ける取引のこと。インターネット・オークションも含むが，電話勧誘販売に該当するものを除く。
電話勧誘販売	電話で勧誘し，申し込みを受ける取引のこと。電話を切った後，消費者が郵便や電話等によって申し込みを行なう場合も該当する。悪質・問題商法としては，資格取得講座への受講を執拗に迫る「資格商法注2」，利殖用マンションの購入を執拗に勧める「マンション利殖商法」等がある。
連鎖販売取引	一般の消費者を商品・役務の販売員として勧誘し，更に次の販売員を勧誘させるというかたちで，販売組織を連鎖的に拡大していく販売方法。悪質・問題商法の文脈では「マルチ商法」と呼ばれる。
特定継続的役務提供	長期的・継続的な役務の提供を約束する取引。通常は，高額の支払いを伴う取引である。約束した役務が提供されない，中途解約ができない，中途解約には高額の違約金を要求される，契約期間の途中で事業者が破綻してしまう等の消費者被害が多発している。現在，エステティック・サロン，語学教室，家庭教師，学習塾，結婚相手紹介サービス，パソコン教室の6つの役務が対象となっている。
業務提供誘引販売取引	「仕事(業務)を提供するので収入が得られる」として消費者を誘引し，仕事に必要であるとして，商品等を消費者に購入させるもの。悪質・問題商法としては「内職商法」「モニター商法」等と呼ばれる。
ネガティブ・オプション	消費者が申し込みをしていないのに，事業者から消費者に一方的に商品が送付されて，支払いを要求される悪質・問題商法。「送り付け商法」と呼ばれる。

注1：アポイントメント・セールスのうち，異性間の感情を利用して呼び出すものは「デート商法」と呼ばれる。
注2：資格商法は「士商法」とも呼ばれる。資格には「○○士」といった名称が多いためである。
出所：筆者作成。

　これまでの縦割り行政により，拡散・分散していた消費者問題や消費者被害への対応が，消費者庁に集約されることによって，迅速に機能することが望ま

れている。消費者庁は，消費者問題や消費者被害の後追いではなく，消費者の一歩先を見つめる横断的な組織として機能することが求められている。

一方，消費者自身も消費者の権利を単に主張するだけではなく，消費者としての責任を果たす必要がある。日頃から情報収集を心がけ，消費者問題や消費者被害にあわないように心がける必要があるだろう。

事業者側も消費者対応を更に進めていくことが求められている。消費者被害を出さない仕組みづくりが大切であり，消費者対応窓口の設置等もより推進されてしかるべきである。万一，消費者被害が発生した際には，問題が拡散・拡大しないように迅速に消費者に伝達し，原因を究明する必要がある。企業の防衛のために消費者対応をするのではなく，消費者保護の立場から積極的に企業の社会的責任を果たし，消費者満足を推進するよう全社的な取り組みが求められている。

消費者・行政・企業(業界団体を含む)のそれぞれが，適正な消費者取引について主体的に取り組み，三者一体となって消費者問題，消費者被害に立ち向かうことが，早期の問題解決に向けて非常に重要になるであろう。

【参考文献】
石川和男〔2004〕『基礎からの商業と流通』中央経済社。
㈶インターネット協会監修〔2009〕『インターネット白書2009』インプレスR&D。
江頭憲治郎〔1999〕『商取引法第2版』弘文堂。
及川良治他共著〔1996〕『現代商業学の現状と課題』商学研究社。
甲斐道太郎・清水誠編集代表〔2009〕『消費者六法』民事法研究会。
経済企画庁国民生活局編〔1999〕『ハンドブック消費者99』大蔵省印刷局。
小宮路雅博〔2006〕『徹底マスター　マーケティング用語』白桃書房。
佐々木幸孝・斎藤雅弘・安藤朝規編〔2008〕『ガイドブック消費者契約法』法学書院。
清水聡子〔2000〕「消費者取引」(小宮路雅博編著〔2000〕『現代の流通と取引』同文舘出版，第9章所収，pp. 139-156)。
東京弁護士会弁護士研修センター運営委員会編〔2009〕『消費者法の法的論点と実務』ぎょうせい。
㈳日本クレジット産業協会〔2008〕『日本の消費者信用統計平成20年度版』日本クレジット産業協会。
原田俊夫・原田一郎〔1990〕『現代マーケティング―その流通機構と運営―』前野書店。

宮澤永光監修〔2007〕『基本流通用語辞典改訂版』白桃書房。
平松毅・井上善雄・田上富信〔1997〕『判例・事例でまなぶ消費者法』有斐閣ブックス。
吉田良子編〔2006〕『消費者問題入門第3版』建帛社。

Bonnice, J. G. and R. Bannister〔1990〕*Consumers Make Economic Decisions*, 2nd ed., South-Western.（訳書，小木紀之・宮原佑弘監訳〔1998〕『賢い消費者―アメリカの消費者教育の教科書―』家政教育社）。

国際消費者機構 HP（http://www.consumersinternational.org/）
警察庁 HP「インターネット安全・安心相談」（http://www.npa.go.jp/cybersafety/）
消費者庁 HP「インターネットをめぐる消費者トラブルについて」
（http://www.caa.go.jp/adjustments/index_1.html）

＊本章で参照した各法令は，消費者庁 HP「消費者の窓　関係法令」（http://www.consumer.go.jp/kankeihourei/index.html）による。

（清水　聡子）

第14章
インターネットと小売流通

　インターネット上での小売流通の規模は年々拡大の一途をたどっている。また，そこで扱われる商品も多岐に渡るようになってきている。本章では，この成長著しいインターネット上での小売流通について検討する。まず，インターネット上での小売流通，すなわちネット小売の現状について見る。次にネット・ショップの成功要件を考察し，更に実際に出店するためのプロセスについて検討する。最後に今後の展望について触れる。

　なお，インターネット環境は一時期の急成長が一段落したとはいえ，依然として日々変化し続けている。従って，本章における議論があくまで執筆時点のものであることに留意いただきたい。

第1節　ネット・ショップの現状

1　ネット小売とネット・ショップの現状

(1) ネット小売

　ネット小売とは，インターネット上での最終消費者に対する商品の予約受付，受注及び販売のことである。クレジットカード等を用いて，インターネット上で決済まで行なうこともできる。また，パソコン用のソフトウェアや音楽等のコンテンツ販売であれば，インターネット上で全てが完結する。

　インターネットが商用に利用され始めたころは取り扱い品目も限られていたが，現在では非常に幅広くなり，パソコンや家電品等の電化製品から生鮮食品に至るまでさまざまなものが販売されている。経済産業省の調査によると2007

年時点での市場規模は 5.3 兆円にまで達している。また，こうしたネット小売を利用することをネット・ショッピングという。

(2) ネット・ショップ

ネット・ショッピングの最も一般的な利用先であるネット・ショップの数も大変多くなっている。また，このネット・ショップの規模は，個人が趣味の延長で手作り商品を販売する店舗から，数万点に及ぶアイテムを取り揃える巨大店舗まで，非常に幅広くなっている。

(3) 法　規　制

ネット・ショップは他の小売業と同様に，商法をはじめとする諸規制の対象となる。その中でネット・ショップは，「特定商取引に関する法律(特定商取引法)[1]」において通信販売の一形態とされており，直接的には同法によって規制されている。また，広告表現等を規制する「不当景品類及び不当表示防止法(景品表示法)」との関係も深い。

2　ネット小売の分類

ネット小売は，さまざまな主体によってさまざまな形で行なわれている。ここでは幾つかの分類軸を用いて整理することによって，それぞれの小売の特徴を考えてみる。

(1)　出店者による分類

ネット上における小売を営む出店者の主なタイプには，以下のようなものがある。

①　メーカー

メーカーがネット上に小売店舗を出すということは，すなわちメーカー直販

---

[1] 特定商取引法の詳細については，第 13 章第 3 節を参照されたい。

ということになる。その規模に関わらず，直販サイトを新たな販路としているメーカーは少なくない。規模が大きくなると，直販用の会社を設立するケースもある。メーカーによっては自社のネット・ショップ限定の商品を用意したり，ネット限定でBTO（build to order：受注生産）サービスを提供したりする場合もある。

② 店舗小売業者（有店舗小売業者）

リアル世界（現実世界）に店舗を持つ小売業者もまた，ネット上での販売に積極的である。百貨店や家電量販店，スーパーマーケット・チェーンやCVSチェーン等の大手小売業から個人経営の小規模な小売店まで，さまざまな規模の小売業がネットに進出している。店舗小売業者は通常であれば商圏という空間的な「限界」から逃れられないが，ネット・ショップはこの「限界」を簡単に突き抜けることができる。このことだけでもネット・ショップを持つことの意味がある。また，在庫や配送等の物流システムもリアル世界のそれを活用できるために他のタイプの出店者よりも出店し易い場合が多い。

③ 卸売業者

リアル世界の卸売業者は物流機能を既に有している。また，リアル世界に小売店舗に構えるよりも，コストもリスクも大幅に低いため，ネット販売に参入し易い。商品知識も十分にある場合が多く，価格競争力もあるため，参入する意義は大きい。但し，小売そのもののノウハウを学ぶ必要がある。

④ 通信販売業者

通信販売業者は長らく紙媒体によるカタログ通販を展開してきた。また，テレビ通販（テレビショッピング）もまた有効な手段として定着した。そして，ネット・ショップもまた，通信販売業者の重要な販路となってきている。ネット・ショップでは通信販売業者のノウハウを生かすことができる反面，例えばカタログ通販のやり方をそのままネット・ショップに持ち込むだけでは，ネット・ショップの良さを引き出せない。通信販売業者にとっては，カタログ通販，テレビ通販，そしてネット・ショップの相乗効果を引き出すことが課題となっている。

⑤　ネット専業小売業者

　ネット専業の小売業者はリアル世界に店舗を持たないため，初期投資が少なくて済むように思える。しかしながら実際には，有形の商品を取り扱う限りは物流機能が必要であり，実際には倉庫等が必要になる場合が殆どである。また，実店舗を持たないネット専業では信頼性を高めるための諸策を講じる必要がある。そのためのマーケティング費用もかなりの負担となる。これらの理由からネット専業の小売業者にコスト上のメリットが必ずしもあるわけではない。

⑥　個　　　人

　個人が自分の手作りの商品を販売することにも，インターネットは利用できる。生活雑貨からパソコン用のソフトウェアまで，個人が販売するものにもさまざまなものがある。但し，個人であっても法規制の対象となることに注意しなければならない。また，個人の場合，信頼性を獲得することが課題の一つとなる。

(2)　扱い品目による分類

　ネット・ショップは扱い品目で分類することもできる。経済産業省の2007年の調査では，ネット・ショップを①総合，②食品，③自動車・パーツ，家具・家庭用品，電気製品，④医薬化粧品，⑤スポーツ・本・音楽・玩具に分類している。これらの中では，衣料・アクセサリーや食品の販売量が伸び悩んでいたが，これらの分野でも着実な成長が見られつつある。なお，医薬品に関しては改正薬事法によって2009年6月1日より大幅に規制されることとなった。

(3)　出店方法による分類

　ネット・ショップを開業する方法としては，単独で出店する方法と仮想商店街(virtual mall)内に出店する方法がある。これらの詳細については後述する。

　ここで，ネット上において小売を実現する方法には，ネット・ショップを開くこと以外にオークションに出品するという方法がある。一般的な分類ではインターネット上の小売は無店舗販売の一形態であるが，バーチャル世界に話を限定するならば，ネット・ショップを開くことは言わば有店舗販売であり，

オークションへの出品は無店舗販売ということになるだろう。オークションは元々，消費者同士(Consumer to Consumer：C to C)の売買の場であるが，現在では流通業者がオークションを通じた実質的な小売販売を行なっている。

第2節　ネット・ショップの成功要件

リアル世界における「商い」とネット上での「商い」との間に，本質的な違いはないはずである。しかし一方で，リアル世界と比較した時にネットという環境において特に重要になってくる点や，見失いがちになる点等が指摘されてきている。本節ではこれらを踏まえ，ネット上の小売活動において成功するための要件について検討する。

1　ネット購買のプロセスから見る

ここでは，消費者の購買のプロセスに沿って，どのような仕掛けや努力がネット・ショップに必要かについて考えてみたい。図表14-1は本節において説明される項目を整理したものである(図表14-1は消費者行動論の購買意思決定プロセスとは異なることに注意していただきたい)。

(1)　**店舗の認知**

通常，小売店舗が自らを知らしめる要素としては立地と広告がある。立地によって最も左右されるのは集客力であるが，店舗はまたそれ自体が広告物となり得る(店の看板等，自家媒体による屋外広告を含める)。幹線道路沿いに店舗を構えることによって消費者が通行中に店舗を目にすることもあるだろうし，駅ビル内の通路に面して出店することによって店舗を認知してもらうということもあるだろう。そして，当然ながら商圏内での折り込み広告等は有力なコミュニケーション手段である。これらの接触を通して，小売店舗は消費者に認知されていく。

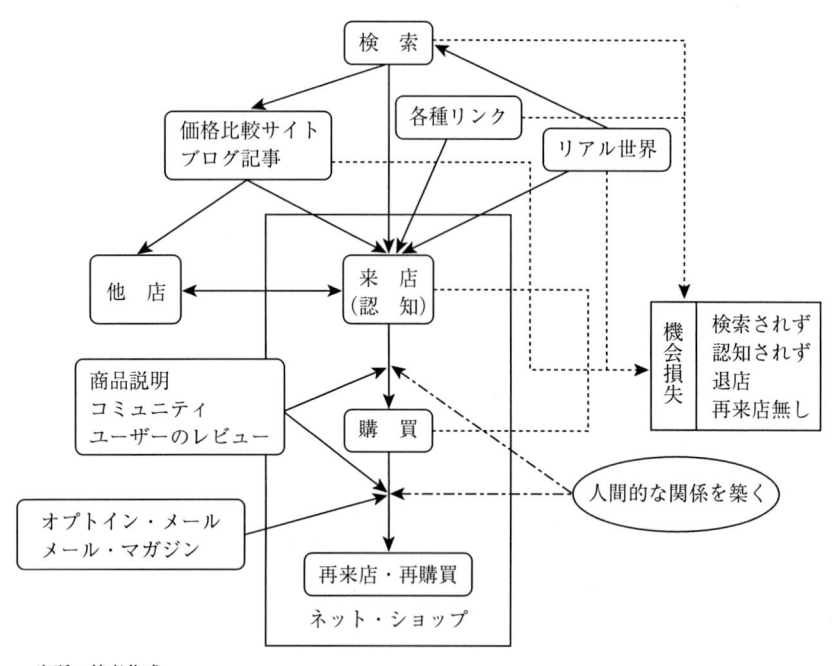

図表14-1　ネットでの購買のプロセス

```
                    検　索
           ┌─────────┼─────────┐
           ▼         ▼         ▼
      価格比較サイト  各種リンク  リアル世界
      ブログ記事
           │         │         │
    ┌──────┤    ┌────┤         │
    ▼      │    │    │         │
   他　店  │    │    │         │         ┌─────────────┐
           ▼    ▼    ▼         │         │機会 検索されず │
    ┌─── 来　店 ───┐           │         │ 損  認知されず │
    │    （認知）   │           │         │ 失  退店      │
    │      │      │           │         │     再来店無し │
    ▼      ▼      │           │         └─────────────┘
商品説明  購　買   │
コミュニティ          │
ユーザーのレビュー     │                   ┌─────────┐
                    │                   │人間的な関係を築く│
オプトイン・メール    │                   └─────────┘
メール・マガジン     ▼
              再来店・再購買
              ネット・ショップ
```

出所：筆者作成。

　一方，ネット上では消費者の行動はリアル世界のそれとは異なる。なぜならネット上においては殆どの場合，興味を持った段階でほぼ同時にアクションが発生するからである。すなわち，広告であれ，検索結果であれ，或いはパブリシティであれ，いずれの方法によって「知名」（或いは認知）[2]した場合でも，消費者は興味を持った次の瞬間にマウスをクリックし，そのリンクへと向かう。それはつまり「来店」というアクションをとるということである。なぜ，これほど気楽に店舗を訪れるかといえば，それは店舗を訪れるという行為に精神的，時間的，金銭的コストが必要ないからである（そのかわり，退店するのにも何の

---
[2] ここで「認知」という用語を用いるのは不適切かもしれない。ネット上では消費者は「興味を持つ」だけですぐに「来店」というアクションをとるからである。ネット上での消費者の行動は，リアル世界のそれよりはるかに具体的な形として現れる。興味を持てばサイトを訪れるし，必要と思えばブックマーク（お気に入り）登録をする。これらの行動について，例えば通常の消費者行動論の用語をそのまま用いることは難しい場合も出てこよう。

苦もないが)。但し，このことが簡単に集客できるということを意味するわけではない。膨大な数のサイトの中から自分のサイトに「来店」してもらうことは至難の業なのである。

さて，広大なインターネット上においては，何がどこにあるかというのはリアル世界に比べてはるかに不明瞭である。従って，消費者が店舗を知る過程もリアル世界とは異なる。それはすなわち「認知のための方法」も大きく異なるということである。

ここで指摘されるべきは，ネット上では「通行中に自然に目に入る可能性」が非常に低いという点である。ネット上ではユーザーはリアル世界と比べてはるかに「能動的」に行動している。それはなぜなら，インターネット上ではほぼ100％自分の意志で行動できる，という大前提があるからである。もちろん，人はリアル世界でも自分の意志で行動する。しかし，例えばリアル世界で，ある地点からもう一つの地点に移動するには，幾つかの与えられた経路のうちのどれか一つを選択しなければならないし，その移動方法は自ら選んだものであるにも関わらず，その移動中は拘束されてしまう。そして，この移動中に(自分の意志とは別に)人はさまざまな情報(主に広告)に接触することになる。

一方，インターネット上においては状況が異なる。インターネット(ここでは特にHTML)の優れたメカニズムとして，一つのページからもう一つのページに階層構造を無視して一気に移動できる点が挙げられる。これはすなわち移動が一瞬で終了することを意味し，その過程においてユーザーが本来の目的とは別の何かを目にすることはあり得ない。一時期，リンクへの移動に伴って別ウインドウに現れるポップアップ広告と呼ばれる手法が注目されたが，結局，インターネット・ユーザーはそれを邪魔物としか考えなかった。これはインターネット・ユーザーが自分の意志で自分の意図するところに自由に移動できることを当然と考えており，自分の意志に反する動作は受け入れない，という特性によるところが理由の一つであると考えられる。

「自然に目に入る可能性」という意味では，バナー広告は一つの可能性であろう。しかし例えば，あるサイトにバナー広告が掲載されていたとしても，ユーザーはあくまでそのサイトにあるはずの特定の情報を必要としてそのサイトを

訪問しているので，それ以外のものには必ずしも注意を払うとは限らない。

以上のように，インターネット上においては，ユーザーの本来の目的以外の情報に目を向けさせることは簡単ではない。従って，店舗の認知という点では次の二つのことが重要となる。一つはユーザーがネットに入ってくる前の段階で，既にそのユーザーの頭の中に自社のネット・ショップを目的地として位置づけさせること。そしてもう一つは，ネット上においては，ネット上を探索している見込み顧客（自社の商品カテゴリを探しているユーザー）に確実に認知してもらう努力をすること，である。

(2) 検　　索

ここでは，上記に挙げた二つの重要点のうち，後者，つまり見込み顧客への対応について更に考えてみたい。既に触れたように，ネット上においてユーザーはある目的を持って行動していることが多い。そしてネット・ユーザーの多くはポータル・サイトを行動の出発点としている。[3] 日本ではポータル・サイトはYahoo，Google，MSNサーチが大きなシェアを占めている。これらのサイトの基本機能はいずれも「検索エンジン」である。つまりユーザーは行動の第一段階として「探す」という行為を行なっているのである。

従って，ネット上では見込み顧客に「見つけてもらう」ことが重要となる。そこで，上記のような検索エンジンに自分のショップが，しかも上位にランクされるかどうかがポイントとなる。このことを実現するための方法がSEOと検索連動型広告である。

① SEO

「SEO（search engine optimization：検索エンジン最適化）」は検索エンジンの検索結果リストの上位にそのサイトがランクされることを目指してサイトを設計することである。検索エンジンは自動的にサイトをクロールするロボット（プログラムの一種）をインターネット内に巡回させている。そして，膨大な量のペー

---

[3] Yahooの調査（Yahoo! JAPAN　インターネット利用者アンケート結果）によると，検索サービスをネット利用の出発点としているユーザーの割合は8割前後となっている。但し，この調査はYahooのトップ・ページにリンクを張ったものであり，Yahooユーザーがその調査対象となっているため，その点は考慮する必要がある。

ジを自動的にデータベースに登録していく。そして，このデータベースを基に，検索キーワードに合致するサイトをリストアップするシステムになっている。ここで，リストアップの順番(検索順位)はサイトの評価を基に自動的に生成されるわけだが，このサイトの評価は，検索キーワードとサイト内のワードのマッチングを始め，他のサイトからのリンク量やサイト開設からの経過時間等，さまざまな要因を総合して自動的になされる。この評価方法は「(検索エンジンの)アルゴリズム」と呼ばれる。検索結果が不当に操作されてしまうと，検索エンジンの評価が下がりユーザーが離れてしまうので，このアルゴリズムは検索サービス提供企業の極秘事項となっている。

この検索結果の上位にリストされることは非常に重要である。なぜなら殆どの場合，ユーザーは検索結果の上位しか見ないからである。従って，検索エンジンのアルゴリズムの基準を見極めて，なるべく検索の上位にリストされるような努力が必要となる。こうした努力を総合して SEO と呼ぶ。

② 検索連動型広告

検索連動型広告は，検索キーワードに連動して検索結果画面に表示される広告のことである。検索連動型広告の形態はテキスト広告であり，またクリック報酬型(クリックされることによって料金が発生するタイプの契約)である。クリック毎の料金はキーワード毎に異なり，人気のあるキーワードは単価が高くなるシステムになっている。

(3) リ ン ク

以上のように，検索エンジンが店舗への入り口の第一歩になることが多いわけだが，これ以外にも経路はある。それは相互リンクや各種広告(バナー広告，メール広告，コンテンツ連動型広告，アフェリエイト・プログラム[4]，等)からのリンク，価格比較サイトからのリンク，或いはブログ記事からのリンク等であ

---

[4] アフェリエイト・プログラム(affiliate program)とは目的達成型ウェブ広告配信手法のことである。アフェリエイト・プログラムが通常の広告と異なるのは次の二点である。一つは，購買等の最終目的が達成された時のみに報酬が支払われるという点。もう一つは，通常は広告とは広告掲載による収入を事業の一つにしている広告媒体に載せるものであるが，アフェリエイト・プログラムでは個人のサイトであってもプログラムに参加することができるという点である。アフェリエイト・プログラムにより，全てのサイトやメールが広告媒体となり得ることになったことは理論的に興味深い。

る。

　ネット・ショップの特性の一つに「来店の経緯のトレースが容易である」という点がある。来店者がどのリンクを経由して店舗を訪れたのかは比較的簡単に把握できる。リアル世界では，調査することによって初めて把握することのできる来店までの経緯が，ネット・ショップでは常にデータとして蓄積できるため，以降のコミュニケーション戦略の再検討に大きな示唆を与えてくれる。更にいえば，購買行動までもがトレース可能であるため，更にその意義は大きいといえる。どのリンクから来店したユーザーが顧客になったかが分かるからである。

　但し，これをメリットとすることができるかは別である。なぜなら，こうしたトレース（或いはデータの把握）は，ネット上ではそれほど難しいことではないので，ネット・ショップならどこでも可能であり，当たり前だからである。いいかえれば，こうした分析を行なうことは必須であり，その結果を元にどのような戦略を立て，実行していくのかがより重要であるといえよう。

(4) 比　　較

　ネット上では，他の店舗との比較がし易い。物理的制約がないため，簡単に複数の店舗を行き来することができる。また精神的にも，対人的な要素が殆どないため，複数の店舗を比較することへの抵抗感がない。また，価格比較サイトや情報共有サイト，ブログ記事等で，商品や店舗の比較情報が容易に手に入る。ユーザーはこれらの情報を駆使して商品や店舗を決定していくのである。

(5) 購　　買

　さまざまな可能性の中から，見込み顧客が自分のネット・ショップを選択し，訪れたとしよう。しかしながら，この時点でもまだ安心はできない。もし，少しでも店舗内が気に入らなければ，見込み顧客はあっという間に別の店舗へ移動してしまうからである。従って，訪れた見込み顧客が他に流れることを阻止することがネット・ショップ運営の主要課題の一つとなる。訪問した見込み顧客が店舗を離れてしまう理由は多岐に渡るだろうが，ネット・ショップ側で対

処可能なこととしては，①サイトを分かり易い構造にする，②ネット・ショップの信頼性を高める仕掛けを用意する，③簡単で確実な決済方法を提供する，等が挙げられよう。

(6) 再来店・再購買

　インターネットは顧客とのリレーションシップを築くのに適したメディアであるといわれる。ネット・ショップの場合，それは具体的には再来店・再購買を意味する。しかし，実際には再度顧客に来店してもらうことは簡単ではない。

　ネット・ショップにおいて顧客に再度来店してもらうための取り組みとしては，「オプトイン・メール(opt-in mail)」の送付やメール・マガジンの発行が代表的である。オプトイン・メールはDM（ダイレクト・メール）の一種である。オプトインとは，特定の内容についての案内（つまり広告）のメールを送付することを事前に許諾しておくことである。インターネット上では，いきなり送り付けられてくるDMは「スパム・メール(spam mail：迷惑メール)」と呼ばれ，ユーザーはそれらを嫌悪する。そこで，サイトを訪問してくれた顧客に「今後，ご案内をお送りしてもよろしいですか？」という質問を用意し，Yesと答えた顧客だけにDMを送付する方法が採られるのである。この方法はターゲットを絞り込めるという点で非常に優れているが，顧客の嗜好の変化に対応しきれないのが弱点である。許諾を与えた時点では送って欲しいと顧客が考えたとしても，時間が経つにつれてその顧客の興味が変化してしまい，結局，邪魔なメールになってしまう可能性がある。

　一方，メール・マガジンは定期的（不定期な場合もある）に情報を提供するもので，単なる広告ではなく簡単な情報誌のような形態をとる。さまざまな情報を提供することで，顧客の囲い込みを目指す。メール・マガジンもオプトインを行なうのが一般的である。

　これらのメールにはリンクが設定されており，簡単に広告内容や記事内容へ移動することができる。近年の傾向としては，ビジュアルに訴えることのでき

---

[5] 同時に，受け手がメール配信を簡単に停止できる仕組みも用意しておくことが必須である。メール配信の許諾の取り消し・撤回はオプトアウト(opt-out)と呼ばれる。

るHTMLメール(ホームページと同様の表示が可能なメール)の採用がある。

　こうした顧客の囲い込みへの試みはビジネスにおける最重要関心事の一つとなっているが，ネット上における他の方法として「コミュニティの形成」がある。具体的にはメール・マガジンの発行に加えて掲示板(会議室とも呼ぶ)を用意し，ユーザー同士の経験談や使用上の工夫等の情報を交換し合う場を提供する。店舗や商品に対する愛顧の形成が期待でき，ユーザー間に結束のようなものも生まれると考えられている。[6]

(7) **人的な関係を築く**

　競争の中で生き抜いていくためには，他店との差別化が必要である。しかし，ネット上で差別化を行なうことはリアル世界での差別化よりも更に難しい。インターネットという環境は参入し易いわけだが，これは同時に差別化の難しい環境であるということに他ならない。小売業における差別化の方法の一つに地理的な差別化があるが，これはネット上では不可能である。他の差別化の方法としては商品による差別化，価格による差別化，サービスによる差別化が考えられる。

　商品については他店では扱えない商品であれば，差別化が可能である。少量生産で手に入りにくい商品や生産の段階から携わるケースであれば商品による差別化が可能であろう。しかし多くの場合，単に商品で差別化を行なうことは日本のような成熟社会では難しい。

　ネット上では価格による差別化もまた難しい。ネット上では価格は簡単に比較できてしまうので，仕入等でよほど優位性を有していないと，価格競争に耐えられなくなってしまうだろう。

　サービスの差別化のうち，ネット上では技術的に形成されたサービスの優位性はすぐに模倣されてしまう。入力フォームへの入力の自動化や，支払いの簡素化等がそうしたものの例である。

---

[6] 詳しくは石井・厚美編〔2002〕を参照。また，こうしたネット上の口コミについての研究として小川〔2003〕の研究は興味深い。小川は独立系口コミサイト「アットコスメ」を題材に，掲示板への書き込みを行わない人(ROM：全体の9割を占める)が重要な情報伝達の媒体になっている可能性について示唆した。

このようにネット上での差別化を模索していくと，一つの方法にたどり着く。それは人による差別化である。売り上げを伸ばしているショップでは，「店長」や「職人」等そのショップを代表する人物を立てていることが多い。多くの場合，「店長」には活力があり，その商品についての知識が豊富であり，何らかのこだわりがある。ショップを訪れる顧客はこうした魅力的な「店長」との交流の中で，ショップやそのショップの商品との関係を深めていく。或いは，こうした「店長」の存在が裏書となって，顧客に安心感を与える。こうした「人による差別化」は，たとえ商品が同じであっても，或いは価格が多少高めに設定されていても可能である。ネット上であっても，最終的には人対人のコミュニケーションが重要になってくるという事実は大変興味深い。

2　相乗効果を得る

リアル世界に実店舗を持ちながらネット・ショップを運営することを「クリック＆モルタル(click and mortar)」[7]と呼ぶ。クリック＆モルタル企業のネット・ショップに対する考え方は，大きく2つに分けられる。1つはネット上でのビジネスをリアル世界の本業に付随するサービスとする考え方である。このアプローチにおいては，ネット上で利益を上げることは主要課題ではない。あくまで，リアル世界の顧客の利便性を高めるための「サービス」に過ぎないので，たとえコスト・センターとなったとしても，リアル世界での競争力が上がるのであればそれでいい，と考える。

もう一つの考え方は，ネット・ショップをもう一つのチャネルとして独り立ちさせる，というアプローチである。このアプローチの下では，ネット・ショップ単体での収益性を重視する。そして，この後者のアプローチの方が，結果としてネット・ショップ成功の可能性が高く，またリアル世界のビジネスにも好影響をもたらす。ここに相乗効果を見てとることができる。こうしたクリッ

---

[7] クリックがネット世界，モルタルがリアル世界を示している。クリック＆モルタルは，ネット化について行けないリアル世界の伝統的な企業を「ブリック＆モルタル(brick and mortar)」と呼んだことからの連想語である。ブリック＆モルタルには，「レンガ造りの古めかしくて"ご立派な"社屋を構えているだけの時代遅れ企業」という揶揄の意味が込められている。

ク＆モルタルの戦略のキーワードは「効率」「差別化」，そして「マルチチャネル（multi-channel）」である．

(1) 効　　率

　リアル世界とネット上の両方でビジネスを展開することによって，企業が持つ経営資源をフルに活用することができる．クリック＆モルタルには「既存のブランド力を活用できる」「既存インフラを共有できる」「商品や営業に対するノウハウを既に持っている」という特徴がある．これらは効率性を高めるために大きく貢献する．既存ブランドは効果的に利用することにより大幅なコスト削減が期待できるし，既存インフラの共有についても同様である．
　しかし，それ以上に，商品そのものやその商品独自の営業手法，或いは流通特性等に関する数々の知識について，リアル世界で築いてきたものをそのままネット上で流用できるという点は重要である．これは「使用しても減ることがない」という情報資源の性質によるものであり，結果として自社の持つ情報資源の価値を大きく増大させるのである．

(2) 差　別　化

　前項において述べた通り，ネット上での差別化は非常に難しい．そこで，リアル世界の資源が意味を持つ．リアル世界の資源がそのままネット上での差別化につながるのである．例えば，全く同じ商品を扱う店舗でも，ネット専業とクリック＆モルタル企業では在庫能力の違いや配送能力の違いがそのまま配達能力や価格の差となって現れる．或いはリアルとネットの両方の店舗で扱うために大量仕入が可能となり，価格競争力を高められる，といったことも考えられる．

(3) マルチチャネル

　企業にとって販路が増えることは，もしその販路がコントロール可能なのであれば大変望ましいことである．マルチチャネル化することにより，ますます多様化する消費者のニーズに応えることが可能となる．そして近年の傾向とし

て，モバイル環境，すなわち携帯電話経由のネット・アクセスが急増しており，これもまた一つの重要なチャネルとして成長しつつある。

　マルチチャネル戦略を発展させていくならば，それぞれのチャネルが補完し合う関係になることが重要である。実店舗における商品の試用機会，ネット・ショップの注文の利便性，そしてモバイル環境の場所を選ばないアクセス等，それぞれのチャネルの特性を活かしつつ，連携をとっていくことが今後は重要になるだろう。

　また，ネット・ショップはカタログ通販に近く，両チャネル間での資源の共有は図り易い。従って，カタログ通販を中心に事業を展開してきた企業がネット・ショップを展開するのは自然である。しかしながら，複数チャネルの補完関係を築くことが重要であるとするならば，単に紙媒体によるカタログ通販のやり方をネットに持ち込むだけでは不十分であり，ネットの特性を生かした戦略が求められる。

第3節　ネット・ショップのプランニング

　本節では実際にネット・ショップを出店することを想定し，それに伴う意思決定要因について検証していく。この作業を通じてネット・ショップの特性がより明確になる。なお，本節ではリアル世界において既に店舗を構えている小売業者を想定している。

1　出店前のチェック・ポイント

　まず初めに自問しなければならないことは①「扱う商品はネット上で販売可能か？」ということである。理論的には既存の物流システムを利用できる商品であれば，全て可能である。しかし，購買者が実物を手にして確認しなければならない品質の安定しない商品や，ネット上で購買するには余りに高額でリスクが高すぎる商品等は事実上販売することは難しいだろう。また，法的に販売

できない商品もある(薬事法によって販売方法が規制されている医薬品等)。

　不可能ではないが商圏が限られる商品もある。購買後に設置等のサービスを必要とするもの(例えば，エアコン等)は，その代表的な例であろう。但し，商圏が限られるからといってネット・ショップ出店を断念する必要はない。インターネットは世界中をつなげてはいるが，自分のネット・ショップが世界を相手にする必然性はないのである。問題は十分な数のターゲット・ユーザーが見込めるかどうかである。

　もう一つの根本的な問いに②「自社の(見込み)顧客はネット・ユーザーか？」がある。いくら優れたネット・ショップを開いても，ターゲットとなる消費者がネット・ユーザーでなければ意味がない。例えばターゲットが低所得者層の場合，「デジタル・ディバイド(digital divide：情報格差)」が発生していないかを考慮しなければならないだろう。中高年層の中には，IT関連に興味を持たないグループ，或いは操作できない(情報リテラシーの欠如した)グループもある。或いは，ターゲットが10代の場合は携帯電話によるアクセスを想定する必要があるかもしれない。

　次にネット・ショップが成功する可能性について検討しなければならない。勝ち目が全くないのであれば，参入する意味がない。そして，これまで見てきたようにネット・ショップにとって最も重要なのは③「店舗の差別化は可能か？」という点である。何よりも他のショップとの差別化は成功のための第一条件である。

　加えて④「いかに収益を確保するか？」という問いにも答えを用意しなければならない。ネット・ショップの運営には，当初予想しきれないコストがかかることが多い。そのため，きちんとした収益計画が立てられている必要がある。そうでなければ結局ショップを維持できなくなってしまう。

　以上，①～④の4つのチェック・ポイントをクリアした上で，実際に出店計画を策定していくことになる。

2 出店計画と運営

(1) 出店形態

ネット・ショップの出店形態は大きく二つに分けることができる。それは単独で出店する(単独で URL を獲得)か,仮想商店街(virtual mall)へ出店するかである。この選択はさまざまな要因を考慮した上で決定することになる。どちらの出店形態にもメリット／デメリットがある。単独で出店する場合には,サイト構築(安全な決済システムや自動化された商品データベース等を含む)のための初期コストがかかる。また専業の担当者を割り当てる必要があり,これもコスト増の一因となる。そして最もコストがかかると思われるのが集客のためのコストである。

一方,仮想商店街への出店,特に楽天等の大手への出店では,上記のコストが低く抑えられる一方で,さまざまな規制がある。自由な店舗設計ができない,売上の増加に伴い利用料の負担が大きくなる,同一商店街内の同業他社との競争に見舞われる可能性がある,等のデメリットが考えられる。

大まかにいえば,小規模なショップであれば仮想商店街への出店の方が適しており,大規模店舗の場合は単独出店の方がメリットが多い,ということになる。

(2) 店舗設計

次に店舗設計へと移るわけだが,ここからの作業はウェブ・デザイナーへの委託等の形で進められることも多く,技術的な知識も必要になってくる。店舗設計においては以下のような点に気を付けねばならない。

① トップ・ページは魅力的か？
② 店舗内は分かり易い構造になっているか？
③ 店舗内の移動は簡単か？
④ 商品の検索から購買までのプロセスはシンプルか？

このようなウェブサイトの使い易さを総称して「ウェブ・ユーザビリティ(web usability)」と呼ぶ。ウェブ・ユーザビリティの議論には技術的な要素も多

い。こうした使い易さは非常に重要ではあるが，追求しすぎると，画一的になってしまうというおそれもあり注意が必要である。なお，ウェブ・ユーザビリティの向上は SEO につながる。論理的なサイト構造は SEO においてはプラス要因なのである。

(3) 小売流通管理

次に，小売流通管理の側面での意思決定要因としては以下のようなものがある。

① 取扱商品カテゴリーと商品アイテム数
② 価格設定
③ 商品説明の質と量
④ 決済の方法
⑤ 商品の発送方法
⑥ 在庫管理の方法
⑦ 受注，発送，請求，領収といった一連のプロセス

これらのそれぞれについて最適と思われる選択をしなければならないが，ネット・ショップに特有の制約や，商品の特性による条件等が考慮されなければならない。

(4) その他の検討項目

上記に挙げた項目は全て最低限のチェック項目であり，更に以下に挙げるような点についても検討すべきである。

① リアル世界の店舗との間で相乗効果が生まれる体制になっているか？
② 店舗の信頼性はうまく表現できているか？
③ 親しみ易い店舗になっているか？
④ 定期的に店舗内を改装する等して，新鮮さを維持できているか？
⑤ 補完商品や関連商品を推薦できているか？
⑥ セキュリティは充分に確保されているか？
⑦ 顧客データベースが充分に活用できる体制になっているか？

⑧　商品データや在庫データ等が迅速に更新されるようになっているか？
⑨　十分な広告戦略がとられているか？
⑩　オプトイン・メールの発送やメール・マガジンの発行は十分か？
⑪　顧客からの質問に迅速に回答する体制はとれているか？
⑫　取引上のトラブルへの対応策は準備されているか？

　これらの項目のうちの幾つかについては本章において既に検討したものである。これらの項目にはインストア・マーチャンダイジングの経験から示唆を得るものも多い（陳列方法や商品入れ換え，特売品の扱い等）。また，これらの項目についてはネット・ショップが運営されていく中で定期的に見直す必要がある。特に市場の変化への対応は重要であろう。更に，インターネット関係の情報や新しい技術についても常に広く収集し，吸収していかなければならない。

　以上，実際にネット・ショップを立ち上げる際の意思決定要因やチェック・ポイントを紹介した。ネット・ショップならではのポイントがある一方で，基本的にはリアル世界の店舗であってもネット・ショップであっても，「商い」であることに変わりがないことを再度ここで確認すべきである。

第4節　ネット・ショップの今後の展望

　本章の最後に，ネット・ショップの今後の展望について触れたい。インターネットという環境は技術の上に成り立っている（或いは技術そのもの）ため，技術の発展は大きくインターネット環境に影響を与える。そして，その関連技術は未だに成長し続けている。従って，常に技術の発展に関心を持っている必要がある。一方，ネットを使用するユーザーの考え方や行動もまた変化していると考えられる。インターネットはますます社会生活に浸透してきているが，未だ通過点の状態に過ぎず，我々のインターネットに対する態度や利用方法も，変化の只中にあるに過ぎない。

1 技術的な変化

(1) ネットワークの高速化と表現の多様化

通信回線の高速化は，映像データ圧縮の技術と相まって，ますますインターネットの表現力を豊かにしてきている。動画の配信も一般的になり，コンテンツそのものの価値が重要となってきている。また，インターネットは基本的にストックされた情報を閲覧するものであるが，近年はリアルタイム性についての取り組みが多くみられるようになってきている。こうした傾向の基本は人と人とのコミュニケーションに見られるが，ネット・ショップでいえば，数量限定の商品の販売を時間限定にして，更に買い物カゴ(購入予定商品をリスト化するシステム。ショッピング・カート等とも呼ばれる)にも時間制限を設ける，という例を挙げることができる。

(2) モバイル環境

モバイル環境は年々整いつつある。日本では以前から携帯電話からのネット・アクセスが独自の進歩を遂げてきたが，更にスマートフォンや携帯型PCからのネット・アクセスが広がりを見せてきている。こうした，ユビキタス環境[8](どこでも情報通信技術を利用することが可能な環境)の醸成は，今後のネット小売の様相に大きな影響を与えるだろう。

(3) 電子マネー

未だにネット上でのショッピングでの決済に不安を感じているユーザーが多いという調査結果がある。実際，インターネット上での電子マネーやICカードの利用は余り進んでいない。これらの利用が普及すれば，インターネット上でのショッピングもますます身近になり，利用者の増加が期待できるだろう。

---

[8] ユビキタス(ubiquitous)は，everywhereの意味である。

2 ユーザーの変化

インターネットという仮想空間に対する消費者の態度は，年々変化してきている。インターネットは，ますます身近に，そして，ますます存在していて当たり前のものとなってきている。そのため，昨日は求められていなかったことが，今日は受け入れられる，ということが常に起こっている。

こうした変化のネット・ショップでの例を挙げるならば，例えば，これまではネットに固有の特性のためにネット上では売れなかった商品が，ある日を境に受け入れられるようになる，というようなことである。こうしたユーザーの変化を敏感に察知・対応していくことが，ネット・ショップ運営には求められるのである。

【参考文献】
㈶インターネット協会監修〔2009〕『インターネット白書2009』インプレスR&D。
石井淳蔵・厚美尚武編『インターネット社会のマーケティング』有斐閣。
進藤美希〔2009〕『インターネット・マーケティング』白桃書房。
小川美香子〔2003〕「黙って読んでいる人達(ROM)の情報伝播，購買への影響」慶応義塾大学大学院経営管理研究科修士学位論文。
高畑泰〔2004〕「eビジネスと流通」(宮澤永光・武井寿編著『流通新論』八千代出版，第11章所収，pp. 203-226)。
田島義博編著〔2004〕『インストア・マーチャンダイジングがわかる→できる』ビジネス社。

Nielsen, J.〔2000〕*Designing Web Usability*, New Riders Publishing.(訳書，篠原稔和監修，㈱グエル訳〔2000〕『ウェブ・ユーザービリティ：顧客を逃さないサイトづくりの秘訣』エムディエヌコーポレーションズ)。
Walters, D.〔1994〕*Retailing Management: Analysis, Planning and Control*, Macmillan Press Ltd.(訳書，小西滋人・上野博・小西英行・小木紀親訳〔2002〕『小売流通経営』同文舘出版)。

Yahoo! JAPAN(ヤフー株式会社) HP資料「Yahoo! JAPAN インターネット利用者アンケート結果」(http://docs.yahoo.co.jp/info/research/index.html)

(高畑　泰)

和文索引

(あ行)

アウトソーシング ……………………… 114
アウトレット・ストア …………………… 60
アウトレット・モール …………………… 60
扱い商品 ………………………………… 34
アフェリエイト・プログラム …………… 253
アルバイト ……………………………… 197
アンブランド ……………………………… 97
アンブレラ・ブランド …………………… 97

意匠法 …………………………………… 95
委託仕入 ………………………………… 170
市 ………………………………………… 25
一般小売店 ……………………………… 41
移動販売業 ……………………………… 26
インストア・プロモーション ……… 40, 126
インストア・マーチャンダイジング …… 117

ウェブ・ユーザビリティ ………………… 261
ウォントスリップ ………………………… 167
売上構造分析 …………………………… 119
売上仕入 ………………………………… 171
売場構成 ………………………………… 122
売場面積 ………………………………… 31

営業形態 ………………………………… 28
営業標識 …………………………… 95, 98
役務 ……………………………………… 79
エンド …………………………………… 124

オープンな関係性 ……………………… 33
送り付け商法 …………………………… 240
オプトイン・メール ……………………… 255
オフ・プライス・ストア ………………… 61
卸売 …………………………………… 18, 63
卸売業者 ……………………………… 16, 63
卸売市場 ………………………………… 66
卸売段階 ……………………………… 64, 72

(か行)

買上金額 ………………………………… 121
回収物流 ………………………………… 112
外装 ……………………………… 100, 107
外的情報探索 …………………………… 130
買取仕入 ………………………………… 169
買取仕入A ……………………………… 169
買取仕入B ……………………………… 169
買回品 …………………………………… 90
カウンター・サービス …………………… 32
価格訴求 ………………………………… 38
格付 ……………………………………… 7
核店舗 …………………………………… 58
拡販費 …………………………………… 146
加工原料 ………………………………… 84
仮想商店街 …………………………… 248, 261
価値創造型ブランド …………………… 143
カテゴリー・キラー …………………… 60
貨幣 ……………………………………… 5
関係性 …………………………………… 33
間接流通経路 …………………………… 19
完全買取仕入 …………………………… 169
関与 ……………………………………… 136
関連購買 ……………………………… 120, 134

機会商業 ………………………………… 27
機関的アプローチ ……………………… 83
旗艦店 …………………………………… 49
企業ブランド …………………………… 95
危険負担機能 …………………………… 70
季節商業 ………………………………… 27
拮抗力 …………………………………… 145
機能的アプローチ ……………………… 83
キャリア商品 …………………………… 185
狭義の流通業者 ………………………… 16
業種 ……………………………………… 28
行商 ……………………………………… 26
業態 ……………………………………… 28
共同仕入機構 …………………………… 55
業務提供誘引販売取引 ………………… 239
業務用消耗品 …………………………… 84
均一価格店 ……………………………… 38
近隣型 SC ……………………………… 59

クーポン ………………………………… 127
クォン(Kwon, K.) ……………………… 149
組立ないし組込部品 …………………… 84
クリック＆モルタル …………………… 257

クレジットカードショッピング ……… 39
クロウスな関係性 ……………………… 34
クローズドな関係性 …………………… 33
グローバル・ブランド ………………… 98
クロス MD ……………………………… 127

計画購買 ………………………… 120, 133
経験財 …………………………… 93, 149
経済財 …………………………………… 79
経済的懸隔 ……………………………3, 83
契約 ……………………………………… 227
契約社員 ………………………………… 198
ケネディ（Kennedy, J. F.） …………… 229
検索エンジン …………………………… 252
検索エンジン最適化 …………………… 252
検索連動型広告 ………………………… 253
現実売買 ………………………… 39, 226
検品 ……………………………………… 181
減耗 ……………………………………… 185
原料 ……………………………………… 85

広域型 SC ……………………………… 59
郊外立地 ………………………………… 31
交換経済 ………………………………… 3
高関与 …………………………………… 137
広義の財 ………………………………… 79
広義の流通業者 ………………………… 15
工業製品 ………………………………… 81
工業包装 ………………………………… 101
口銭 ……………………………………… 65
購買慣習 ………………………………… 90
購買代理人 ……………………………… 23
小売 ……………………………………… 18
小売業者 ………………………………… 16
小売業種 ………………………………… 27
小売業態 ………………………… 27, 28
コーブランド（Copeland, M. T.） …… 90
コーペラティブ・チェーン …………… 55
コールセンター ………………………… 43
コールセンター型 CTI ………………… 43
国際消費者機構 ………………………… 230
国際ブランド …………………………… 98
個装 ……………………………… 100, 107
コピーキャット・ブランド …………… 142
個別ブランド …………………………… 97
コリンズ・ドッド（Collins-Dodd, C.） … 150
ゴンドラ ………………………………… 124
梱包 ……………………………………… 100

（さ 行）

サードパーティ・ロジスティクス ……… 114
サービス ………………………………… 79
サービス財 ……………………………… 80
サービス商品 …………………………… 81
財 ………………………………………… 79
最終卸 …………………………………… 74
財とサービス …………………………… 79
再販売業者 ……………………… 15, 16, 63
サッカー ………………………………… 165
サプライ・チェーン・マネジメント …… 113
産業用使用者 …………………… 16, 63, 85
サンプリング …………………………… 127

仕入依存度 ……………………………… 145
仕入計画 ………………………………… 175
仕入担当者 ……………………………… 164
ジェネリックス ………………… 94, 96
時間的懸隔 ……………………………… 6
直取引制 ………………………………… 73
自給自足経済 …………………………… 3
事業ブランド …………………………… 95
資金流 …………………………………… 12
市場性 …………………………………… 81
市場物流 ………………………………… 112
事前個別包装商品 ……………………… 100
死蔵品 …………………………………… 180
実演販売 ………………………………… 128
自動販売機 ……………………………… 26
品揃え …………………………… 10, 35
品揃え計画 ……………………………… 172
品揃え形成 ……………………………… 66
品揃え物 ………………………………… 15
品増え …………………………………… 185
資本財 …………………………………… 85
社員区分 ………………………………… 215
社会的分業 ……………………………… 3
奢侈税 …………………………………… 90
奢侈品 …………………………………… 90
シャッター通り ………………………… 58
社内物流 ………………………………… 112
集荷 ……………………………………… 7
集荷・分荷 ……………………………… 7
習慣的購買行動 ………………………… 138
就業調整 ………………………………… 217
自由財 …………………………………… 79
収集卸 …………………………………… 71
収集・中継・分散 ……………………… 7

集中貯蔵の原理 …………………… 68
需給結合 …………………………… 66
主体的懸隔 ………………………… 3
主要設備品 ………………………… 84
準社員 ……………………………… 198
消化仕入 …………………………… 171
商業者 …………………………… 13, 15
商業集積 …………………………… 56
商業統計調査 …………………… 28, 73
商業包装 …………………………… 101
条件購買 …………………………… 134
商的流通 …………………………… 9
商的流通機能 ……………………… 70
商店街 ……………………………… 57
衝動買い …………………………… 134
衝動購買 ………………………… 120, 134
消費財 …………………………… 16, 84, 89
消費財卸 …………………………… 16
消費財流通 ………………………… 20
消費者基本法 ……………………… 231
消費者契約法 ……………………… 232
消費者行動 ………………………… 130
消費者購買行動 …………………… 130
消費者庁 …………………………… 241
消費者取引 ………………………… 225
消費者包装 ……………………… 101, 107
消費者保護基本法 ………………… 230
消費者ロジスティクス …………… 132
商標 ………………………………… 95
商標法 ……………………………… 95
商品 ………………………………… 81
商品アイテム ……………………… 35
商品回転率 ………………………… 182
商品学 ……………………………… 82
商品在高 …………………………… 184
商品性 ……………………………… 82
商品棚卸 …………………………… 184
商品配置 …………………………… 122
商品分類 …………………………… 82
商品別アプローチ ………………… 83
商品ミックス ……………………… 35
商品ライン ………………………… 35
商品利益 …………………………… 175
商品利益率 ………………………… 175
商品暦 ……………………………… 173
情報収集・提供活動 ……………… 10
情報収集・提供機能 ……………… 10
商法上の問屋 ……………………… 65
情報的懸隔 ………………………… 7

情報伝達機能 ……………………… 70
情報流 ……………………………… 12
商流 …………………………… 9, 12
商流機能 …………………………… 70
嘱託 ………………………………… 198
職能資格制度 ……………………… 217
助成機能 …………………………… 11
ショッピング・センター ……… 57, 58
ショッピング・モール …………… 58
所有権移転活動 …………………… 9
所有権移転機能 ………………… 9, 70
人格的懸隔 ………………………… 3
新小売業態 ………………………… 41
人事理念 …………………………… 213
人的懸隔 …………………………… 3

ストア・ブランド …………… 96, 143
ストア・ロイヤルティ …………… 148
スパム・メール …………………… 255

生業店 ……………………………… 41
生産・加工機能 …………………… 71
生産財 …………………………… 16, 84, 85
生産財卸 …………………………… 16
生産財流通 ………………………… 20
生産物 ……………………………… 81
生産物流 …………………………… 112
正社員 ……………………………… 195
生鮮3品 …………………………… 34
製造卸 ……………………………… 71
贅沢品 ……………………………… 89
制度的アプローチ ………………… 83
製品 ………………………………… 81
製品ブランド ……………………… 95
説得的コミュニケーション ……… 10
セルフ・サービス方式 ……… 36, 164
セルフ販売 ………………………… 36
セントラル・キャッシング ……… 164
専門品 ……………………………… 90
想起購買 ………………………… 120, 134
倉庫 ………………………………… 106
双務契約 …………………………… 228
組織化小売業 ……………………… 52
ソフト・グッズ …………………… 89

(た　行)

耐久経験財 ………………………… 93
耐久財 ……………………………… 88

耐久消費財	88
対面性	42, 45
対面販売	36
対面販売方式	164
ダイレクト・マーケティング	14, 226
諾成契約	228
多店舗展開	51
棚卸	184
棚割	122
棚割計画	122
他人資本	53
ダブル・チョップ	144
ダブル・ブランド	98, 114
ダブル・マーク	98
ダラーコントロール	180
探索財	93, 149
単独店舗経営	47
単用財	88
地域型 SC	59
チェーン・オペレーション	51
チェーンストア経営	50
チェーン展開	51
チェーン方式	50
チェーン本部	50
知覚品質	151
チャネル・パワー	144, 152
仲介商業者	65
中間卸	74
中心市街地立地	31
超広域型 SC	59
調達物流	112
帳簿在高	184
直接流通経路	19
貯蔵倉庫	106
チラシ	127
賃金制度	218
陳列商品数	36
陳列法	124
通信販売	227, 235
通信販売業	26, 43
次々販売	234
低価格訴求	38
低関与	137
定期市	25
定期補充方式	178
ディベロッパー	58

定量補充方式	178
テーマ SC	60
適正在庫	179
適正在庫高	183
デジタル・ディバイド	260
手伝い店員	199
デッドストック	180
デビットカード	39
手持ち在高	185
デモンストレーション販売	127
店格	34
伝統的アプローチ	82
店舗規模	31
店舗多重利用度	32
店舗複合化度	32
電話勧誘販売	236
統一ブランド	97
動線	122
特殊立地	31
特定継続的役務提供	238
特定商取引	234
特定商取引に関する法律	234, 246
特定商取引法	234, 246
特売	126
匿名性	42, 45
独立小売業	52
取引総数最小化の原理	67
取引流通	9
トレード・マーク	95
問屋	65
問屋無用論	76

(な 行)

内職商法	239
内装	100, 107
内的情報探索	130
中継	7
中継卸	72
ナショナル・ブランド	96, 141
二重価格表示	38
二重用途包装	102
荷役	106
認知的不協和	139
値入差額	175
値入率	175
ネガティブ・オプション	240

ネット小売	245	標準化	7
ネット・ショッピング	246	品耗	185
ネット・ショップ	27	ファクトリー・アウトレット	61
ネルソン(Nelson, P.)	93	ファストファッション	163
ノーブランド	97, 142	ファミリー・ブランド	97
ノーフリル	97	フェイス	173
ノベルティ	127	フェスティバル・マーケットプレイス	59

(は 行)

		フォード(Ford, G. R.)	229
パート	197	不協和低減型購買行動	138
ハード・グッズ	89	複雑な購買行動	138
パート社員	197	複数店舗経営	47
パートタイム労働者	197	附合契約	229
配送	105	附従契約	229
売買	3	不正競争防止法	95
売買契約	228	付帯サービス	36
ハイマン(Hyman, M. R.)	150	付帯サービス水準	36
バイヤー	164	普通契約約款	229
派遣切り	204	普通取引約款	229
派遣社員	200	物財	79
派遣店員	199	物的流通	9, 108
派遣店員制	199, 210	物的流通機能	71
場所的懸隔	6	物々交換	3
パッケージ	100	物理的移転活動	9
パッケージド・グッズ	100	物理的移転機能	9
バナージ(Banerji, S.)	149	物理的懸隔	6
パパママ・ストア	41	物流	9, 12, 108
バラエティ・シーキング型購買行動	138	物流機能	71
パワーセンター	60	物流業者	15
販社	20	不定期市	25
半耐久消費財	89	プライベート・ブランド	96, 141
販売依存度	145	フランチャイザー	53
販売員	193	フランチャイジー	53
販売会社	20	フランチャイズ	53
販売代理人	22	フランチャイズ契約	53
販売物流	112	フランチャイズ・チェーン	52, 53
		フランチャイズ方式	53
非買回品	91	ブランド	94
比較購買	48, 56	ブランド・エクイティ	99
非計画購買	120, 134	ブランド・エクステンション	97
非計画購買率	135	ブランド拡張	97
ビジネス・ロジスティクス	109	ブランド価値	99
非正社員	195	ブランド選択	120
非耐久経験財	93	ブランド代替	120
非耐久財	88	ブランド連想	99
非耐久消費財	88	フリークエント・ショッパーズ・プログラム	135
必需品	89	プリペイドカード	39
非最寄品	91	プレーン・レーベル	97

プレミアム PB ················· 96, 141, 143
プレミアム・ブランド ················ 141, 143
プロモーション ······················· 39
プロモーション水準 ··················· 39
分荷 ································· 7
分散卸 ······························ 72

片務契約 ··························· 228

包装 ······························ 107
訪問販売 ······················ 226, 235
訪問販売業 ······················· 26, 42
訪問販売等に関する法律 ············· 234
訪問販売法 ························· 234
ポータル・サイト ···················· 252
ホール (Hall, M.) ················ 67, 68
保管 ······························ 106
補助的機能 ·························· 11
補助ないし付属設備品 ················ 84
ホッシュ (Hoch, S. J.) ·············· 149
ボランタリー・チェーン ············ 52, 55
本・支店経営 ························ 49
本・支店方式 ························ 49

(ま 行)

マーケット・イン ···················· 112
マーケティング・フロー ··············· 12
マーケティング・ロジスティクス ······ 109
マネキン ··························· 200
マネキンクラブ ····················· 201
マネキン販売員 ················· 201, 210
マルチ商法 ························· 237
マルチチャネル ····················· 258
マルチプル・プライシング ··········· 101

無形財 ····························· 79
無店舗小売業 ···················· 26, 42
無店舗販売 ······················ 25, 26
無店舗販売取引 ···················· 226

メインの原則 ························ 18
メール・マガジン ···················· 255

元卸 ······························· 73
モニター商法 ······················ 239
最寄品 ····························· 90

(や 行)

約款 ······························ 229

有形財 ····························· 79
有店舗小売業 ······················· 26
有店舗販売 ························· 26
有店舗販売取引 ···················· 226
輸送 ······························ 105
輸送包装 ······················ 101, 107
ユニットコントロール ················ 180
ユビキタス環境 ····················· 264

容器 ······························ 100
要物契約 ·························· 228

(ら 行)

リアルクローズ ····················· 163
リー (Lee, D.) ····················· 150
リチャードソン (Richardson, P. S.) ··· 150
立地 ······························· 31
立地場所 ··························· 31
立地方式 ··························· 31
リテール・サポート ·················· 76
リベート ·························· 146
流通迂回性 ························· 20
流通迂回率 ························· 19
流通革命論 ························· 76
流通加工 ······················ 71, 107
流通活動 ························ 8, 13
流通機能 ························ 8, 83
流通業者 ························ 13, 15
流通系列化 ························· 14
流通経路 ··························· 18
流通コスト ·························· 67
流通倉庫 ·························· 106
流通段階 ··························· 18
流通フロー ·························· 11
量と組み合わせの懸隔 ·············· 6, 21
量と組み合わせの調整活動 ············ 10
量と組み合わせの調整機能 ············ 10
リンク ····························· 253
リンドレイ (Lindley, T.) ·············· 150

ルースな関係性 ······················ 34

レギュラー・チェーン ················· 51
連鎖販売取引 ······················ 237

ロイヤルティ ························ 53
ローカル・ブランド ·················· 98
ロードサイド・リテイラー ············· 57

ロジスティクス ………………………… 108
ロジスティクス・マネジメント …………… 111
路面店 ……………………………………… 31

(わ 行)

ワン・ストップ・ショッピング ………… 48, 56

欧文索引

(A)

ABC analysis ······ 183
ABC 分析 ······ 183

(B)

B to B ······ 225
B to C ······ 225
bilateral contract ······ 228
brand ······ 94
brand association ······ 99
brand equity ······ 99
brand extension ······ 97
brand value ······ 99
BTO ······ 247
build to order ······ 247
business brand ······ 95
business logistics ······ 109
Business to Business ······ 225
Business to Consumer ······ 225
buyer ······ 164

(C)

C to C ······ 249
call center ······ 43
capital goods ······ 85
category exemplar ······ 99
category killer ······ 60
CI ······ 230
clause ······ 229
click and mortar ······ 257
commercial packaging ······ 101
commission ······ 65
commission merchant ······ 65
commodity ······ 81
commodity approach ······ 83
community SC ······ 59
Computer Telephony Integration ······ 43
consensual contract ······ 228
consumer goods ······ 84
consumer packaging ······ 101, 107
Consumer to Consumer ······ 249
Consumers International ······ 230
container ······ 100

contract of adhesion ······ 229
convenience goods ······ 90
cooperative chain ······ 55
copycat brand ······ 142
corporate brand ······ 95
countervailing power ······ 145
coupon ······ 127
cross-merchandising ······ 127
CTI ······ 43
CTI コールセンター ······ 43
CVS ······ 28

(D)

dead stock ······ 180
delivery ······ 105
demonstration selling ······ 128
digital divide ······ 260
direct marketing ······ 226
distributive processing ······ 107
double brand ······ 98, 144
double chop ······ 144
double mark ······ 98
durable goods ······ 88

(E)

ECR ······ 114
EDLP ······ 38
efficient consumer response ······ 114
end ······ 124
everyday low price ······ 38
experience goods ······ 93

(F)

fabricating or component parts ······ 84
face ······ 173
family brand ······ 97
FC ······ 53
festival marketplace ······ 59
franchise ······ 53
franchise chain ······ 53
franchisee ······ 53
franchiser ······ 53
FSP ······ 135
functional approach ······ 83

欧文索引　275

(G)

general merchandise store ··· 28
generics ··· 94, 96
global brand ··· 98
GMS ··· 28
gondola ··· 124
goods ··· 79
goods and services ··· 79

(H)

hard goods ··· 89

(I)

individual brand ··· 97
individual packaging ··· 100, 107
industrial goods ··· 84
industrial packaging ··· 101
inner packaging ··· 100, 107
institutional approach ··· 83
in-store merchandising ··· 117
in-store promotion ··· 126
international brand ··· 98
ISP ··· 126
item on sale ··· 81

(L)

local brand ··· 98
logistics ··· 108
luxuries ··· 89
luxury tax ··· 90

(M)

major equipment ··· 84
marketability ··· 81
market-in ··· 112
marketing logistics ··· 109
marketplace ··· 59
materials handling ··· 106
merchandise ··· 81
merchantability ··· 82
minor or accessory equipment ··· 84
mom-and-pop store ··· 41
MRO 品目 ··· 84
multi-channel ··· 258
multiple pricing ··· 101

(N)

national brand ··· 96
NB ··· 96
necessaries ··· 89
necessities ··· 89
negative option ··· 240
neighborhood SC ··· 59
no-brand ··· 97, 142
no-frill ··· 97
non-durable goods ··· 88
novelty ··· 127

(O)

operating supplies ··· 84
opt-in mail ··· 255
outer packaging ··· 100, 107
outlet mall ··· 60
outside capital ··· 53
outsourcing ··· 114

(P)

packaged goods ··· 100
packaging ··· 100, 107
packing ··· 100
PB ··· 96
physical distribution ··· 108
physical supply ··· 108
plain label ··· 97
POP ··· 34
power center ··· 60
premium brand ··· 143
premium PB ··· 96
principle of massed reserves ··· 68
principle of minimum total transactions ··· 67
private brand ··· 96
process materials ··· 84
produce ··· 81
product ··· 81
product brand ··· 95
production goods ··· 85

(Q)

QR ··· 114
quick response ··· 114

(R)

raw materials ··· 85
RC ··· 51
real contract ··· 228
rebate ··· 146
regional SC ··· 59

regular chain	51
retail	19
retail support	76
royalty	53

(S)

sacker	165
sampling	127
SC	57, 58
SCM	113
search engine optimization	252
search goods	93
semi-durable consumer goods	89
SEO	252
shelving allocation	122
shopping center	58
shopping goods	90
soft goods	89
SPA	163, 208
spam mail	255
specialty goods	90
store brand	96, 143
storing	106
super-regional SC	59
supply chain management	113

(T)

theme SC	60
third-party logistics	114
3PL	114
trademark	95
transport packaging	101, 107
transportation	105

(U)

umbrella brand	97
un-brand	97
unilateral contract	228

(V)

value innovator	143
virtual mall	248, 261
voluntary chain	55

(W)

W/R 比	19
want slip	167
warehouse	106
Warenlehre	82
web usability	261
wholesale	19

〈編著者紹介〉

小宮路　雅博（こみやじ　まさひろ）
　　現在：成城大学経済学部教授

〈主要業績〉
『現代の流通と取引』（編著，同文舘出版，2000年）
『リレーションシップ・マネジメント―ビジネス・マーケットにおける関係性管理と戦略―』（訳書，D.フォード／IMPグループ著，白桃書房，2001年）
『サービス・マーケティング原理』（監訳，C.ラブロック／L.ライト著，白桃書房，2002年）
『現代の小売流通』（編著，同文舘出版，2005年）
『徹底マスター マーケティング用語』（白桃書房，2006年）
『イメージとレピュテーションの戦略管理』（訳書，イーラーン・トレーニング・カンパニー著，白桃書房，2009年）
『現代マーケティング総論』（編著，同文舘出版，2011年）

平成22年6月15日　初版発行　　〈検印省略〉
平成29年3月22日　初版5刷発行　略称：流通総論

流通総論

　編著者　　小宮路　雅　博
　発行者　　中　島　治　久

発行所　**同文舘出版株式会社**
　　東京都千代田区神田神保町1-41　〒101-0051
　　電話 営業 03(3294)1801　編集 03(3294)1803
　　振替 00100-8-42935　http://www.dobunkan.co.jp

©M. KOMIYAJI　　　　　　　印刷：広研印刷
Printed in Japan 2010　　　　製本：広研印刷

ISBN978-4-495-64321-8

JCOPY〈出版者著作権管理機構 委託出版物〉
本書の無断複製は著作権法上での例外を除き禁じられています。複製される場合は，そのつど事前に，出版者著作権管理機構（電話 03-3513-6969，FAX 03-3513-6979，e-mail: info@jcopy.or.jp）の許諾を得てください。